ECONOMIA DE DEFESA

APORTES TEÓRICOS, NOVOS TEMAS E O CASO DO BRASIL

Catalogação na Fonte
Elaborado por: Dayanne Leal Souza
Bibliotecária CRB 9/2162

E177e
2024

Economia de Defesa: aportes teóricos, novos temas e o caso do Brasil / Thauan Santos e Ariela Diniz Leske (orgs.). – 1. ed. – Curitiba: Appris, 2024.
281 p. : il. ; 23 cm. – (Geral).

Vários autores.
Inclui referências.
ISBN 978-65-250-6556-4

1. Economia de defesa. 2. Gastos militares. 3. Brasil. I. Santos, Thauan. II. Leske, Ariela Diniz. III. Título. IV. Série.

CDD – 355.6

Livro de acordo com a normalização técnica da ABNT

Editora e Livraria Appris Ltda.
Av. Manoel Ribas, 2265 – Mercês
Curitiba/PR – CEP: 80810-002
Tel. (41) 3156 - 4731
www.editoraappris.com.br

Printed in Brazil
Impresso no Brasil

Thauan Santos
Ariela Diniz Leske
(orgs.)

ECONOMIA DE DEFESA

APORTES TEÓRICOS, NOVOS TEMAS E O CASO DO BRASIL

Appris editora

Curitiba, PR
2024

FICHA TÉCNICA

PREFÁCIO

Por meio deste trabalho, especialistas e acadêmicos fazem uma importante contribuição à compreensão dos desafios nacionais e internacionais contemporâneos na área da defesa. A riqueza da análise apresentada está evidenciada pela diversidade de tópicos tratados. Destaca-se inicialmente a dimensão econômica da defesa e sua relação com a esfera da política. Há oportuna reflexão sobre a importância de uma sólida base industrial de defesa, pressuposto da profundidade estratégica de um país frente a eventual conflito. É igualmente apreciável a análise sobre a participação do Brasil no comércio internacional de armas.

É particularmente interessante a avaliação dos impactos tecnológicos advindos dos programas estratégicos de defesa, como o SISFRON, do Exército; o PROSUB, da Marinha; e o KC-390, da Aeronáutica. O setor aeroespacial é objeto de análise sob a ótica da política industrial. O estudo dos meios das Forças Armadas e dos gastos militares no Brasil oferece elementos de juízo úteis para reflexão.

Em consonância com a dimensão multifacetada das questões de defesa, o trabalho traz uma discussão sobre a relação entre o clima, a defesa e a segurança. No quadro das mudanças climáticas, novos tipos de conflitos podem surgir como resultado da escassez de recursos básicos, a exemplo da água doce.

A escala dos desafios da defesa nacional brasileira permeia todo o trabalho. Com o quinto maior território do mundo, o Brasil tem fronteiras com 10 vizinhos, ao longo de 8.500 km, além de 16.000 km de fronteiras marítimas. Nesse espaço, o país tem de proteger desde os recursos tradicionais, como o petróleo, até os minerais críticos, necessários para a transição energética, além de ecossistemas essenciais para a conservação da vida e da biodiversidade, passando por expressivas capacidades agrícolas e industriais. Trata-se de assegurar, em qualquer tempo, a defesa da população brasileira contra uma eventual agressão externa.

A obra renova minha convicção de que um país do porte do Brasil deve ter clareza sobre sua grande estratégia. Tendo tido o privilégio de servir como Ministro da Defesa, estou convencido que o país não pode abdicar da necessária capacidade de dissuasão. A tradição pacífica do Brasil não deve ser confundida com a de um país indefeso ou desarmado. Ao mesmo tempo, no entorno estratégico regional, a integração e a cooperação em defesa são fatores para a criação da confiança e da estabilidade: na América do Sul, a cooperação é a melhor dissuasão.

Saúdo a contribuição aqui oferecida pelo meio acadêmico, em benefício de uma reflexão esclarecida no campo da defesa.

Embaixador Celso Amorim
Ex-Ministro das Relações Exteriores (1993-1994, 2003-2010)
e da Defesa (2011-2015)

EXPEDIENTE

O "Projeto Pró-Defesa IV – A Economia de Defesa no Brasil: Gastos Militares e suas Interfaces com a Indústria e Inovação" (Projeto CAPES 88881.285888/2018-01) foi aprovado no final de 2018, tendo como objetivo produzir e difundir conhecimento de alto nível em Economia de Defesa no Brasil, bem como formar novos quadros para trabalhar com essa temática. Para a execução do projeto, foi constituída uma ampla rede de pesquisa interinstitucional, coordenada pela Universidade Estadual de Campinas (UNICAMP), tendo como instituições associadas: a Escola Superior de Guerra (ESG), a Escola de Guerra Naval (EGN), a Universidade da Força Aérea (UNIFA), o Instituto Tecnológico de Aeronáutica (ITA) e a Universidade Federal Fluminense (UFF). Posteriormente, em 2022, a Escola Superior de Defesa (ESD) também passou a fazer parte da rede como instituição associada.

Durante o período de execução do projeto, que se encerrou em 2024, foram desenvolvidas relevantes pesquisas, que resultaram em uma ampla e diversa produção técnica, bibliográfica e acadêmica sobre Economia de Defesa. O projeto também viabilizou a realização de diversos eventos acadêmicos, como seminários, workshops, webinars e conferências, muitos dos quais executados em parceria com destacadas instituições públicas, associações acadêmicas e empresariais. Ademais, o projeto possibilitou o intercâmbio internacional, com a ida de membros a eventos no exterior e a vinda de convidados estrangeiros ao Brasil. Cabe ainda enfatizar que, por meio de bolsas de estudo de pós-graduação, houve a formação de recursos humanos qualificados com ampla e abrangente compreensão da área de Economia de Defesa.

Nesse contexto, o presente livro, *Economia de Defesa: Aportes teóricos, novos temas e o caso do Brasil*, é um dos principais produtos do Projeto Pró-Defesa IV, contribuindo de maneira decisiva com o debate da temática da Economia de Defesa, a partir de uma perspectiva brasileira e interdisciplinar, possibilitando a construção e difusão de conhecimento autóctone de elevada qualidade. Além disso, fornece importantes insumos para formulação de políticas públicas nacionais na área de defesa.

Por fim, cabe explicar que o projeto está inserido no Programa de Apoio ao Ensino e à Pesquisa Científica e Tecnológica em Defesa Nacional – Pró-Defesa (Edital nº 27/2018, Processo nº 23038.006017/2018-86), sendo financiado por meio da parceria entre a Coordenação de Aperfeiçoamento de Pessoal de Nível Superior (CAPES) e o Ministério da Defesa (MD), estabelecida na Portaria Interministerial nº 2.674/05.

Prof. Dr. Marcos José Barbieri Ferreira
Coordenador-geral do Projeto Pró-Defesa IV – Economia de Defesa no Brasil
Instituto de Economia, Universidade Estadual de Campinas (IE-UNICAMP)

SUMÁRIO

1

INTRODUÇÃO À ECONOMIA DE DEFESA NO BRASIL

"The challenges to security now come from new sources; they threaten new dangers, and require new instruments and concepts from us. The field of play for defense economics has thus greatly increased, but the opportunity to exploit new insights from throughout economics grown accordingly".
(Martin C. McGuire, 2007, Handbook of Defense Economics – Vol. 2)

A Economia de Defesa consiste na análise econômica da defesa nacional (e internacional). Uma análise econômica não se limita à mera descrição de dados, mas ao estudo e à análise de dados e fatores empíricos a partir da teoria econômica. Assim, diversas teorias econômicas podem ser aplicadas nas investigações dos aspectos da defesa nacional, de acordo com o objetivo de cada estudo. Nesse contexto, uma análise pormenorizada da "Economia de Defesa" extravasaria os limites espaciais do presente texto. Propõe-se, assim, realizar uma introdução geral sobre o assunto, abordando a defesa nacional de acordo com conceitos econômicos básicos e visando a alcançar um público amplo, composto por economistas e não economistas.

De forma geral, a análise econômica entende que recursos tendem a ser limitados e, por isso, o agente econômico lida com *trade-offs*. O investimento ou a despesa com algum bem ou serviço implica em menos recursos para outros gastos ou investimentos. Seja em âmbito macro ou microeconômico, geralmente existem restrições orçamentárias, que limitam as possibilidades e as combinações de escolhas que podem ser realizadas. Como mencionado por Keynes, em *How to pay for the War?*, dado o tamanho do bolo (leia-se orçamento), cabe apenas decidir como fatiá-lo.

Uma análise econômica, simplificada, pode ser efetuada sob perspectivas micro e macroeconômicas, consideradas duas grandes áreas da economia. A microeconomia analisa a relação entre preço e quantidade, maximizados mediante uma função objetivo (sintetiza o objetivo da empresa de maximizar lucros ou minimizar custos). A macroeconomia, por sua vez, tem como objetivo principal investigar como são determinadas as variáveis agregadas (nível de produto, nível de preço, taxa de salários, nível de emprego, taxa de juros, quantidade de moeda, preço e quantidade de títulos, e a taxa de câmbio). No curto prazo, a macroeconomia preocupa-se com ciclos econômicos, e, no longo prazo, com o crescimento econômico.

A teoria econômica, assim, não é homogênea. Dessa forma, os conceitos podem ser abordados por diferentes correntes teóricas. Enquanto a economia neoclássica tem o equilíbrio como pressuposto teórico, as vertentes heterodoxas acreditam ser pouco provável atingir o equilíbrio em economias capitalistas, e, como consequência, adotam procedimentos de estudos mais dinâmicos do que estáticos.

Tampouco é homogênea a economia relacionada à defesa nacional. Cada país possui características e necessidades particulares. Isso se reflete principalmente em relação à organização e à distribuição da indústria de defesa, como também em relação ao nível do orçamento e suas prioridades de gastos.

A participação dos países em termos de níveis orçamentários de defesa demonstra significativa concentração, particularmente, nos Estados Unidos. Utilizando dados do *The Military Balance 2024*, o Gráfico 1.1 apresenta a distribuição global do orçamento de defesa em 2023, em bilhões de dólares estadunidenses (US$). No top 5, estão, respectivamente, Estados Unidos (US$ 905,5 bilhões, 40,6%), China (US$ 219,5 bilhões, 9,8%), Rússia (US$ 108,5 bilhões, 4,9%), Índia (US$ 73,6 bilhões, 3,3%) e Reino Unido (US$ 73,5 bilhões, 3,3%).

Gráfico 1.1 – Distribuição global do orçamento de defesa, por país, em 2023 (US$)

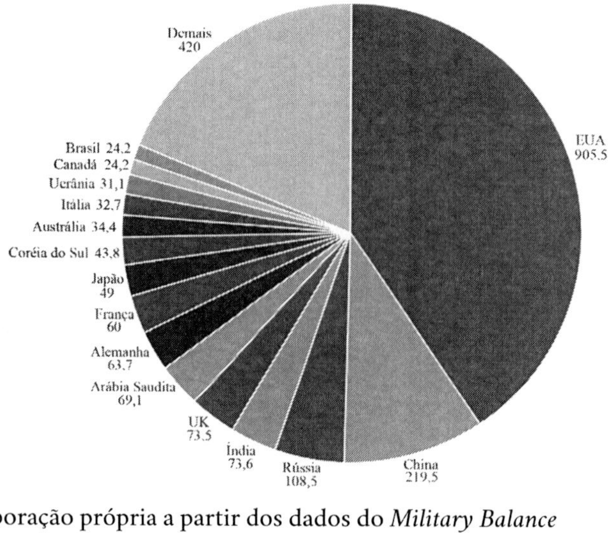

Fonte: elaboração própria a partir dos dados do *Military Balance*

O orçamento americano destinado à defesa possui mais do que quatro vezes o orçamento da China, segundo no ranking, que, por sua vez, possui mais do que duas vezes o orçamento do terceiro, a Rússia. Apesar de estarem dispersos espacialmente entre Américas, Eurásia, Ásia e Europa, juntos o top 5 é responsável por mais de 60% do orçamento global de defesa em 2023. O Gráfico 1.2 apresenta os gastos globais planejados com defesa por região em 2023.

Gráfico 1.2 – Gastos globais planejados com defesa, por região, em 2023 (%)

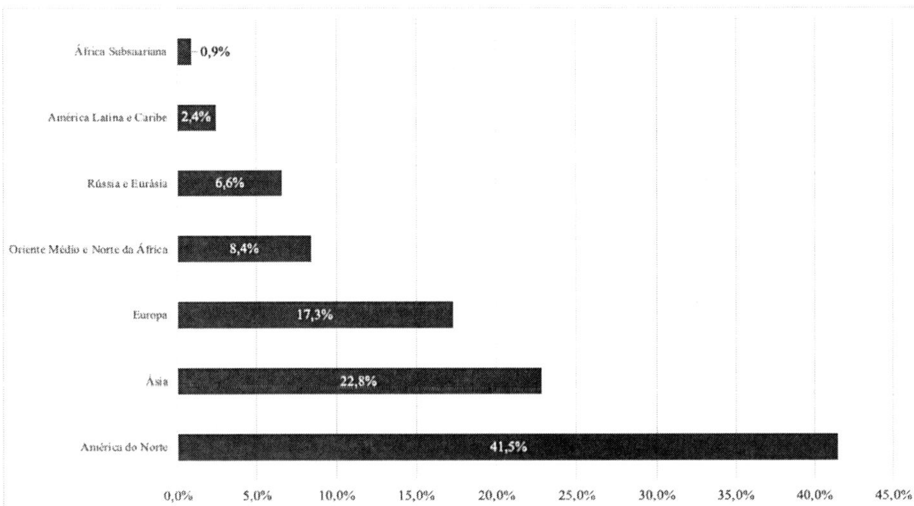

Fonte: elaboração própria a partir dos dados do *Military Balance*

A América do Norte, Ásia e Europa juntas são responsáveis por 81,6% do gasto global planejado com defesa em 2023. América Latina e Caribe junto com África Subsaariana são responsáveis por apenas 3,3% desse total. Naturalmente, o orçamento de defesa oscila em decorrência de diversas variáveis, que não necessariamente têm relação com conflitos bélicos na região de origem desses recursos.

O Brasil com frequência se encontra no top 15 países com orçamento total de defesa. A Tabela 1.1 apresenta a posição do país no período 2018-2023, tanto no ranking mundial quanto em termos de orçamento bruto total.

Tabela 1.1 – Orçamento brasileiro de defesa, em 2023, no ranking (posição) e em valores (US$)

Ano	Ranking	Orçamento (US$ bi)
2018	11º	28,0
2019	11 º	27,5
2020	13 º	22,1
2021	-	-
2022	15 º	23,0
2023	14º	24,2

Fonte: elaboração própria

À exceção de 2021, inclusive como reflexo da crise decorrente da pandemia de Covid-19, o Brasil ocupou a 11ª e 15ª posição no ranking global de orçamento de defesa global, oscilando entre US$ 23 bilhões e US$ 28 bilhões. Sem dúvidas, esses valores são influenciados por variáveis como taxa de câmbio, conjuntura doméstica e contexto internacional. De acordo com o Ministério de Defesa (MD) do Brasil, em 2023 o orçamento empenhado total foi de R$ 121,4 bilhões (excluídos os créditos extraordinários), correspondendo a 1,11% do PIB nacional no ano.

No mesmo ano, o MD destinou R$ 103,9 bilhões com pagamento de pessoal (85,6%), incluindo benefícios e encargos sociais; R$ 8 bilhões em investimentos (6,6%), incluindo inversões financeiras, com destaque para os Projetos Estratégicos de Defesa (PROSUB, H-X BR, FX-2, KC-390, SISFRON, ASTROS 2020 e Blindados GUARANI); R$ 7,5 bilhões em custeio (6,2%), destinadas à manutenção das Organizações Militares (OM), aprestamento das forças, operações de garantia da lei e da ordem (GLO), ações de cooperação para o desenvolvimento nacional, dentre outras; e R$ 1,6 bilhões (1,3%) com pagamento de serviços da dívida.

De acordo com dados do Portal da Transparência, o orçamento do MD em 2023 correspondeu a 2,55% dos gastos públicos. Considerando-se a distribuição dos pagamentos por órgão/entidade vinculada, destacam-se, respectivamente, Comando do Exército (R$ 48,4 bilhões, 44,5%), Comando da Marinha (R$ 29,4 bilhões, 27,0%), Comando da Aeronáutica (R$ 27,3 bilhões, 25,1%). Demais valores pagos estão relacionados ao Fundo do Exército, às unidades com vínculo direto com o MD e a outros gastos. Relativamente à quantidade de vínculos (servidores, aposentados e pensionistas), conforme disposto na Tabela 1.2.

Tabela 1.2 – Distribuição dos vínculos (servidores, aposentados e pensionistas) por órgão/entidade vinculada, em 2023

Força	Servidores públicos				Aposentados, reformados e reservistas	Pensionistas
	Cargos efetivos	Cargos/funções comissionadas ocupadas por servidores públicos	Cargos/funções comissionadas ocupadas por pessoas sem vínculos com a administração pública	Outros		
Comando do Exército	198.979	715 (57,3%)	71	127	10.147 (40,3%)	137.889 (52,0%)
Comando da Marinha	75.050	693 (21,6%)	27	214	7.733 (30,1%)	74.944 (28,2%)
Comando da Aeronáutica	70.272	578 (20,2%)	88	132	7.078 (28,1%)	52.509 (19,8%)

Fonte: elaboração própria

O Comando do Exército concentra parte significativa da distribuição entre as forças. Os demais vínculos não apresentados na tabela são com a Amazônia Azul Tecnologia de Defesa S.A. e com a Agência Nacional de Aviação Civil (ANAC).

Dessa maneira, analisar a defesa desde a perspectiva econômica permite uma série de abordagens e recortes. Seja por meio de uma abordagem internacional/regional, ou mesmo por meio de uma abordagem nacional/local, diferentes são as lentes teóricas capazes de avaliar economicamente cada caso e distintas são as políticas relacionadas à questão.

Este livro, portanto, tem por finalidade apresentar alguns dos principais tópicos da Defesa que são analisados economicamente, tendo particular atenção à realidade do Brasil. Em alguns capítulos, busca-se fornecer evidências a possíveis relações de causalidade entre a Defesa e a economia; em outros, setores específicos são descritos e analisados sob óticas que incluem a interface com outras áreas do saber, como as ciências políticas e as relações internacionais. Em termos de organização, o livro possui 10 capítulos, contando com essa introdução à temática e breve apresentação da obra.

Na sequência, o Capítulo 2 analisa as relações entre defesa e crescimento econômico, apresentando os principais canais pelos quais os gastos em defesa seriam capazes de afetar o crescimento do produto interno bruto (PIB). Para tal, os autores apresentam alguns modelos teóricos de crescimento econômico que incluem variáveis relativas à defesa (gastos militares) e trabalhos empíricos que verificam a relação entre essas variáveis para casos específicos. Além disso, o capítulo avalia as relações entre algumas variáveis econômicas e o setor de defesa dos países da América Latina e Caribe (ALC), utilizando dados recentes do *The Military Balance 2023*.

Já o Capítulo 3 foca na gestão no setor de defesa como chave na racionalidade do processo decisório que leva às demandas por sistemas e plataformas de combate, em um ambiente de escassez de recursos. Dessa maneira, tem por objetivo explorar as conexões entre economia, política, estratégia e defesa como base para a compreensão do planejamento e do processo decisório que, em última análise, gera as demandas de produtos de defesa para o setor produtivo. Para tal, além de apresentar uma base histórica e conceitual acerca das relações entre economia e política, discute o binômio segurança e defesa como um bem público. Além disso, aborda o pensamento estratégico como origem do processo decisório que leva à definição das capacitações e da correspondente base material requerida. Por fim, o capítulo explora o desafio de transformar em meios reais as plataformas e sistemas de combate delineados pela sistemática de planejamento.

A discussão sobre a importância dos gastos militares para a dinâmica de uma economia é extensa e marcada por posicionamentos e questionamentos diversos. Os gastos militares devem (ou não) ser ampliados em países, como o Brasil, que não enfrentam situações de conflitos armados? Os gastos em defesa podem ser utilizados como instrumento de política fiscal contra cíclica? Qual o impacto dos gastos militares para o crescimento econômico? As muitas respostas dadas a essas perguntas são estruturadas, essencialmente, em torno dos desenvolvimentos teóricos de Keynes e do que se convencionou chamar de keynesianismo militar. Nesse contexto, o Capítulo 4 tem por objetivo discutir a literatura teórica acerca do keynesianismo militar contrapondo essa visão aos aportes feitos por Keynes, especialmente, durante a 2ª Guerra Mundial. Por fim, espera-se nesse capítulo fomentar uma agenda de pesquisa de longo prazo que seja capaz de lidar com um melhor planejamento do orçamento militar para o Brasil, considerando suas especificidades, especialmente, o não envolvimento em conflitos armados.

O link entre como escassez de recursos e mudanças climáticas podem gerar conflitos e inseguranças é objeto central da análise do Capítulo 5. Além de destacar a relevância das questões ambiental e climática na agenda de defesa e segurança, os autores evidenciam as dimensões diretas e indiretas da mudança climática e da segurança nacional, trazendo alguns exemplos ALC e dos EUA. O capítulo reforça a necessidade de as agendas de defesa e segurança estarem atentas à ameaça associada ao agravamento das mudanças climáticas, especialmente pelo seu potencial em agravar desastres naturais, socioeconômicos e ambientais.

Os recursos destinados às Forças Armadas e suas implicações para a economia e a defesa nacional são analisados no Capítulo 6 a partir de três correntes teóricas distintas: o pensamento econômico clássico, o neoclássico e o keynesiano. São abordadas variáveis determinantes dos gastos militares e como estes influenciam os demais dispêndios da administração pública federal. Em relação aos fatores que influenciam a demanda por defesa, a literatura aponta desde aspectos geopolíticos e históricos a motivações econômicas baseadas em possíveis transbordamentos para a economia. Os diferentes modelos econômicos estudados revelam que características estruturais e conjunturais dos países interferem na demanda por defesa e, consequentemente, no volume de gastos militares. Em relação ao Brasil, observa-se a estrutura do orçamento de defesa no Brasil, sua inserção internacional e, ainda, realiza comparações com outras pastas e funções no contexto dos gastos públicos federais.

No Capítulo 8, a discussão sobre Políticas de Inovação Orientadas à Missão (*Mission-oriented Innovation Policies* – MOIP) orienta a análise acerca do setor aeroespacial. De acordo com essa perspectiva, as ações começam a partir da definição da 'missão' com especificação das metas e seus resultados esperados. Na implementação da missão, o sistema de inovação e a atuação do Estado são fundamentais. Conforme definido pelos os autores do capítulo, "a MOIP necessita de um Estado Empreendedor, cujas ações permitam superar as incertezas inerentes ao processo de inovação". Assim, observa-se que o setor aeroespacial tem sido alvo de políticas públicas voltadas para sua capacitação tecnológica. Contudo as mudanças na forma e intensidade das políticas industriais se mostraram estreitamente relacionadas à evolução específica de cada um dos setores, aeronáutico e espacial.

A análise realizada no Capítulo 9 considera que as estruturas de poder e o comportamento dos atores no setor de defesa diferem dos mercados convencionais de bens e serviços. Os avanços teóricos e empíricos nos estudos recentes de Economia de Defesa têm buscado incorporar contribuições de diferentes áreas, combinando análises embasadas em princípios de economia com as análises geopolíticas e de política internacional, que exercem forte influência nas decisões sobre a alocação de recursos. Esse capítulo, portanto, tem o objetivo de apresentar a participação brasileira no comércio internacional de armas. Para tal, os aportes provenientes da Economia de Defesa e da Geopolítica servem de base para o levantamento e a análise de séries temporais, permitindo chegar a algumas constatações acerca do histórico, das características atuais e das tendências futuras.

Por fim, o Capítulo 10 aborda os fatores determinantes dos gastos militares no Brasil, destacando sua complexidade multidimensional. Por meio de uma análise econométrica, investiga-se o impacto de variáveis socioeconômicas, ameaças percebidas e características institucionais na alocação de recursos para defesa. O modelo ARDL é aplicado para analisar a questão do Brasil entre 1961 e 2022, revelando que, no curto prazo, o aumento populacional e a democracia estão associados a maiores gastos militares, enquanto o aumento dos gastos em países vizinhos pode ter uma relação com a redução. A análise de longo prazo mostra uma relação positiva entre crescimento populacional e gastos militares no Brasil, além de uma possível relação entre democracia e maiores despesas. Contrariamente, o PIB e a liderança do Ministério da Defesa não demonstraram impacto significativo. Esses resultados sugerem complexidades na determinação dos gastos militares brasileiros, que podem estar influenciados por fatores como relações civis-militares e ausência de conflitos bélicos iminentes.

Os organizadores.

2

DEFESA E CRESCIMENTO ECONÔMICO: ASPECTOS TEÓRICOS E ANÁLISE DE CASO PARA AMÉRICA LATINA E CARIBE

Erika Almeida Ribeiro (EN)
Thauan Santos (EGN)

"National defense is expected to provide external security, and should thus enhance economic growth in the long run. However, its immediate objective is not directly related to economic growth. Therefore, even if defense spending did have an adverse effect on current economic growth, there is no necessary implication that such expenditures are harmful or too high".
(Rati Ram, 1995, Handbook of Defense Economics – Vol. 1)[1]

2.1 Introdução

Defesa e crescimento econômico são duas áreas de conhecimento na Ciência Econômica e dois setores que se encontram extremamente relacionados, ainda que haja escassa literatura sobre essa inter-relação. Por um lado, pode-se argumentar que gastos em defesa, se feitos de maneira eficiente e produtiva, podem afetar positivamente o crescimento do Produto Interno Bruto (PIB) dos países. Por outro, entende-se que países com economias mais robustas e PIB mais elevados possuem mais capacidade financeira de investirem no setor de defesa. Há, portanto, o que chamamos em economia de "endogeneidade". Maiores taxas de crescimento econômico seriam capazes de gerar maiores gastos em defesa e, de igual forma, maiores gastos em defesa seriam capazes de gerar maior crescimento econômico.

Posto isto, este capítulo tem como principal objetivo discutir as relações entre defesa e crescimento econômico, apresentando os principais canais pelos quais os gastos em defesa seriam capazes de afetar o crescimento do

[1] RAM, R. Defense expenditure and economic growth. **Handbook of Defense Economics**, Amsterdam: Elsevier, v. 1, p. 251-274, 1995. Doi: 10.1016/s1574-0013(05)80012-2.

PIB, bem como analisando as relações entre algumas variáveis econômicas e o setor de defesa dos países da América Latina e Caribe (ALC). Para isto, serão apresentados modelos teóricos de crescimento econômico que incluem variáveis relativas à defesa (gastos militares), bem como trabalhos empíricos que verificam a relação entre essas variáveis para casos específicos. Por fim, serão discutidos os casos de determinados países da ALC, utilizando dados recentes do *The Military Balance 2023.*

2.2 Economia e defesa sob diferentes óticas

A relação entre defesa e economia é discutida por diversos autores e por distintas abordagens teóricas. Já em 1776, na famosa obra *A Riqueza das Nações*, Adam Smith, apesar de ser reconhecido como um liberal de destaque, ressaltava a importância da defesa para o crescimento econômico. Smith argumentava que a prosperidade material de uma nação se baseava na mínima interferência do Estado sobre as liberdades individuais. Porém, para isto, seria necessário que o Estado fornecesse alguns serviços públicos essenciais como defesa nacional e justiça, por exemplo[2].

Os modelos econômicos neoclássicos, no geral, pressupõem o Estado como um agente econômico racional que toma suas decisões referentes a gastos (de defesa), comparando seus custos de oportunidade e os benefícios desses gastos em termos de melhora do bem-estar social. Tal abordagem considera ainda que a defesa, em particular, é um bem público puro, ou seja, não rival e não excludente. Por não rival, entende-se um bem no qual o uso por um indivíduo não impede o uso por outra pessoa. Já um bem não excludente é aquele cujo ofertante não consegue impedir o uso desse bem. Por conta dessas características, em especial, pela dificuldade de se cobrar um valor pelo uso do bem (dada sua característica de não exclusão), sua oferta tende a ser feita pelo Estado e sua cobrança realizada de maneira compulsória (ou seja, por meio de tributos)[3].

Já seguindo a ótica intervencionista, Keynes justifica a necessidade de políticas fiscais com o objetivo de elevação da demanda agregada (DA) e, consequentemente, de geração de crescimento econômico. Considerando a demanda agregada como o somatório de consumo (C), investimento (I),

---

[2] MATOS, P. de O. Implicações econômicas na guerra e no poder militar. **Tensões Mundiais**, v. 11, n. 20, p. 115-141, 2015.

[3] DUNNE, J. P. **The Economic Effects of Military Expenditure in Development Countries**. London: Economics Group, Middlesex University Business School, May 2000.

gastos do governo (G) e exportações líquidas (X-M)[4], o governo impactaria diretamente a DA por meio dos gastos correntes[5] (G) e dos investimentos (I)[6]. Além do impacto direto sobre a demanda agregada, Keynes destaca ainda a existência do que ficou conhecido por "efeitos multiplicadores". O multiplicador keynesiano sugere que os gastos públicos são capazes de gerar uma espécie de "ciclo", uma vez que, ao despender, o governo estaria gerando renda para a sociedade, que seria gasta na compra de bens e serviços, elevando a DA final em um valor maior do que o gasto público inicial. Exemplificando, os gastos para a manutenção das organizações militares, além de garantirem a defesa nacional, gerariam renda aos militares e essa renda seria capaz de "aquecer" a economia do país. Assim, segundo a abordagem keynesiana, o Estado deveria ser proativo, utilizando gastos militares a fim de elevar a capacidade instalada da economia, os lucros, o investimento e, consequentemente, o crescimento econômico[7].

Além das abordagens neoclássica e keynesiana, a literatura trata ainda de duas bases teóricas que relacionam defesa e crescimento econômico: a marxista e a institucional. A marxista aborda os gastos em defesa como importantes, porém contraditórios. Não há consenso sobre qual seria a influência desses gastos sobre o desenvolvimento das nações. Alguns autores, todavia, como Baran e Sweezy[8], entendem que os gastos militares seriam importantes para a contenção de crises, impedindo a absorção de excedentes sem aumentos de salários. E esta seria a única forma de despesa pública capaz de atingir esse objetivo.

Por fim, a abordagem institucionalista, composta por elementos clássicos e keynesianos, foca na ineficiência do complexo industrial militar (CIM) que seria causada por altos gastos militares mesmo sem a existência de elevados riscos iminentes. Nessa abordagem, são ressaltadas ainda a formação e influência de grupos de interesse (*lobbies*) que se beneficiariam do aumento dos gastos em defesa[9].

---

[4] Exportações líquidas correspondem às exportações de bens e serviços menos as importações de bens e serviços.

[5] Gastos correntes dizem respeito às despesas necessárias para a manutenção da máquina pública, como a compra de gêneros alimentícios para alimentar as tropas.

[6] I corresponde aos investimentos públicos e privados e diz respeito às despesas em máquinas e equipamentos que aumentam a capacidade produtiva. Assim, pode-se considerar um investimento público a compra de um navio pela marinha de determinado país.

[7] DUNNE, J. P.; SMITH, R. P.; WILLENBOCKEL, D. Models of Military expenditure and Growth: a critical review. **Defence and Peace Economics**, v. 16, n. 6, p. 449-461, 2006.

[8] Para maiores detalhes, ver DUNNE, J. P. **The Economic Effects of Military Expenditure in Development Countries**. London: Economics Group, Middlesex University Business School, May 2000.

[9] DUNNE, 2000.

2.3 Modelos teóricos de crescimento econômico e a defesa como um de seus determinantes

Modelos de crescimento são modelos econômicos utilizados para compreender a dinâmica da taxa de crescimento da renda e do produto de regiões (países, estados ou municípios). Tais modelos auxiliam no entendimento dos motivos pelos quais países crescem de maneiras e em velocidades distintas e quais seriam os principais fatores capazes de influenciar (positiva ou negativamente) esse crescimento. Esta seção apresentará os principais modelos e principais determinantes do crescimento econômico.

O estudo de Solow[10] dá início aos Modelos de Crescimento Neoclássicos e até hoje é amplamente utilizado nas análises de crescimento econômico. Tal modelo considera como determinantes do crescimento as taxas de poupança e de crescimento populacional. Esse modelo pressupõe a existência de dois insumos: o capital físico[11] e a mão de obra e, dada a Lei dos Rendimentos Decrescentes[12], regiões com estoques mais elevados de capital de físico cresceriam a velocidades mais baixas. Assim, segundo Solow, no longo prazo, as rendas de economias mais pobres atingiriam a renda per capita das economias mais ricas, seguindo a ideia de convergência de renda absoluta[13,14]. Observa-se, portanto, que esse modelo não explica a divergência de rendas percebida no "mundo real". A fim de compreender melhor o crescimento econômico dos países, surgem na literatura outros modelos mais complexos, como o Modelo de Solow Ampliado e os Modelos de Crescimento Endógeno.

---

[10] SOLOW, R. M. A contribution to the theiry of Economic Growth. **The Quartely Journal of Economics**, v. 70, n. 1, p. 65-94, 1956.

[11] Capital físico diz respeito às máquinas, aos equipamentos e à infraestrutura necessária para a produção de bens e serviços.

[12] Segundo a Lei dos Rendimentos Decrescentes (LRD), o aumento de um fator de produção, frente à manutenção dos demais fatores em níveis constantes, geraria uma redução da contribuição marginal desse fator à produtividade.

[13] Os Modelos de Crescimento Neoclássicos, pressupondo retornos marginais decrescentes e progresso tecnológico constante e exógeno, encontram que as economias caminhariam para um estado de renda única (estado estacionário ou *steady state*) e isto ocorreria porque países com rendas mais elevadas e menores níveis de capital físico teriam retornos mais baixos do capital, o que incentivaria a migração de recursos de países mais ricos para países mais pobres. A esse "caminhar para um estado de renda única" dá-se o nome de convergência de renda absoluta.

[14] RIBEIRO, E. C. B. A. **Convergência de renda local entre os municípios brasileiros para o período 2000 a 2005**. Fortaleza: Banco do Nordeste do Brasil, 2014.

O Modelo de Solow é baseado em uma função de produção do tipo Cobb-Douglas[15] e pode ser expressa da seguinte forma:

$$Y_t = A_t K_t^{\alpha} L_t^{1-\alpha} \quad (1)$$

Y_t denota o produto no período t, K, o nível de capital físico, A, a tecnologia, L, a força de trabalho e α representa a elasticidade ("sensibilidade") da produção em relação ao estoque de capital. Em suma, pode-se dizer que o produto da economia depende do estoque de capital físico, do grau de tecnologia[16] e do tamanho da força de trabalho.

Uma das críticas feitas ao Modelo de Solow é o fato de ele não considerar o capital humano como determinante do crescimento. A fim de dirimir essa falha, surgem diversos modelos, como o de Lucas[17], que destacam as externalidades positivas do capital humano sobre a produtividade. Tais trabalhos pressupõem que elevados níveis de escolaridade e de capacitação da força de trabalho impactariam positivamente o crescimento.

Outra crítica feita ao Modelo de Solow é a não consideração da tecnologia como "apropriável". Em outras palavras, para Solow, a tecnologia seria um bem não excludente. Modelos mais atuais como os de Romer[18], Grossman e Helpman[19] e Aghion e Howit[20] assumem que a tecnologia seria passível de apropriação. Trazendo essa reflexão para a relação entre defesa e crescimento econômico, é de suma importância a consideração da tecnologia como bem excludente. Esta, inclusive, é uma das peculiaridades da indústria de defesa em comparação com as demais, uma vez que, nesse setor, há um esforço ainda maior para proteção e sigilo de boa parte das tecnologias desenvolvidas.

---

15 É uma função utilizada amplamente em economia para representar a relação entre dois (ou mais) fatores de produção. Caso $\alpha+\beta=1$, tal função indica a existência de retornos constantes de escala, ou seja, se os dois fatores de produção (K e L) forem aumentados em 10%, o produto total Y também aumentará em 10%. Caso $\alpha+\beta<1$, a função indicaria retornos decrescentes de escala. Por fim, se $\alpha+\beta>1$, a função indicaria a existência de retornos crescentes.

16 Nesse modelo, a tecnologia é tomada como exógena.

17 LUCAS, R. On the mechanics of economic development. **Journal of Monetary Economics**, v. 22, n. 1, p. 3-42, 1988.

18 ROMER, P. Endogenous technological change. **Journal of Political Economy**, v. 98, n. 5, p. S71-S102, 1990.

19 GROSSMAN, G. M; HELPMAN, E. **Innovation and Growth**: in the global economy. Cambrigde: MIT Press, 1991.

20 AGHION, P.; HOWITT, P. A model of growth creative destruction. **Econometrica**, v. 60, n. 2, p. 323-351, 1992.

Em 1986, Baumol[21] faz a primeira análise empírica de convergência de renda e, a partir daí, diversos estudos empíricos sobre o tema vão surgindo e incluindo novas variáveis. Nesse contexto, o Modelo de Solow Ampliado traz o ganho de incluir outras variáveis que seriam também capazes de afetar o crescimento econômico. Mankiw, Romer e Weil[22] trazem o capital humano como um desses determinantes. De fato, é possível pensar que o nível de qualificação e capacidade produtiva dos indivíduos afete as taxas de crescimento do produto e da renda. Segundo esses autores, países com características semelhantes convergiriam, em termos de renda, para valores semelhantes[23]. Assim, pode-se elencar como importantes (e frequentemente estudados) determinantes do crescimento: o capital físico, o capital humano, a taxa de poupança e a taxa de crescimento populacional, os gastos em pesquisa e desenvolvimento (P&D) e o nível de tecnologia[24].

O Modelo de Solow Ampliado[25] também é utilizado na literatura para verificar a proporção dos gastos militares em relação ao PIB ($m_t = M_t/Y_t$, onde M_t é o valor dos gastos militares em t e Y_t é o produto da economia em t) como determinante do crescimento econômico. Para isto, os autores utilizam como base a seguinte função de produção:

$$Y_t = K_t^{\alpha}[A_t L_t]^{1-\alpha} \tag{2}$$

Y_t denota o produto no período t, K, o nível de capital físico, A, a tecnologia, L, a força de trabalho e α representa a elasticidade ("sensibilidade") da produção em relação ao estoque de capital.

O diferencial desse estudo está em assumir m_t como determinante do nível de tecnologia da seguinte forma:

---

21 BAUMOL, W. J. Productivity growth, convergence and welfare: what the long-run data show. **American Economic Review**, v. 76, n. 5, p. 1072-1085, 1895.

22 MANKIW, N.; ROMER, D.; WEIL, D. A contribution to the empirics of economic growth. **The Quarterly Journal of Economics**, v. 107, p. 407-37, 1992.

23 FERREIRA, A. H. B. O debate sobre convergência de renda per capita. **Nova Economia**, v. 5, n. 2, p. 139-154, dez. 1995.

24 Esta lista não esgota os possíveis determinantes do crescimento econômico. Buscou-se aqui elencar os mais frequentes nesta discussão.

25 Para mais detalhes, ver KNIGHT, M.; LOAYZA, N.; VILLANUEVA, D. The peace dividend: Military spending cuts and economic growth. **IMF Staff Papers**, n. 43, p. 1-44, 1996.

$$A_t = A_0 e^{gt} m_t^{\theta} \quad (3)$$

A equação 3 indica que o nível de tecnologia (A_t) é explicado pelo nível inicial de tecnologia (A_0) que cresce a uma taxa exógena de progresso tecnológico (g) e pela proporção dos gastos militares em relação ao produto da economia (m_t). θ pode ser interpretado como a elasticidade da tecnologia em relação a variações nos gastos militares. Em suma, considerando o modelo apresentado, pode-se dizer que os gastos militares afetariam a tecnologia e esta afetaria o produto da economia.

Cabe salientar que, diferentemente de outros determinantes, como o capital humano, não há um consenso em relação ao efeito dos gastos militares sobre a taxa de crescimento. Por um lado, alguns autores entendem que, uma vez que governos operam sob uma restrição orçamentária, os gastos em defesa desviariam recursos de funções "mais produtivas" (como saúde e educação) e tenderiam a reduzir o crescimento econômico[26]; essa abordagem é conhecida como o dilema/*trade-off* da manteiga e do canhão (*guns versus butter model*)[27]. Por outro lado, outros trabalhos apontam que o aumento dos gastos em defesa seria capaz de influenciar positivamente o crescimento econômico, seja seguindo a lógica keynesiana, por meio da geração de emprego e renda, ou ainda por meio de externalidades positivas e impactos sobre o desenvolvimento de tecnologia. As formas sob as quais os gastos em defesa poderiam afetar positivamente o crescimento econômico serão discutidas na próxima seção.

2.4 A influência da defesa sobre o crescimento e quais os canais pelos quais ela ocorre

Na literatura, encontram-se duas formas de classificar os gastos em defesa: a) de curto X de longo prazo; e b) Operações e Manutenção X Aquisições. Essas classificações auxiliam no entendimento dos possíveis impactos desses gastos sobre o crescimento econômico e estão descritas nos parágrafos seguintes.

[26] DUNNE, J. P.; NIKOLAIDOU, E.; SMITH, E. Military Spending, Investment and Economic Growth in small industrialising economies. **South African Journal of South Africa**, v. 70, n. 5, p. 789-790, 2002.

[27] Esse dilema se refere à existência de um *trade-off* (uma "escolha") entre gastar em defesa ("canhões") para proteger as fronteiras e a soberania nacional ou gastar com a produção de bens e serviços (representados, neste caso, pela "manteiga") para elevar o padrão de vida da sociedade.

Ao tratar-se de gastos públicos, como é o caso dos gastos militares, é possível ainda diferenciá-los em despesas correntes (aquelas essenciais para manutenção do funcionamento da máquina pública) e despesas de capital (referentes a gastos em equipamentos e infraestrutura capazes de ampliar a capacidade produtiva). Seguindo essa ideia, os gastos podem ser divididos em **de curto prazo** e **de longo prazo**. Os gastos de **curto prazo** estariam relacionados às despesas correntes e elevariam a demanda agregada (DA) no momento da realização destes. Tais gastos seriam aqueles necessários à manutenção das Forças Armadas (FFAA), como pagamento de salários[28], gastos com energia, água e gêneros alimentícios utilizados para alimentar a tropa. Ou seja, os gastos de curto prazo afetariam o crescimento econômico pelo lado da demanda. Já os de **longo prazo** estariam relacionados às despesas de capital, ou seja, às aquisições de máquinas e equipamentos, como compra de navios, tanques e armas, incluindo também os investimentos em projetos estratégicos de longo prazo[29,30,31]. Tais investimentos aumentariam a capacidade produtividade das FFAA e, portanto, impulsionariam o crescimento pelo lado da oferta.

Pode-se ainda classificar as despesas militares em "**Operações e Manutenção**" e "**Aquisições**". As **Operações e Manutenção** estariam relacionadas ao pagamento e ao suporte operacional dos militares integrantes das FFAA e as **Aquisições** seriam referentes às compras de equipamentos domésticos ou importados, bem como aos investimentos em Pesquisa e Desenvolvimento[32]. O primeiro grupo está mais relacionado aos gastos de curto prazo e o segundo aos de longo prazo.

É possível ainda classificar se os impactos dos gastos de defesa ocorrem pelo **lado da oferta** ou se pelo **lado da demanda**. Pelo lado da demanda, os impactos do setor de defesa viriam da compra de bens e serviços por parte das FFAA, bem como da geração de emprego e renda, o que movimentaria a economia local, impulsionando o crescimento seguindo a lógica do multiplicador keynesiano. Já pelo lado da oferta, considera-se a participação das

[28] Apesar de, no meio militar, os vencimentos dos militares serem chamados de "soldo", este trabalho, a fim de simplificar a leitura, usará a palavra "salário" para denotar os vencimentos de civis e militares.

[29] Para o Brasil, pode-se citar o Programa Fragatas Classe Tamandaré, o Sistema Integrado de Monitoramento de Fronteiras (SISFRON), Programa Estratégico de Sistemas Espaciais (PESE) como importantes exemplos de programas estratégicos para a defesa nacional.

[30] CUSTERS, P. Military Keynesianism today: an innovative discourse. **Race & Class,** [*S. l.*], v. 51, n. 4, p. 79-94, 2010.

[31] BORGES JR., A. G. **O Keynesianismo militar tem espaço na defesa brasileira?** Estudo da operação de paz no Haiti e do Programa de Submarino da Marinha. Trabalho de Conclusão de Curso (Graduação em Ciências Navais) – Escola Naval, Rio de Janeiro, 2020.

[32] Ver nota 8.

FFAA no desenvolvimento da indústria de defesa, inovação e tecnologia. O desenvolvimento da base industrial de defesa (BID) seria capaz de influenciar o restante da indústria tanto ao adquirir bens intermediários, quanto ao desenvolver tecnologias que poderiam ser utilizadas pelo meio civil, provocando o chamado arrasto tecnológico. Essas externalidades (ou transbordamentos) positivas dos projetos militares são comumente chamadas de *spillovers*[33].

Tratando ainda do lado da oferta, outros conceitos relevantes são: *offset, spil-on* e *spil-off*. *Offset* refere-se a qualquer prática de compensação acordada entre as partes de contrato de importação de bens, serviços e tecnologia, com o objetivo de desenvolver industrial e/ou tecnologicamente o país comprador. Já *spill-offs* seriam os transbordamentos de tecnologia do setor militar para o civil e *spin-on* os transbordamentos com caminho contrário, ou seja, do meio civil para o militar. As tecnologias cujo uso pode ser feito tanto pelo setor civil quanto pelo militar são conhecidas como de uso dual. Neste último caso, frisa-se a possibilidade de diluição de investimento entre os setores, o que geraria ganhos de produtividade ao país como um todo[34, 35, 36], assim como uma ampliação dos mercados potenciais.

Em resumo, destas três classificações, podem ser elencadas algumas formas pelas quais os gastos em defesa afetariam o crescimento econômico, ou seja, os canais pelos quais esse impacto acontece, sendo eles:

1. Demanda por bens e serviços finais e intermediários;
2. Geração de emprego e renda;
3. Desenvolvimento da indústria, tecnologia e inovação; e
4. Formação de capital humano.

Por fim, mas não menos importante, vale frisar que um dos papéis centrais da Defesa é garantir um ambiente seguro para o desenvolvimento de atividades econômicas, gerando externalidades positivas para os demais setores da economia. Assim, pode-se acrescentar mais um canal de impacto, sendo ele:

---

[33] RIBEIRO, E. C. B. A.; RIBEIRO, F. S. As organizações militares da Marinha e o crescimento econômico dos municípios brasileiros. **Pesquisa e Planejamento Econômico**, v. 51, n. 1, p. 161-184, 2021.

[34] Ver nota 8.

[35] BOHN, E. C. **Indústria de defesa e processos de aquisição no Brasil**: uma sugestão de debate baseado em modelos para países em desenvolvimento. Porto Alegre: UFRGS, 2014.

[36] CORRÊA, G. M. Transferência de tecnologia em compras de defesa: o que esperar da compensação comercial, industrial e tecnológica (offsets). *In*: 10° ENCONTRO NACIONAL DA ASSOCIAÇÃO BRASILEIRA DE ESTUDOS DE DEFESA, 2018. **Anais** [...].

5. Segurança e garantia de um ambiente propício para o desenvolvimento das atividades econômicas.

2.5 O caso do Brasil e dos demais países da América Latina e Caribe

Com base em dados de 2022[37] e considerando o top 15 principais orçamentos de defesa, da América Latina e Caribe (ALC) apenas o Brasil está no ranking. Ocupando o décimo quinto lugar, o país contou com orçamento de defesa da ordem de US$ 23 bilhões — e, ainda que possua o maior orçamento de defesa da ALC, sua participação nos gastos regionais caiu de 57% em 2010 para 45% em 2022. Tendo como base o orçamento de defesa dos top 3 do ano, essa cifra representou apenas 3% dos Estados Unidos (US$ 766,6 bilhões), 9,5% do valor da China (US$ 242,4 bilhões) e 26% do valor da Rússia (US$ 97,9). Note a grande assimetria entre os três maiores orçamentos de defesa do mundo, sendo o valor dos Estados Unidos mais de três vezes o valor da China e quase nove vezes o valor da Rússia, diferencial este provavelmente relacionado ao tamanho de cada uma dessas economias.

Ainda com base nos dados do *The Military Balance 2023*, os gastos de defesa global planejados por região em 2022 evidenciam uma participação muito tímida da região da ALC, alcançando apenas 2,6% do total. Das demais regiões, destacam-se: América do Norte (39,5%), Ásia (25,7%) e Europa (16,7%), alcançando juntas mais de 80% do total do ano. Considerando-se as mudanças reais nos gastos globais de defesa por região, percebe-se que entre 2020 e 2022 houve uma queda significativa em todo mundo no período 2020-2021 (exceto Ásia e Europa) e uma queda mais suave ou mesmo algum crescimento entre 2021-2022. No caso específico dos países da ALC, percebe-se uma queda da ordem de -400% (2020-2021) e uma leve recuperação da ordem de +15% (2021-2022). Vale dizer que o período entre 2020 e 2021 foi marcado pela pandemia do novo coronavírus (Covid-19), o que causou um deslocamento de recursos para a saúde, diminuindo, portanto, os recursos de outras áreas, como defesa. Já o conflito Rússia-Ucrânia e a recuperação da economia pós-pandemia podem justificar em alguma medida o retorno de parte de gastos em defesa.

Tendo como ano-base 2022, A tabela 2.1 apresenta as principais variáveis macroeconômicas, sociais e defesa para os 28 países da ALC. Os valores do Produto Interno Bruto (PIB) encontram-se em bilhões de

[37] Cabe destacar que os valores apresentados pelo *The Military Balance 2023* se encontram em preços e taxas de câmbio atuais e que a análise inclui apenas países para os quais existem dados comparáveis suficientes, com exceções notáveis para Cuba, Eritreia, Líbia, Coréia do Norte e Síria.

dólares estadunidenses (US$), o orçamento de defesa e assistência militar estrangeira (FMA, sigla em inglês) encontram-se em milhões de US$ e a taxa de câmbio faz referência a 1 US$.

Tabela 2.1 – Variáveis macroeconômicas, sociais e de defesa dos países da ALC, em 2022

Variável	PIB	PIB per capita	Inflação	Orçamento de defesa	FMA (EUA)	Taxa de câmbio	População
Unidade	US$ bi	US$	%	US$ mi	US$ mi	US$ = X moeda do país	
Antígua e Barbuda	1,7	16.787	8,5	7,6		2,70	100.335
Argentina	631,0	13.622	72,4	3.380,0		129,63	46.245.668
Bahamas	12,7	32.246	5,7	94,5		1,00	355.608
Barbados	5,8	20.004	9,9	42,4		2,00	302.674
Belize	2,7	6.096	6,6	23,3		2,00	412.387
Bolívia	43,4	3.631	3,2	481,0		6,86	12.054.379
Brasil	1.890,0	8.857	9,4	23.000,0		5,10	217.240.060
Chile	311,0	15.604	11,6	3.760,0		853,17	18.430.408
Colômbia	343,0	6.644	9,7	6.310,0	40	4.006,34	49.059.221
Costa Rica	68,5	13.090	8,9	423,0		638,94	5.204.411
Cuba							11.008.112
República Dominicana	112,0	10.573	9,0	761,0		54,93	10.694.700
Equador	115,0	6.413	3,2	1.580,0	5	1,00	17.289.554
El Salvador	32,0	4.883	7,3	257,0		1,00	6.568.745
Guatemala	91,3	4.880	6,4	400,0		7,90	17.703.190
Guiana	14,8	18.745	7,6	84,6		208,50	789.683
Haiti	20,2	1.673	26,8	13,9		105,49	11.334.637
Honduras	30,6	2.969	8,6	371,0		25,14	9.459.440
Jamaica	16,1	5.870	9,0	204,0		162,61	2.818.596
México	1.420,0	10.948	8,0	5.740,0		20,25	129.150.971
Nicarágua	15,7	2.375	9,9	84,9		35,91	6.301.880
Panamá	71,1	16.173	3,9	870,0		1	4.337.768

Variável	PIB	PIB per capita	Inflação	Orçamento de defesa	FMA (EUA)	Taxa de câmbio	População
Unidade	US$ bi	US$	%	US$ mi	US$ mi	US$ = X moeda do país	
Paraguai	41,9	5.615	9,5	276,0		6.989,62	7.356.409
Peru	239,0	7.005	7,5	1.750,0		4	32.275.736
Suriname	3,0	4.880	47,6			26,51	632.638
Trinidad e Tobago	29,3	20.746	5,0	838,0		6,76	1.405.646
Uruguai	71,2	20.018	9,1	546,0		41,93	3.407.213
Venezuela	82,1	3.052	210				29.789.730

Fonte: elaboração própria com base em dados do *The Military Balance 2023*

Chama atenção a assimetria entre as variáveis apresentadas. Além disso, o orçamento de defesa, por exemplo, inclui diferentes rubricas a depender do país analisado. O de Antígua e Barbuda contempla o orçamento para o Ministério de Assuntos Jurídicos, Segurança Pública, Imigração e Trabalho; o de Barbados/Honduras representa despesas com defesa e segurança; o de Belize exclui fundos alocados à Guarda Costeira e ao Serviço de Polícia; o do Brasil e do Chile incluem pensões militares; o da Colômbia exclui orçamento de segurança; o de Costa Rica representa orçamento paramilitar; o do México representa despesas de segurança nacional; e o do Panamá representa despesas de segurança pública. Tais peculiaridades devem ser consideradas em uma análise de impacto dos gastos de defesa sobre o crescimento econômico, afinal, elevação nos gastos em pensões militares (ou seja, com pessoal inativo), por exemplo, não influenciam da mesma forma o crescimento do PIB como elevações dos gastos em segurança nacional.

Seguindo na mesma linha, a organização do serviço também varia bastante entre os países da região. Via de regra, os países dividem seu pessoal entre ativa e reserva, contemplando três principais forças (Exército, Marinha e Força Aérea). Contudo alguns países não possuem Marinha (Antígua e Barbuda, Bahamas, Barbados, Belize e Trinidad e Tobago), outros possuem Guarda Costeira (Antígua e Barbuda, Bahamas, Barbados, Belize, Jamaica e Trinidad e Tobago), Guarda Nacional (Venezuela) ou Polícia Militar (Honduras).

Gráfico 2.1 – Participação das forças e guardas no pessoal da ativa e da reserva dos países da ALC, em 2022

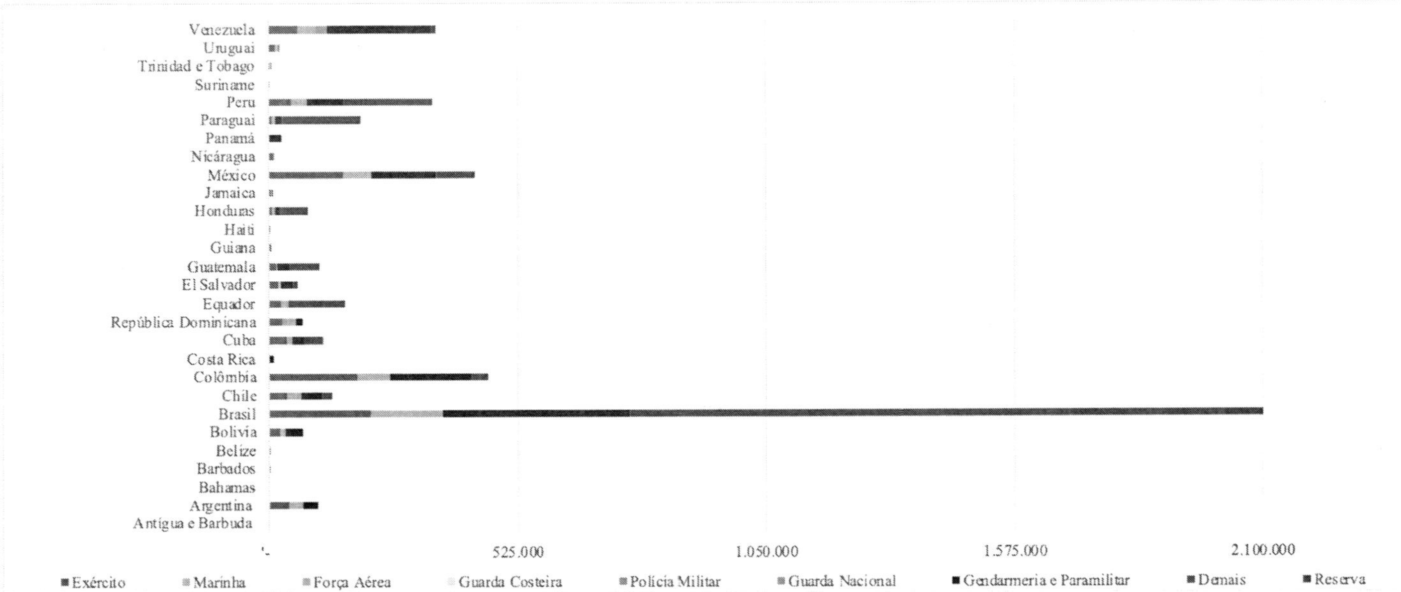

Fonte: elaboração própria com base em dados do *The Military Balance 2023*

De acordo com o Gráfico 2.1, considerando-se o top 5 pessoal militar da ativa, encontram-se, respectivamente: Brasil (366.500), Colômbia (255.950), México (216.000), Venezuela (123.000) e Peru (81.000). Em alguns países, o pessoal militar da reserva supera consideravelmente o da ativa, como ocorre no Brasil, no Equador, na Guatemala, em Honduras, no Paraguai e no Peru.

Para lidar com as demandas de pessoal, investimento e demais rubricas relacionadas à defesa (e, em alguns casos, à segurança nacional), as despesas para/com defesa dos países da ALC oscilam conforme conjuntura macroeconômica, bem como com as demandas por equipamentos e indústria de defesa. Particularmente analisando o caso dos países da América do Sul entre 2000 e 2011, percebe-se um grande aumento na compra de armas, ainda que existam importantes diferenças intra-regionais em termos de alocação de recursos para aquisição de armamentos. Embora a literatura sugira que os níveis de importação de armas dependem ou do tamanho do orçamento da defesa ou da percepção de ameaça, análises recentes sustentam que o nível de gastos com armas é determinado principalmente: (a) pela natureza expansiva ou não expansiva da avaliação estratégica da defesa; (b) pelos recursos disponíveis alocados pelo orçamento da defesa; e (c) pelo nível de atenção política às questões de defesa[38].

A Tabela 2.2 apresenta as despesas com defesa em 2022, considerando o valor total e per capita (em milhões de US$ correntes), além da participação no PIB (em %).

Tabela 2.2 – Despesas com defesa totais, per capita e como participação do PIB na ALC, em 2022

Variável	Total	Per capita	Participação no PIB
Unidade	**US$ mi correntes**	**US$ mi correntes**	%
Antígua e Barbuda	7,6	76	0,45
Argentina	3.380,0	73	0,54
Bahamas	94,5	266	0,74
Barbados	42,4	140	0,73

[38] BATTAGLINO, J. M. The Determinants of Arms Spending in South America. **Journal of Politics in Latin America**, v. 5, n. 2, p. 71-103, 2013.

Variável	Total	Per capita	Participação no PIB
Unidade	**US$ mi correntes**	**US$ mi correntes**	%
Belize	23,3	57	0,87
Bolívia	481,0	40	1,11
Brasil	23.000,0	106	1,21
Chile	3.760,0	204	1,21
Colômbia	6.310,0	129	1,85
Costa Rica	423,0	81	0,62
República Dominicana	761,0	71	0,68
Equador	1.580,0	91	1,37
El Salvador	257,0	39	0,80
Guatemala	400,0	23	0,44
Guiana	84,6	107	0,57
Haiti	13,9	1	0,07
Honduras	371,0	39	1,21
Jamaica	204,0	72	1,27
México	5.740,0	44	0,40
Nicarágua	84,9	13	0,54
Panamá	870,0	201	1,22
Paraguai	276,0	37	0,66
Peru	1.750,0	54	0,73
Trinidad e Tobago	838,0	596	2,86
Uruguai	546,0	160	0,77
TOTAL	**51.298,2**	**108,8**	**0,92**

Fonte: elaboração própria com base em dados do *The Military Balance 2023*. Não há dados disponíveis para Cuba, Suriname e Venezuela

Mais uma vez, percebe-se que os valores mudam muito de país para país, inclusive se considerarmos os valores absolutos ou relativos (frente ao tamanho da população ou do PIB). Em termos absolutos, destacam-se: Brasil (US$ 23 bilhões), Colômbia (US$ 6,3 bilhões), México (US$ 5,7 bilhões), Chile (US$ 3,8 bilhões) e Argentina (US$ 3,4 bilhões); em termos per capita, Trinidad e Tobago (US$ 596 milhões), Bahamas (US$ 266 milhões), Chile

(US$ 204 milhões), Panamá (US$ 201 milhões) e Uruguai (US$ 160 milhões); já em percentual do PIB, o top 5 é composto por Trinidad e Tobago (2,86%), Colômbia (1,85%), Equador (1,37%), Jamaica (1,27%) e Panamá (1,22%)[39].

> A Argentina, que tem o menor percentual de gastos com defesa em relação ao PIB na América do Sul e tipicamente dispende apenas 3% destes com investimentos, é também o país que proporcionalmente menos importa grandes sistemas de armamentos. Por seu turno, o Chile e a Colômbia apresentam situações bastante específicas, tendo seus sistemas de aquisição de defesa características peculiares vinculadas à sua política interna[40].

A Gráfico 2.2 apresenta a evolução dos gastos de defesa como participação do PIB consolidado da região para o período entre 2008 e 2002.

Gráfico 2.2 – Evolução dos gastos de defesa na ALC em % do PIB (média), 2008-2022

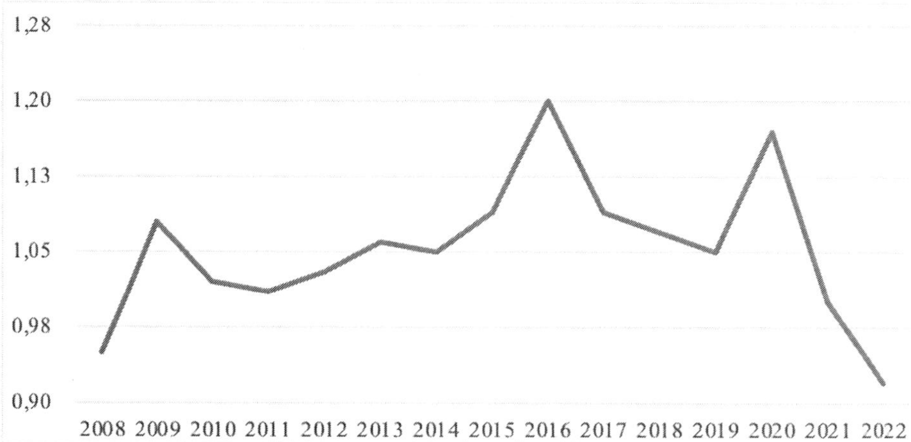

Fonte: elaboração própria com base em dados do *The Military Balance 2023*

Como se percebe, os valores médios oscilam entre 0,9% e 1,2% do PIB para o período analisado. Para a ALC, é essencial ter em consideração que, apesar das ameaças não estatais na região, há relativo baixo risco de conflito entre os países da região, o que, na prática, faz com que as forças

[39] Cabe mencionar, ainda, que se os valores estivessem em moeda nacional, esses rankings mudariam significativamente.

[40] GIESTEIRA, L. F.; MATOS, P. de O. Compras Públicas em Defesa. *In*: RAUEN, A. T. (org.). **Compras Públicas para Inovação no Brasil**: Novas possibilidades legais. Brasília: Instituto de Pesquisa Econômica Aplicada (Ipea), 2022. p. 19.

armadas e os investimentos em defesa permaneçam limitados em relação ao tamanho das economias e das populações da região. O fraco desempenho econômico, a ausência de grandes ameaças externas à segurança e a persistência de altas taxas de inflação resultaram em um ambiente orçamentário restrito para a defesa, com financiamento em 2022 no mesmo nível de 2009 em termos reais.

Com base em dados do Fundo Monetário Internacional (FMI), mesmo antes dos choques adicionais provocados pela guerra entre Rússia e Ucrânia (2022), a recuperação da região dos efeitos econômicos da pandemia do novo coronavírus (Covid-19) estava perdendo força. A propósito, a contração econômica de 7,0% na ALC foi a mais acentuada do mundo; contudo foi seguida de uma forte recuperação em 2021, com o crescimento real do PIB regional aumentando para 6,9%. Ainda, os orçamentos de defesa também caíram significativamente em termos de dólares americanos, uma vez que várias moedas — incluindo o peso argentino, o real brasileiro e o peso chileno — foram severamente desvalorizadas em relação ao dólar desde 2018. Em termos de perspectivas para os próximos anos, imagina-se que:

> Os altos níveis de gastos relacionados ao coronavírus em 2020-2021 e o choque econômico regional causado pela pandemia, combinados com o aumento global da inflação e outros efeitos da guerra na Ucrânia, tais como interrupções na cadeia de suprimentos, significam que haverá menos espaço fiscal para os Estados que procuram aumentar os gastos com a defesa. Como resultado, é provável que as prioridades, pelo menos a curto prazo, se concentrem na continuidade dos planos de modernização existentes, particularmente em países onde existem lacunas de capacidade facilmente visíveis. E haverá investimento contínuo de muitos estabelecimentos regionais de defesa em capacidades de segurança interna, particularmente nos Estados que sofrem de altos níveis de crime organizado relacionado às drogas, como o México, ou de insurgências de baixo nível, como a Colômbia e o Peru[41].

Sendo assim, a seguir serão analisados brevemente alguns dos países da região que se destacam em termos de orçamento de defesa. Cabe destacar de antemão que "no Brasil e na Argentina, há um importante componente de aquisições internas, sendo esses os países que mantêm as maiores e mais diversificadas bases industriais de defesa da região"[42]:

---

[41] THE INTERNATIONAL INSTITUTE FOR STRATEGIC STUDIES – IISS. **The Military Balance 2023**. London: Routledge, 2023. p. 366.

[42] GIESTEIRA; MATOS, 2020, p. 18.

ARGENTINA

A participação da Argentina nos gastos da defesa regional caiu de 11% em 2015 para 5% em 2021, antes de aumentar ligeiramente para 7% em 2022. Os planos de modernização da indústria de defesa dependem diretamente das perspectivas econômicas do país, de modo que as principais lacunas de capacidade são a falta de aeronaves de combate a jato rápido (*fast-jet combat aircraft*), bem como de submarinos. Vale mencionar que houve tensão do país com o Chile em 2022 relativamente à disputa sobre as fronteiras marítimas antárticas. Além disso, cabe mencionar que o país vive há anos em uma crise econômica, apresentando, em média, baixas taxas de crescimento e elevado nível de inflação, o que prejudica sobremaneira os recursos disponíveis para investimentos no setor de defesa.

BRASIL

A modernização da defesa conta com compensação tecnológica associada aos principais programas de defesa centrados nas capacidades aéreas e marítimas, como o contrato Gripen (com a Saab) e o contrato de modernização submarina PROSUB (com a Naval Group). A modernização militar está concentrada na força aérea e naval, mas, apesar de ter o maior orçamento de defesa da região, as restrições fiscais continuam a forçar os *trade-offs* de aquisição. No que compete à Força Aérea Brasileira (FAB), houve decisão de comprar aeronaves de combate Gripen adicionais, mas ao custo de reduzir sua frota planejada de aeronaves de transporte médio KC-390 construídas localmente para apenas 19[43]. Ademais, a Embraer anunciou que havia concordado com a FAB em reduzir o número de KC-390s e a FAB anunciou que iria cancelar os trabalhos (que haviam começado no início de 2021) com a Embraer em um UAV armado e um avião de transporte leve.

O primeiro submarino da Marinha do Brasil (MB) da classe Scorpène, o Riachuelo (S40), foi encomendado em setembro de 2022, com mais três para seguir, juntamente com um submarino de propulsão nuclear (o primeiro da região) no final da década. Destaque ainda para o Programa Fragatas Classe "Tamandaré" que tem como objetivo a construção de quatro Fragatas. Esse projeto, além de renovar e ampliar a frota de navios da MB, impulsionaria a indústria naval do país, em especial nos *Clusters* Navais do Rio de Janeiro

[43] Quatro Gripens serão adicionados ao contrato original para 36, e negociações estão em andamento para um lote adicional de 26.

e de Itajaí (SC). Com relação ao Exército Brasileiro (EB), percebe-se que está empenhado em um plano de modernização de suas forças blindadas, já havendo dois subprogramas (para veículos com rodas e sobre esteiras). Além disso, recentemente foram adjudicados os contratos iniciais para a modernização de nove veículos blindados de reconhecimento EE-9 Cascavel M VII 6x6 e o plano é atualizar um total de 98 até 2031. Estes e outros programas estratégicos das Forças Armadas brasileiras foram celebrados sob a bandeira de geração de tecnologia, ganhos industriais e arrasto tecnológico, o que impactaria a indústria brasileira como um todo.

CHILE

Diferentemente da maioria dos países da região, o Chile testemunhou um dos processos de modernização militar mais abrangentes nas últimas duas décadas. Recentemente, houve movimentações para algumas regiões do sul afetadas por disputas territoriais com grupos indígenas, bem como ajuste das forças armadas à nova lei (aprovada em 2019), que estabelece uma nova estrutura para o financiamento da defesa. Anteriormente, ela dependia das receitas do cobre, mas atualmente a nova estrutura estabelece planos de financiamento para períodos de quatro anos. Cabe mencionar, ainda, que a Empresa Nacional de Aeronáutica do Chile (ENAER), de propriedade da Força Aérea Chilena (FACh), apresentou um modelo de aeronave de treinamento turboélice Pillán II que substituirá a aeronave T-35 Pillán (da década de 1980). Mais de 80 T-35 Pilláns continuam em serviço, de modo que o Pillán II representa uma oportunidade de exportação para o país.

COLÔMBIA

A chegada de um novo governo na Colômbia levantou questões sobre o futuro dos principais planos de aquisição (assim como no Chile), notadamente a substituição da envelhecida frota de aeronaves de combate Kfir do país, embora o programa tenha sido reativado em setembro. Em paralelo, o país iniciou uma aproximação com a Venezuela, incluindo o restabelecimento de laços militares, que haviam sido suspensos desde 2019. Contudo a Colômbia continua a enfrentar a ameaça de uma guerrilha de baixa intensidade — embora não seja certo que isto se elevaria aos níveis vistos antes do acordo de paz de 2016 com o grupo guerrilheiro das Forças Armadas Revolucionárias da Colômbia (FARC).

Além disso, vale mencionar que representantes da COTECMAR e do construtor naval holandês Damen Schelde Naval Shipbuilding assinaram um contrato de projeto para uma fragata baseado no projeto SIGMA 10514 do Damen. O programa Plataforma Estratégica de Superfície (PES) da Colômbia foi anunciado pela primeira vez em 2015 e o país adotou a mesma abordagem com o Projeto Orión, o programa para navios de patrulha *offshore* que havia iniciado em 2008 em parceria com o Chile e a empresa alemã Fassmer.

O orçamento de defesa colombiano é embasado, em grande medida, em um modelo conhecido como Planejamento Baseado em Capacidades (PBC). A ideia central, neste caso, é que o orçamento das forças seja decidido em conjunto, evitando gastos ineficientes e desnecessários e tendo como objetivo determinadas capacidades a serem alcançadas.

MÉXICO

De fato, o país deve viver o desafio mais significativo para a segurança interna do subcontinente, dado que as autoridades continuam tentando combater os cartéis de drogas em diferentes regiões. Embora tenha havido algumas aquisições nos últimos anos (embarcações navais e helicópteros), é possível que esses requisitos de segurança interna contínua possam ter prioridade sobre a melhoria das capacidades limitadas das forças armadas no combate à guerra. A reforma organizacional tem sido recentemente um foco da administração, incluindo o plano de colocar a Guarda Nacional sob controle militar (que enfrentou objeções legais no final de 2022) e de estender até 2028 o mandato para que as forças armadas permaneçam engajadas em tarefas de segurança interna[44].

Por fim, no que tange à análise de impacto dos gastos de defesa sobre o crescimento econômico nos países da América Latina e Caribe, assim como para demais países, não há consenso. Se, por um lado, espera-se que determinados projetos estratégicos e de gastos sejam capazes de impulsionar o desenvolvimento da indústria e tecnologia, bem como movimentar a economia local, por outro, estudos empíricos não confirmam necessariamente a existência dessa influência. No caso da América do Sul[45], um estudo para o período entre 1977 e 2016 indicou que os gastos militares não impactaram[46]

[44] IISS, 2023, p. 366.

[45] Constituem a América do Sul: Argentina, Bolívia, Brasil, Chile, Colômbia, Equador, Guiana, França (Guiana Francesa), Paraguai, Peru, Suriname, Uruguai e Venezuela.

[46] Estatisticamente, diz-se que o impacto é não significativo.

o crescimento econômico desses países. O trabalho em questão utilizou como abordagem teórica o Modelo de Solow Aumentado, considerando a proporção dos gastos militares como determinante do crescimento.

2.6 Conclusão

Ao longo deste capítulo, discutiu-se as relações entre crescimento econômico e gastos de defesa. Observou-se que tais relações podem ocorrer nos "dois sentidos", ou seja, elevadas taxas de crescimento econômico e maiores rendas podem gerar gastos mais elevados em defesa e gastos em defesa podem influenciar o crescimento das economias. Ainda que não haja consenso sobre os impactos positivos dos gastos de defesa sobre o crescimento econômico, no caso de países com baixo grau de ameaça, a não necessidade de imediatismo em certas aquisições de produtos de defesa, abre espaço para o uso desses gastos com o objetivo também de desenvolver a indústria e a tecnologia no país. Este é o caso de vários países da América Latina e Caribe, como o do Brasil.

Sugere-se, assim, que haja maior vontade política e investimentos em prol da integração da base industrial de defesa (BID) da região, particularmente dos países da América do Sul, a luz de: (a) criação de redes horizontais entre as indústrias; (b) parcerias tecnológicas com hibridização das relações nacionais-internacionais; (c) imperativos estratégicos para a criação de soberanias para a indústria; e (d) estabelecimento de redes de políticas para a construção de interdependências. Para tal, seria interessante retomar a União de Nações Sul-Americanas (UNASUL) ou algum outro mecanismo de integração/cooperação regional capaz de promover a interação dos atores e das políticas da região nos moldes do Conselho de Defesa Sul-Americano (CDS)[47], servindo como um instrumento para alavancar o poder político, econômico e militar da região[48]. Sendo assim,

> Em termos práticos, observa-se que as indústrias regionais com maior desenvolvimento na atualidade, como a Naval e a Aeronáutica, poderiam buscar uma integração mais efetiva, o que as levariam a se tornar ainda mais abrangentes e terem seu potencial tecnológico expandido. Aquelas deficitárias, ou em crescimento, como é o caso da indústria de blindados,

[47] Para maiores detalhes sobre o CDS, ver: ABDUL-HAK, A. **O Conselho de Defesa Sul-Americano (CDS)**: Objetivos e interesses do Brasil. Brasília: FUNAG, 2013.

[48] LUCENA SILVA, A. H. Integração da Base Industrial de Defesa Sul-Americana: convergências estratégicas, identidades de defesa e interdependências. **Revista Política Hoje**, v. 24, n. 1, p. 71-84, 2015.

> poderiam receber incentivos dos governos ou de um *pull* de investidores privados, de modo a se reerguerem e a voltar a produzir em prol do mercado sul-americano[49].

Estreitando a relação entre o perfil dos gastos de defesa da região com o crescimento econômico dos países da ALC, as importações de armas da América do Sul entre 2005 e 2006 aumentaram em 150% em comparação com o período 2000-2004. Tal avanço pode ter se dado pelo forte aumento aos altos preços das commodities, tais como soja, óleo e tanoeiro. A propósito, o mercado sul-americano de armamento não é mais dominado pelos Estados Unidos, mas por países da UE (Espanha, Alemanha e França), assim como Reino Unido (ex-UE)[50].

Conceitos

Gastos em defesa: são os gastos destinados à manutenção ou à ampliação e melhorias do serviço de defesa.

Crescimento econômico: refere-se à taxa de crescimento do produto de uma economia.

Dilema canhão versus manteiga: refere à existência de um *trade-off* entre gastar em defesa ("canhão") para proteger as fronteiras e a soberania nacional ou gastar com a produção de bens e serviços ("manteiga") para elevar o padrão de vida da sociedade.

Questões

Q.1.1. A relação entre defesa e crescimento econômico é discutida sob distintas abordagens, sendo duas delas a Neoclássica e a Keynesiana. Explique essas abordagens.

Q.1.2. Diferencie despesas militares quanto a "Operações e Manutenção" versus "Aquisições".

Q.1.3. Cite três canais pelos quais os gastos de defesa podem impactar positivamente o crescimento econômico.

[49] AITA, E.; STUDART, A. V.; OLIVEIRA, M. A. G. de. Panorama atual e perspectivas futuras de uma logística de defesa integrada na América do Sul: oportunidades para a indústria regional de defesa. **Austral**: Revista Brasileira de Estratégia e Relações Internacionais, v. 5, n. 10, p. 209-239, 2016.

[50] VILLA, R. D.; VIGGIANO, J. Trends in South American weapons purchases at the beginning of the new millennium. **Revista Brasileira de Política Internacional**, v. 55, n. 2, p. 28-47, 2012. Disponível em: https://www.scielo.br/j/rbpi/a/yFvVgBJ4nvMJgZ94gcYzqcN/?format=pdf&lang=en. Vale ressaltar que o top 3 países sul-americanos que compraram mais armas durante a primeira década do novo milênio foram o Chile (13º no ranking mundial), a Venezuela (17º no ranking mundial) e o Brasil (30º no ranking mundial).

APÊNDICE 2.1 – Dados da participação das forças e guardas no pessoal da ativa e da reserva dos países da ALC, em 2022

Organização do serviço	Ativa								Reserva
	Exército	Marinha	Força Aérea	Guarda Costeira	Polícia Militar	Guarda Nacional	Gendarmeria e Paramilitar	Demais	
Antígua e Barbuda	130			50					80
Argentina	42.800	16.400	12.900				31.250		
Bahamas				110				1.390	
Barbados	500			110					430
Belize				550			550	950	
Bolivia	22.800	4.800	6.500				37.100		
Brasil	214.000	85.000	67.500				395.000		1.340.000
Chile	37.650	19.800	11.050				44.700		19.100
Colômbia	185.900	56.400	13.650				172.400		34.950
Costa Rica							9.950		
Cuba	38.000	3.000	8.000				26.500		39.000
República Dominicana	28.750	11.200	16.100				15.000		
Equador	25.650	9.400	6.200				500		118.000
El Salvador	20.500	2.000	2.000				26.000		9.900

Organização do serviço	Ativa								Reserva
	Exército	Marinha	Força Aérea	Guarda Costeira	Polícia Militar	Guarda Nacional	Gendarmeria e Paramilitar	Demais	
Guatemala	15.550	1.500	1.000				25.000		63.850
Guiana	3.000	200	200						670
Haiti	700						50		
Honduras	7.300	1.350	2.300		4.000		8.000		60.000
Jamaica	5.400		250	300					2.580
México	157.500	50.500	8.000				136.900		81.500
Nicarágua	10.000	800	1.200						
Panamá							27.700		
Paraguai	7.400	3.800	2.750				14.800		164.500
Peru	47.500	24.000	9.500				77.000		188.000
Suriname	1.400	240	200						
Trinidad e Tobago	3.000		50	1.600					650
Uruguai	13.500	5.000	2.600				1.400		
Venezuela	63.000	25.500	11.500			23.000	222.000		8.000

Fonte: elaboração própria com base em dados do *The Military Balance 2023*

REFERÊNCIAS

AGHION, P.; HOWITT, P. A model of growth creative destruction. **Econometrica**, v. 60, n. 2, p. 323-351, 1992.

AITA, E.; STUDART, Á. V.; OLIVEIRA, M. A. G. de. Panorama atual e perspectivas futuras de uma logística de defesa integrada na América do Sul: oportunidades para a indústria regional de defesa. **Austral**: Revista Brasileira de Estratégia e Relações Internacionais, v. 5, n. 10, p. 209-239, 2016.

BATTAGLINO, J. M. The Determinants of Arms Spending in South America. **Journal of Politics in Latin America**, v. 5, n. 2, p. 71-103, 2013.

BAUMOL, W. J. Productivity growth, convergence and welfare: what the long-run data show. **American Economic Review**, v. 76, n. 5, p. 1072-1085, 1895.

BORGES JR., A. G. **O Keynesianismo militar tem espaço na defesa brasileira?** Estudo da operação de paz no Haiti e do Programa de Submarino da Marinha. Trabalho de Conclusão de Curso (Graduação em Ciências Navais) – Escola Naval, Rio de Janeiro, 2020.

BOHN, E. C. **Indústria de defesa e processos de aquisição no Brasil**: uma sugestão de debate baseado em modelos para países em desenvolvimento. Porto Alegre: UFRGS, 2014.

CORRÊA, G. M. Transferência de tecnologia em compras de defesa: o que esperar da compensação comercial, industrial e tecnológica (offsets). *In*: 10° ENCONTRO NACIONAL DA ASSOCIAÇÃO BRASILEIRA DE ESTUDOS DE DEFESA, 2018. **Anais** [...]. São Paulo, 2018.

CUSTERS, P. Military Keynesianism today: an innovative discourse. **Race & Class**, v. 51, n. 4, p. 79-94, 2010.

DUNNE, J. P. **The Economic Effects of Military Expenditure in Development Countries**. London: Economics Group, Middlesex University Business School, May 2000.

DUNNE, J. P.; NIKOLAIDOU, E.; SMITH, E. Military Spending, Investment and Economic Growth in small industrialising economies. **South African Journal of South Africa**, v. 70, n. 5, p. 789-790, 2002.

DUNNE, J. P.; SMITH, R. P.; WILLENBOCKEL. Models of Military expenditure abd Growth: a critical review. **Defence and Peace Economics**, v. 16, n. 6, p. 449-461, 2006.

FERREIRA, A. H. B. O debate sobre convergência de renda per capita. **Nova Economia**, v. 5, n. 2, p. 139-154, dez. 1995.

GIESTEIRA, L. F.; MATOS, P. de O. Compras Públicas em Defesa. *In*: RAUEN, A. T. (org.). **Compras Públicas para Inovação no Brasil**: Novas possibilidades legais. Brasília: Instituto de Pesquisa Econômica Aplicada (Ipea), 2022.

GROSSMAN, G. M.; HELPMAN, E. **Innovation and Growth**: in the global economy. Cambrigde: MIT Press, 1991.

KNIGHT, M.; LOAYZA, N.; VILLANUEVA, D. The peace dividend: Military spending cuts and economic growth. **IMF Staff Papers**, n. 43, p. 1-44, 1996.

LUCAS, R. On the mechanics of economic development. **Journal of Monetary Economics**, v. 22, n. 1, p. 3-42, 1988.

LUCENA SILVA, A. H. Integração da Base Industrial de Defesa Sul-Americana: convergências estratégicas, identidades de defesa e interdependências. **Revista Política Hoje**, v. 24, n. 1, p. 71-84, 2015.

MANKIW, N.; ROMER, D.; WEIL, D. A contribution to the empirics of economic growth. **The Quarterly Journal of Economics**, v. 107, p. 407-37, 1992.

MATOS, P. de O. Implicações econômicas na guerra e no poder militar. **Tensões Mundiais**, v. 11, n. 20, p. 115-141, 2015.

RAM, R. Defense expenditure and economic growth. **Handbook of Defense Economics**, Amsterdam: Elsevier, v. 1, p. 251-274, 1995. Doi: 10.1016/s1574-0013(05)80012-2.

RIBEIRO, E. C. B. A. **Convergência de renda local entre os municípios brasileiros para o período 2000 a 2005**. Fortaleza: Banco do Nordeste do Brasil, 2014.

RIBEIRO, E. C. B. A.; RIBEIRO, F. S. As organizações militares da Marinha e o crescimento econômico dos municípios brasileiros. **Pesquisa e Planejamento Econômico**, v. 51, n. 1, p. 161-184, 2021.

ROMER, P. Endogenous technological change. **Journal of Political Economy**, v. 98, n. 5, p. S71-S102, 1990.

SOLOW, R. M. A contribution to the theiry of Economic Growth. **The Quartely Journal of Economics**, v. 70, n. 1, p. 65-94, 1956.

THE INTERNATIONAL INSTITUTE FOR STRATEGIC STUDIES – IISS. **The Military Balance 2023**. London: Routledge, 2023.

VILLA, R. D.; VIGGIANO, J. Trends in South American weapons purchases at the beginning of the new millennium. **Revista Brasileira de Política Internacional**, v. 55, n. 2, p. 28-47, 2012.

3

ECONOMIA, POLÍTICA, ESTRATÉGIA E A GERAÇÃO DE DEMANDA DE PRODUTOS DE DEFESA

William de Sousa Moreira (EGN)

"Canhão ou manteiga?"[51]
(R. Matthews, 2019, The Political Economy of Defence – Vol. 1)

3.1 Introdução

Um contínuo dilema das sociedades é encontrar a medida apropriada de recursos para alocar ao setor de Defesa, de modo que o Estado possa prover aos cidadãos um bem público fundamental que é a segurança nacional. Em países emergentes[52], trata-se de um desafio considerável, uma vez que a defesa deverá competir com outras demandas legítimas, como a saúde, a educação, a moradia, o combate à desigualdade e à fome, entre tantos outros.

Essa competição dá origem ao debate que periodicamente se repõe e pode ser resumido na pergunta "canhão ou manteiga"? Dimensionar a parcela adequada do esforço social de geração de riquezas a ser direcionada pela via orçamentária para a construção e manutenção de forças armadas implica adotar soluções para uma equação complexa, composta de fatores contextuais e variáveis diversas. Faz-se necessário, para tal, uma estrutura e uma sistemática de planejamento, com pessoas qualificadas, experiência acumulada e metodologias consentâneas com a realidade de cada país.

Acrescenta-se que a busca de soluções viáveis para a citada equação envolve atores e instituições que nem sempre operam sob as mesmas perspectivas, possuem interesses nem sempre alinhados e, não raro, conflitantes. Tal empreendimento demanda conhecimentos multidisciplinares e ferramental teórico-conceitual apropriado.

[51] MATTHEWS, R. E. **The Political Economy of Defence**. Cambridge: Cambridge University Press, 2019. p. 218. Kindle Edition. Essa expressão aparece em variados textos de Economia e de Defesa.

[52] O termo "emergentes" neste capítulo se refere aos países que estão em franco desenvolvimento, mas que ainda não alcançaram o grau de riqueza dos países centrais, como EUA, Reino Unido e França. O Brasil é um exemplo.

É nesse contexto que, nas últimas duas décadas, vem ganhando relevância a Economia de Defesa, um campo de estudos relativamente recente que se propõe a jogar luzes em fatores econômicos e de gestão no setor de defesa, de modo a contribuir para a racionalidade do processo decisório que leva às demandas por sistemas e plataformas de combate, em um ambiente de escassez de recursos. É ampla a influência da literatura forânea nesse campo, o que motiva a produção de conhecimento autóctone voltado a *tropicalizar* os debates nessa área, de modo a evitar a assimilação acrítica de teorias ou metodologias desenvolvidas em distantes latitudes e diferentes contextos.

A defesa de um país de dimensões continentais e oceânicas como o Brasil não é algo trivial. São cerca de 16.000 km de fronteiras terrestres, com 10 diferentes países, e 7.500 km de litoral, com águas jurisdicionais que poderão abarcar 5,7 milhões de km^2, em que se estende uma imensa infraestrutura relativa ao transporte marítimo, bem como à exploração e à explotação de recursos vivos e não vivos, incluindo fontes vitais de energia. Ademais, o contexto geoestratégico sul-americano e sul-atlântico difere consideravelmente de outras regiões do mundo, historicamente marcadas por conflitos e guerras.

Cabe considerar que, na terceira década do século XXI, a ciência e suas aplicações tecnológicas seguem a hierarquizar os poderes nacionais, formando um restrito grupo de países responsáveis por grande parte da geração de inovações nos produtos de defesa. Tal situação dá origem a um mercado internacional liderado pelas potências centrais, fortemente concentrado, restritivo e de difícil acesso a países em desenvolvimento.

O presente capítulo tem por objetivo explorar as conexões entre economia, política, estratégia e defesa como base para a compreensão do planejamento e do processo decisório que, em última análise, gera as demandas de produtos de defesa para o setor produtivo. Para tal, a seção 2 desenvolve uma base histórica e conceitual acerca das relações entre economia e política, lembrando os fundamentos econômicos do poder militar. Discute ainda o binômio segurança e defesa como um bem público. A seção 3 aborda o pensamento estratégico como origem do processo decisório que leva à definição das capacitações[53] e da correspondente base material requerida. A seção 4 explora o desafio de transformar em meios reais as plataformas e

[53] BRASIL. Decreto nº 11.169, de 10 de agosto de 2022. Institui a Política Nacional da Base Industrial de Defesa - PNBID. Brasília: Diário Oficial da União, 2022. Disponível em: https://www.planalto.gov.br/ccivil_03/_ato2019-2022/2022/decreto/D11169.htm#:~:text=DECRETO%20N%C2%BA%2011.169%2C%20DE%2010,Base%20Industrial%20de%20Defesa%20%2D%20PNBID. Acesso em: 15 set. 2023. Define "capacidade militar" como "a aptidão de Força Singular para cumprir determinada tarefa dentro de uma missão".

sistemas de combate delineados pela sistemática de planejamento, discussão que requer uma compreensão alargada do sistema de aquisições de defesa e das características e peculiaridades do mercado internacional de defesa.

3.2 Economia, Política, Estratégia e Planejamento de Forças

3.2.1 Economia e política

Autores clássicos da estratégia e do pensamento econômico já destacavam o imperativo de o Estado prover a segurança por meio da capacitação em defesa, o que implicava conexões entre economia e política. Sun Tzu abre seu livro *A Arte da Guerra* (cerca de 500 a.C.) alertando para a importância da guerra para a sobrevivência do Estado, recomendando estudá-la em todos os detalhes. Milênios depois, Edward Earle (1943)[54] apresentou o texto "Fundamentos Econômicos do Poder Militar", no qual destacou três autores cujas contribuições ao tema considerou relevantes. O filósofo e economista social Adam Smith (1723-1790), considerado por muitos o pai da economia moderna, defendia que "o primeiro dever de um soberano é o de proteger a sociedade da violência e invasão de outras sociedades independentes" e que as áreas que requerem e justificam gastos do Estado são a defesa, a justiça e as obras públicas. Em outro contexto, Alexander Hamilton (1755-1804), político, acadêmico e economista, um dos pais fundadores dos Estados Unidos, via que "a salvaguarda para o perigo externo é a mais poderosa direção para a conduta nacional [... e que] até mesmo a liberdade deve ceder aos ditames da segurança [...]". Já o economista prussiano Georg Fredrich List (1789-1846) postulava que "o poder é mais importante do que a riqueza, porque o oposto do poder, a fraqueza, resulta na colocação de tudo em risco, tudo que possuímos [...], nossa civilização, liberdade, independência, nas mãos dos que nos sobrepujam em termos de força..."[55]. Atualizando a pesquisa e deslocando a busca pelos fundamentos

[54] No contexto da 2ª Guerra Mundial, Edward Mead Earle empenhou-se em reunir as contribuições de diversos autores para o estudo multidisciplinar e a compreensão do fenômeno da guerra. Essas contribuições foram reunidas numa coletânea inicialmente intitulada *Makers of Modern Strategy: Military Thought From Machiavelli to Hitler* (1943). Posteriormente, o livro foi atualizado por Peter Paret, com *Makers of Modern Strategy: from Machiavelli to the Nuclear Age*, Princeton, 1986. Mais recentemente, uma nova versão foi produzida por Hal Brands, com *The New Makers of Modern Strategy from the ancient world to the digital age*, Princeton, 2023. Nas duas obras que se seguiram à inicial, o artigo original de Earle voltado aos fundamentos econômicos do poder militar foi mantido ou discutido.

[55] EARLE, E. M. Adam Smith, Alexander Hamilton, Friedrich List: The Economic Foundations of Military Power. *In*: PARET, P. **Makers of Modern Strategy**: from Machiavelli to the Nuclear Age. Princeton: Princeton University Press, 1986. p. 217.

econômicos do termo "poder militar" para o conceito mais amplo de "estratégia", Helleiner e Kirshner (2023)[56] apontaram que os três autores citados por Earle entenderam a relação entre economia e estratégia, tendo dado alta prioridade à segurança nacional. Ademais, concordaram com a visão de que tanto a riqueza quanto o poder decorrem da capacidade produtiva de uma nação e, a longo prazo, a "busca pela riqueza e a busca pelo poder eram vitais, intimamente entrelaçadas e difíceis de desconectar".

Assim, o preparo dos instrumentos de uso da força que conformam a expressão militar do Poder nacional implica comprometer parcela do orçamento público, em um montante que demanda cálculos, avaliações e decisões políticas. Nos sistemas democráticos, isso requer amplos e qualificados debates, pois muitas são as questões e as subjetividades envolvidas, como a percepção de ameaças pela sociedade, a natureza das tarefas subsidiárias atribuídas às Forças Armadas, o entorno estratégico[57], os compromissos internacionais de política externa e a qualidade e características da inserção internacional do país. Tudo isso dentro dos marcos constitucionais e normativos, entre outros aspectos.

Exemplificando, no contexto político, socioeconômico e geoestratégico de um determinado país, que níveis de preparo e qualificação de pessoas e sistemas de defesa devem ser buscados? Quais os custos associados e que impacto representam para o orçamento público frente a outras demandas? O que priorizar: "canhão ou manteiga (*butter x gun*)"?[58] Essa última e metafórica pergunta é característica de um debate no campo da Economia que periodicamente vem à tona, especialmente quando são divulgadas grandes aquisições de plataformas de combate. Nessas ocasiões, debates multiplicam-se por intermédio da Academia, do jornalismo crítico e de atores sociais diversos, o que se reflete no parlamento e suas comissões temáticas de diferentes modos. A questão confronta a alocação de recursos direcionados ao orçamento de defesa em um contexto de marcada desigualdade social e outras carências. Assim, na expressão em tela, os gastos militares estariam associados ao "canhão" e os demais, para atender outras demandas da sociedade, à "manteiga".

---

[56] HELLEINER, E.; KIRSHNER, J. Economic Foundations of Strategy: Beyond Smith, Hamilton and List. *In*: BRANDS, H. (ed.). **The New Makers of Modern Strategy from the ancient world to the digital age**. Princeton: Princeton University Press, 2023. p. 243.

[57] Segundo a Política Nacional de Defesa (2020), o "entorno estratégico" brasileiro inclui a América do Sul, o Atlântico Sul, os países da costa ocidental africana e a Antártica.

[58] Em outras palavras, esse dilema espelha a tensão gerada pela alocação de recursos para a defesa frente às demandas sociais de magnitude. No caso, canhões estão associados às necessidades de defesa e gastos militares. Por sua vez, manteiga, como alimento, às necessidades sociais prementes.

3.2.2 O binômio Segurança & Defesa como bem público: uma questão de Estado

Entendido como uma responsabilidade primária do Estado, a ideia de o binômio Segurança & Defesa[59] constituir um bem público se assenta no fato de que todos os cidadãos dele se beneficiam, sem exclusões ou exceções, independentemente de competições ou rivalidades entre consumidores, sendo, pois, financiado pelos impostos. Em outras palavras, não é possível negar a alguém o consumo desse bem, assim como o fato de uma pessoa dele se beneficiar não impede que as demais o logrem.

A Defesa demanda, por sua relevância, eficiente alocação de recursos para os gastos militares em um ambiente de escassez, sujeito a transientes conjunturais adversos, como os derivados de crises econômicas que invariavelmente afetam o orçamento público. Tal condição requer uma sistemática de planejamento que agregue racionalidade à geração de demandas, principalmente por abranger empreendimentos intensivos em capital e tecnologia em médio, longo e muito longo prazos. Países desenvolvem sistemas e metodologias apropriados a cada realidade, uma vez que diferem em contextos históricos, geoestratégicos, ameaças percebidas, interesses nacionais, enfim, em uma ampla gama de fatores que dão origem ao pensamento estratégico predominante, interpretado pela elite política dirigente e geralmente expresso sob forma de políticas públicas. Nesse processo, é fundamental o diálogo e a interação entre atores dos diversos setores com responsabilidade sobre a defesa. Ademais, no século XXI, a gestão desse bem público demanda cada vez mais transparência e controle social externo por órgãos competentes.

A pretendida racionalidade implica não somente considerar os benefícios estratégicos e operacionais dos investimentos. Demanda também uma contínua mensuração das alocações de recursos e uma avaliação dos impactos dos investimentos no crescimento e no desenvolvimento nacional, em especial nas áreas social, econômica, científica e tecnológica e, cada vez mais, no meio ambiente, de modo a subsidiar a formulação ou o ajuste de políticas públicas pertinentes. Não é demais lembrar que, como sugere a Política Nacional de

[59] A PND conceitua a segurança nacional como "condição que permite a preservação da soberania e da integridade territorial, a realização dos interesses nacionais, a despeito de pressões e ameaças de qualquer natureza, e a garantia aos cidadãos do exercício dos direitos e deveres constitucionais". Já a defesa nacional é conceituada como "o conjunto de atitudes, medidas e ações do Estado, com ênfase na expressão militar, para a defesa do Território Nacional, da soberania e dos interesses nacionais contra ameaças preponderantemente externas, potenciais ou manifestas".

Defesa (PND), a defesa nacional e o desenvolvimento são interdependentes, à medida que, por um lado, a primeira depende das condições econômicas e infraestruturais proporcionadas pela segunda e, por outro, contribui para o aproveitamento e o aprimoramento das potencialidades nacionais.

Isso se dá em um cenário de acelerados avanços científicos, que estão a prenunciar inovações militares disruptivas, com potencial de alterar formas tradicionais de combater. Amplia-se, assim, a complexidade do processo de planejar e fazer escolhas por sistemas e produtos de defesa que sejam compatíveis com as necessidades político-estratégicas, com a realidade orçamentária, com a tempestividade requerida e com as possibilidades da base industrial de defesa (BID) nativa, considerando-se que os projetos de defesa são em geral de médio e longo prazos.

3.3 O desafio do planejamento de forças

Conceber o conjunto de capacidades e os respectivos meios materiais e humanos necessários ao Estado para prover segurança é um dos mais complexos processos que envolvem a gestão da Defesa. Tal tarefa requer uma ampla compreensão do quadro político, estratégico, socioeconômico, histórico-cultural, de experiências passadas e consciência situacional corrente, entre outros. Demanda, também, perquirir o pensamento estratégico predominante e antever cenários e possíveis ambientes operacionais futuros. Um trabalho que necessita abordagem multidisciplinar e metodologia apropriada.

3.3.1 O pensamento estratégico e as demandas por capacitações militares

Pode-se inferir a existência de um "pensamento estratégico" predominante na sociedade, em particular de uma elite política dirigente. Tal conceito refere-se ao entendimento mais geral de como o país se insere ou deseja se inserir no sistema internacional, quais as ameaças à segurança percebidas, a política externa em vigor, as potencialidades e limitações do país, e qual o nível de poder que deseja construir para garantir a soberania e os interesses nacionais, bem como fazer frente às contingências externas que porventura sobrevenham.

Os traços delineadores desse pensamento se revelam por meio de políticas públicas e documentos condicionantes de nível político ou setorial, pronunciamentos do chefe de Estado, entre outros indícios que podem orientar o "pensar defesa". Destaca-se a Constituição Federal (CF 1988), por meio da qual o Estado brasileiro organiza e distribui responsabilidades institucionais relativas ao monopólio do uso legítimo da força. Especificamente no que tange às Forças Armadas como instituições permanentes, o artigo 142 atribui-lhes a precípua tarefa de defender a pátria, ficando o artigo 144 dedicado às questões de segurança pública que são atribuídas a outras instituições, como a Polícia Federal, Polícias Militares, entre outras[60]. Merece também atenção o artigo 4, pois estabelece os princípios que regem as relações internacionais, como independência nacional, autodeterminação dos povos, não intervenção, defesa da paz e solução pacífica dos conflitos que, evidentemente, balizam o emprego externo de força por parte do Estado. Cabe ressaltar, ainda, a Lei Complementar 97, de 1999[61], que dispõe sobre as normas gerais para a organização, o preparo e o emprego das Forças Armadas e estabelece um amplo conjunto de atribuições subsidiárias que passam a integrar as respectivas missões.

O fato é que o sistema de Defesa ganha concretude em suas bases humana e material, cuja edificação e manutenção requerem tempo e recursos significativos, que variam de país para país em função de diversos fatores que condicionam as atividades finalísticas de defesa[62]. Naturalmente, a alocação racional desses recursos necessita de uma sistemática de planejamento que seja capaz de identificar e levar em conta ameaças, oportunidades e níveis de poder militar para sustentar a soberania e os interesses nacionais. O primeiro passo é, pois, delinear o pensamento estratégico nacional, a partir do exame das principais políticas públicas e outros documentos de interesse. Para tal, além dos já citados marcos legais, merecem atenção especial a Política Nacional de Defesa (PND) e a Estratégia Nacional de Defesa (END). São peças centrais do arcabouço político, estratégico e normativo que estarão continuamente sendo considerados ao longo do processo de planejamento, juntamente com o Livro Branco de Defesa Nacional (LBDN). Eles incorporam a legitimidade conferida pela aprovação política do Congresso, em geral

[60] Instituições mencionadas no Art. 144 da CF: I - Polícia Federal; II - Polícia Rodoviária Federal; III - Polícia Ferroviária Federal; IV - Polícias Civis; V - Polícias Militares e Corpos de Bombeiros Militares; e VI - Polícias Penais Federal, Estaduais e Distrital.

[61] BRASIL. Lei Complementar nº 97, de 9 de junho de 1999. Dispõe sobre as normas gerais para a organização, o preparo e o emprego das Forças Armadas. Brasília, DF: Presidência da República, 1999. Disponível em: http://www.planalto.gov.br/ccivil_03/leis/lcp/lcp97.htm. Acesso em: 15 jun. 2023.

[62] O Decreto nº 11.169, de 10 de agosto de 2022, define *atividade finalística de defesa* como "qualquer atividade necessária para gerenciar, desenvolver, obter, industrializar, produzir, operar, manter ou desativar capacidade militar das Forças Singulares no cumprimento de sua missão prevista no art. 142 da Constituição", s/p.

por meio de um decreto legislativo, em conformidade com a Lei Complementar 97/99, que estabelece o envio periódico daqueles documentos para apreciação pela Casa Legislativa[63].

Uma vez estabelecidos e divulgados, esses documentos são interpretados e servem de base para outros documentos derivados, nos níveis setorial (Ministério da Defesa) e subsetorial (Forças), de modo a identificar orientações, prioridades, ações e demandas de capacitação, sempre à luz dos condicionantes da Economia, igualmente legitimados no Congresso por intermédio da Lei Orçamentária Anual (LOA) e legislação correlata. Nesse quadro, são concebidos e escolhidos os sistemas e equipamentos que irão conformar a expressão militar do poder nacional. Assim, as aquisições de defesa se voltam para obter produtos e sistemas cujas necessidades foram apontadas pela estratégia delineada para atender metas e fins politicamente estabelecidos, dentro de uma moldura orçamentária estabelecida.

A Figura 3.1 mostra os principais setores e níveis de atuação, tendo como pano de fundo um mapa mundo, a lembrar que o sistema internacional é fundamental para todas as análises, inclusive no que tange ao mercado de defesa. Na imagem sobreposta, quatro perspectivas são destacadas. A *política* (poder) estabelece metas e fins para Segurança & Defesa, apresentadas no fluxograma à direita da figura. A *estratégia* busca balancear recursos, meios e fins, delineando soluções que busquem alcançar os fins estabelecidos pela política. O resultado desse processo é a consolidação de uma lista de capacidades a serem mantidas, obtidas ou desenvolvidas, com as respectivas demandas humanas e materiais. Nesse último caso, o atendimento das necessidades no próprio país dependerá da compatibilidade entre as especificações estabelecidas para os produtos a obter e o patamar científico-tecnológico do setor produtivo (BID). Claro está que a *economia* permeia todo esse processo viabilizando ou não a alocação tempestiva e regular das dotações orçamentárias requeridas. Idealmente, o orçamento de defesa deveria ser a expressão numérica da política de defesa, contudo, uma relação tensional entre ambos é o que se observa na prática. Assim, a disputa do setor de Defesa por maior orçamento permeia esse processo.

[63] Ver alteração introduzida pela Lei Complementar (LC) 136/2010. Art. 9º § 3º: "O Poder Executivo encaminhará à apreciação do Congresso Nacional, na primeira metade da sessão legislativa ordinária, de 4 (quatro) em 4 (quatro) anos, a partir do ano de 2012, com as devidas atualizações: I - a Política de Defesa Nacional; II - a Estratégia Nacional de Defesa; III - o Livro Branco de Defesa Nacional", s/p.

Figura 3.1 – Setores e níveis de atuação. As perspectivas que influem no planejamento de defesa

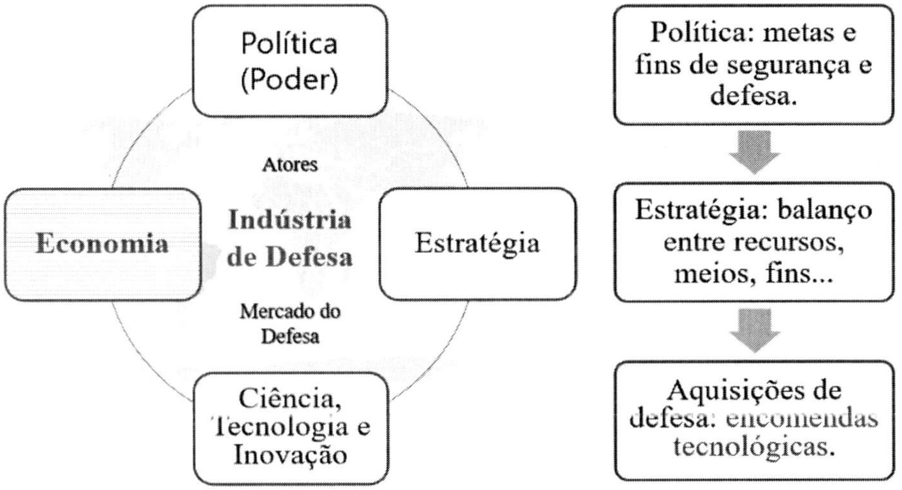

Fonte: elaboração própria

Torna-se, pois, fundamental uma metodologia que operacionalize a transformação do pensamento estratégico, expresso nos documentos de alto nível e nas orientações de nível político e setorial (Ministério da Defesa), em capacitações militares e as decorrentes demandas materiais, em termos de sistemas e plataformas de combate. Isso dá origem a uma lista de produtos a adquirir, que representam encomendas tecnológicas ao setor produtivo em termos de bens e serviços de defesa[64]. Nesse caso, destacam-se os produtos estratégicos de defesa (PED), que se caracterizam pelo "conteúdo tecnológico, pela dificuldade de obtenção ou pela imprescindibilidade", bem como "por serem de interesse estratégico para a defesa nacional"[65].

Faz-se necessário compreender que um diálogo incompleto ou deficiente entre esses atores pode ter consequências severas para a BID, que necessita lidar com um mercado internacional altamente competitivo,

[64] O Decreto nº 11.169, de 10 de agosto de 2022, define "Bens e serviços de defesa" como um "bem, serviço, obra ou informação que, por suas características, possa contribuir para a consecução de objetivos relacionados à segurança ou à defesa do País, com exceção daqueles de uso administrativo", s/p.

[65] BRASIL. Lei 12.598 de 2012. Produto Estratégico de Defesa - PED - todo [produto de defesa] PRODE que, pelo conteúdo tecnológico, pela dificuldade de obtenção ou pela imprescindibilidade, seja de interesse estratégico para a defesa nacional, tais como: a) recursos bélicos navais, terrestres e aeroespaciais; b) serviços técnicos especializados na área de projetos, pesquisas e desenvolvimento científico e tecnológico; c) equipamentos e serviços técnicos especializados para as áreas de informação e de inteligência, s/p.

sujeito a pressões e restrições diversas, como as imposições de natureza geopolítica, as barreiras de acesso a tecnologias sensíveis, o cipoal normativo dos controles de exportação e do regime internacional de não proliferação de armas de destruição em massa e dos respectivos vetores de lançamento.

Convém, pois, que o setor produtivo nacional seja consultado de alguma forma ainda durante a fase de planejamento, uma vez que poderá oferecer soluções autóctones para as encomendas tecnológicas a serem geradas. Nesse sentido, o Ministério da Defesa (MD) formulou a Política Nacional da Base Industrial de Defesa (PNBID) (2022), por meio da qual estimula o envolvimento coordenado do próprio "MD, das Forças, da BID, das organizações de direito privado associadas e de Instituições Científicas, Tecnológicas e de Inovação [....] desde a concepção de futuras necessidades do setor de defesa até o desenvolvimento de novas tecnologias"[66].

Ressalta-se que essas aquisições representam empreendimentos complexos e de longo prazo, que tendem a atravessar diferentes governos e legislaturas. Desse modo, o êxito depende de concertações junto às principais forças políticas do parlamento, de modo que os projetos resultantes sejam considerados e tratados como um compromisso de Estado. Isso possibilitará terem continuidade ao longo das periódicas alternâncias de poder e de pessoas nos cargos dos poderes executivo e legislativo, típicas dos regimes democráticos. Um passo nessa direção é a submissão da PND e END à apreciação do Congresso, conforme anteriormente mencionado.

3.3.2 Estratégia, planejamento e o fator tecnológico

Um desafio adicional ao planejamento do setor de Defesa é o peso que ganhou o fator tecnológico. As artes e notadamente o cinema tendem a multiplicar a força imagética de sistemas e plataformas de combate no estado da arte, muitas só ficcionais. Isso contribui para estimular no imaginário popular a ideia de que a tecnologia de base científica é a solução para os problemas humanos e a força motriz do mundo contemporâneo. Um legado da modernidade é a ascensão da ciência e suas aplicações como principal fator de transformação social. Uma vez que o *determinismo tec-*

[66] Ver Decreto nº 11.169, de 10 de agosto de 2022, Art. 7. Disponível em: https://www2.camara.leg.br/legin/fed/decret/2022/decreto-11169-10-agosto-2022-793101-publicacaooriginal-165903-pe.html. Acesso em: 15 jun. 2023.

nológico[67] pode ter influência em decisões e especificações de produtos de defesa, principalmente em termos de custos e prazos, convém uma reflexão sobre esta questão.

Nossa herança moderna nos faz afeitos aos avanços da ciência e suas aplicações, que elevaram a tecnologia à condição de fator de produção e, ao mesmo tempo, produto. As revoluções industriais e o sistema produtivo que emergiu desse período até a chamada Nova Economia, de forte base tecnológica, contribuíram para a imagem positiva da atividade científica, não obstante os efeitos negativos que o uso de algumas tecnologias produziu, como a poluição, a degradação ambiental, as implicações para o clima e para a biodiversidade e as armas de destruição em massa.

Importa considerar, contudo, que as sociedades esperam da Ciência soluções para seus grandes problemas nos campos da medicina, bem-estar e meio ambiente, entre tantos outros. Isso se aplica também ao caso da Defesa, ao passo que surgem armas inovadoras com capacidade de gerar profundas transformações no modo de combater, com potenciais impactos nas organizações e doutrinas militares, em um fenômeno que deu origem ao conceito de "Revolução de Assuntos Militares (RAM)".

A partir da segunda metade do século XX, observou-se a tendência ao uso combinado de tradicionais campos disciplinares com novos domínios cognitivos. Essa integração de saberes potencializou-se com o aumento da capacidade de geração e processamento de dados e com o desenvolvimento de novos materiais, proporcionando a sofisticação de produtos de defesa. A velocidade desse processo consolidou o campo da ciência como uma arena de disputa de poder, na corrida por inovações tecnológicas capazes de gerar diferencial de competitividade seja econômica seja militar. As dinâmicas de corridas armamentistas e o legado das guerras do século XX até o presente refletem essa disputa.

Entre as novas capacidades da chamada Indústria 4.0 estão a integração de sistemas produtivos em rede, o uso intensivo de tecnologias de informação e comunicações, a manufatura aditiva e a computação quântica. Observam-se saltos na miniaturização, precisão e na (hiper)velocidade. Esses e outros avanços geram tecnologias que, em alguns casos, têm aplicações duais, ou seja, no âmbito civil ou militar. Surgiram, assim, a guerra centrada

[67] Determinismo tecnológico deixa-se pensar pela crença em que a tecnologia é uma das forças motoras das transformações na sociedade. Essa corrente valoriza a tecnologia como solução para os problemas, o que, no caso da especificação de armas e sistemas de defesa, pode gerar a tendência de busca pelo estado da arte, o que pode ser inexequível ou contraindicado, principalmente para países emergentes.

em rede (*network centric warfare*), a internet das coisas militares (IoMT), as ciberarmas, as armas de energia direta (*lasers*), as tecnologias de vestir (exoesqueletos), as possíveis armas nano-biotecnológicas e, com destaque para o momento, as plataformas crescentemente autônomas (robôs e drones, armados ou não) e a inteligência artificial (IA).

Para além de debates éticos relativos ao emprego de determinados sistemas, como os drones letais e a militarização da IA, esses avanços abrem um leque de possibilidades no que tange ao preparo e ao emprego de forças militares do presente e do futuro, com enormes desafios para os países emergentes. Ao se considerar que produtos inovadores de defesa requerem vultosos investimentos de longo prazo, quais dessas tecnologias anteriormente mencionadas merecem prioridade? Quais estarão acessíveis a países emergentes, considerando as tradicionais barreiras de acesso a tecnologias sensíveis? A que custo?

Deve-se ainda levar em conta que tecnologias militares avançadas demandam ampla infraestrutura de pesquisa e desenvolvimento e de manutenção ao longo de todo o ciclo de vida, cada vez mais cara e a requerer investimentos em formação de capital intelectual compatível. Isso contribui para o encarecimento do custo unitário de produtos de defesa (PRODE) no estado da arte, o que deu origem à expressão "malthusianismo militar", em analogia à teoria populacional de Thomas Malthus[68]. Em outras palavras, a curva de crescimento dos custos unitários de produção de PRODE estaria um uma progressão muito superior à do aumento viável dos orçamentos de defesa dos Estados, implicando soluções de difícil implementação, como a diminuição das encomendas, o remanejamento de recursos orçamentários de outras áreas também carentes ou a revisão das metas de planejamento estratégico[69, 70].

Convém lembrar que, como apontou Collin Gray, "tecnologia por si só não ganha guerra". Há exemplos de situações em que grandes assimetrias de capacitação tecnológica não foram suficientes para alcançar os objetivos politicamente estabelecidos, como as guerras do Vietnã (EUA), do Afeganis-

---

[68] O termo sugere uma analogia como a teoria populacional desenvolvida por Thomas R. Malthus (1766-1834), na qual o crescimento da população mundial se dava em uma progressão geométrica enquanto a capacidade de produção de alimentos avançava em progressão aritmética, o que poderia gerar problemas em escala global.

[69] BRAUER, J.; DUNNE, J. P. **Arms Trade Offsets**: What do We Know? jan. 2009. Disponível em: https://www.researchgate.net/publication/370725215_Arms_Trade_Offsets_What_Do_We_Know. Acesso em: 12 mar. 2023. BRUSTOLIN, V.; PEDONE, L.; MARTINS, C. Military Malthusianism and the Strategic Partnership in the FX-2 Program. **Revista da Escola de Guerra Naval**, v. 24, ed. 2, p. 276-300, 2018. Disponível em: https://www.revistadaegn.com.br/index.php/revistadaegn/article/view/217. Acesso em: 10 jan. 2023.

[70] MATTEUS, 2019, p. 3.

tão (Rússia) e nos conflitos entre Israel e o Hezbollah[71]. O autor explica que a estratégia tende a limitar, por si só, o poder definidor da tecnologia nos conflitos. É dizer, uma inferioridade tecnológica poderá ser compensada em outros domínios, pela performance estratégica e militar, por exemplo: comando e liderança; adestramento; moral; inteligência; força bruta, motivação política; e habilidade diplomática[72].

Portanto, o planejador deve fazer criteriosa avaliação *custo-benefício* das escolhas tecnológicas a serem apontadas como necessidades materiais de defesa, em especial das especificações técnicas e requisitos operacionais. Ademais, a diferença entre sistemas de combate de última geração e de penúltima tendem a ser significativas, em tempo de produção e em custos financeiros, assim como os riscos associados ao emprego de tecnologias avançadas, mas ainda não suficientemente testadas ou com limitado grau de maturidade tecnológica. A experiência internacional ensina que, entre as causas relatadas de insucesso em projetos estratégicos de defesa em longo prazo, está a *superespecificação*, ou seja, a escolha de requisitos e equipamentos de alta tecnologia no estado da arte que terminam por demandar mais tempo de projeto e de pesquisa e desenvolvimento (P&D), gerando atrasos e incrementos nos custos do projeto, que poderiam ser evitados com escolhas um pouco menos sofisticadas[73].

O processo já seria difícil se os parâmetros de análise e de planejamento permanecessem razoavelmente estáveis ao longo do tempo, mas não é o que ocorre. Frequentemente, os noticiários relatam acontecimentos que mostram um mundo em transformação, com forças dinâmicas surgindo ou interagindo nas áreas política, social, econômica, militar, científico-tecnológica, sanitária, ambiental, entre outras. Crises de alcance global irrompem sem muito aviso prévio, como pandemias e guerras, o que torna os planejamentos sujeitos a constantes atualizações.

O fato é que, com os acelerados avanços da ciência, o fator tecnológico ganhou enorme peso na equação de defesa, uma vez que pode representar diferencial importante para a segurança nacional. Ademais, "investimentos em

[71] GRAY, C. S. **Weapons don't make war**: policy, strategy, and military technology. Kansas: University Press of Kansas, 1993. / GRAY, C. S. **The Strategy Bridge**: Theory for Practice. New York: Oxford University Press Inc., 2010.

[72] GRAY, 2010.

[73] MOREIRA, W. S. Organisational structure and procedural framework for defence acquisition in Brazil: the challenge of technology transfer. *In*: BEHERA, L. K.; KAUSHAL, V. (ed.). **Defence acquisition**: international best practices. New Delhi: Pentagon Press, 2013. p. 375-388. Disponível em: http://www.idsa.in/book/DefenceAcquisitionInternationalBestPractices. Acesso em: 12 ago. 2013.

sistemas e plataformas de combate são de alto valor e de longo prazo, algumas vezes, de muito longo prazo, o que dá uma dimensão geracional ao empreendimento da Defesa"[74] e, também, um risco de prematura obsolescência antes da prontificação devido, por exemplo, ao surgimento de uma inovação disruptiva que sobrepuje a utilidade operacional do produto em desenvolvimento.

A manutenção das capacidades militares existentes requer o planejamento das substituições em curto e médio prazos, bem como a concepção das forças do futuro, com enormes desafios tecnológicos a vencer, principalmente no caso dos países emergentes. Requer também um modelo de gestão dos grandes produtos de defesa que abranja todo o período de atividade operacional, em outras palavras, o ciclo de vida. Um dos avanços da logística nos últimos tempos foi o desenvolvimento do modelo de gestão por ciclo de vida, em que se consideram os custos e necessidades não só do processo de obtenção de um determinado meio, mas toda a vida útil, que abrangem as fases de concepção, desenvolvimento, produção, operação, apoio e desfazimento (descarte), com as respectivas atividades e processos[75]. Trata-se de uma importante ferramenta para acompanhamento dos custos agregados inerentes à posse de um determinado sistema de combate.

Em qualquer dos casos, será necessário recorrer ao setor produtivo que lida com sistemas e plataformas de combate (produtos e serviços), seja no plano internacional seja no nacional. No caso brasileiro, esse setor é conhecido como base industrial de defesa (BID)[76], definida em âmbito governamental como sendo o

> [...] conjunto de órgãos e entidades, públicas e privadas, civis e militares, regidas pelo ordenamento jurídico brasileiro, que realizem ou conduzam pesquisas, projetos, desenvolvimento, industrialização, produção, reparo, conservação, revisão, conversão, modernização, manutenção, integração, desativação ou término de bens e serviços de defesa[77].

[74] MOREIRA, W. S. Obtenção de Produtos de Defesa no Brasil: O Desafio da Transferência de Tecnologia. **Revista da Escola de Guerra Naval**, Rio de Janeiro, v. 17, n. 1, p. 1-172, jan./jun. 2011. Disponível em: https://www.revistadaegn.com.br/index.php/revistadaegn/article/view/345. Acesso em: 23 maio 2013; e MOREIRA, W. S. O Futuro da Guerra e a Guerra do Futuro. *In*: CARMONA, R. G. (org.). **Elementos para um Pensamento Brasileiro sobre a Guerra**. Rio de Janeiro: Escola Superior de Guerra, 2023.

[75] BRASIL. Ministério da Defesa. Manual de Boas Práticas Para a Gestão do Ciclo de Vida de Sistemas de Defesa (MD40-M-01). 1. ed. 2019, p. 20. Disponível em: https://www.gov.br/caslode/pt-br/arquivos/gestao-do-ciclo-de-vida-de-sistemas-de-defesa/manual_md_40_m_01_13jan2020.pdf. Acesso em: 5 abr. 2023.

[76] No âmbito da Associação das Indústrias de Material de Defesa e Segurança (ABIMDE), acrescenta-se ao acrônimo BID a letra S (segurança), para abranger segurança pública, gerando Base Industrial de Defesa e Segurança (BIDS).

[77] BRASIL, 2022, s/p.

Pela natureza monopsônica do mercado, esse setor é fortemente dependente dos estímulos e demandas governamentais.

Uma vez resolvida a equação estratégica que visa balancear necessidades, meios, recursos e fins, chega-se a uma lista de produtos a obter. Trata-se de outro enorme desafio, em função das características dos PRODE, intensivos em capital e tecnologia, oferecidos por um marcado incomum, composto por intermediadores e provedores de produtos e serviços. Para tratar dessas e outras questões, faz-se necessário um sistema de aquisições de defesa. Conhecer esse mercado e desenvolver esse sistema é um imperativo para o processo decisório relativo às aquisições de defesa. Não é demais lembrar que estratégias são implementadas por burocracias.

3.4 Sistemas de aquisições e o mercado de defesa

A expressão "aquisições de defesa" refere-se ao processo mediante o qual o país adquire e provê sistemas e equipamentos voltados ao desenvolvimento de capacitações militares para empregos consistentes com os planejamentos estratégicos. Parte-se, portanto, da sistemática e da metodologia que transformam pensamento estratégico em necessidades de capacitação e, consequentemente, de produtos específicos para as diversas tarefas antevistas para as forças armadas em cenários possíveis de atuação. A pergunta central que se coloca é "como adquirir bem produtos de defesa?" e transformar uma lista de materiais — emanada do planejamento estratégico — em meios reais[78], a serem disponibilizados tempestivamente aos serviços a que se destinam.

Um primeiro dilema que se forma é sobre a opção entre comprar no exterior, recorrendo ao mercado internacional, ou buscar a obtenção no país, por intermédio da BID. Esse dilema é fortemente impactado pelas demandas que surgem das pretensões e metas estabelecidas em nível político. Se o "sarrafo é alto", ou seja, as pretensões e metas políticas são elevadas, a equação da defesa (meios x recursos x fins) pode gerar demandas por equipamentos mais sofisticados que sobrepujem a capacitação tecnológica nacional, obrigando o sistema de aquisições a recorrer ao exterior. Nesse caso, ao invés de se usar o poder de compra governamental para alavancar a BID nativa, as importações poderão gerar mais dependência tecnológica externa, bem como inibir o desenvolvimento industrial nos setores específicos que deixam de ser demandados no próprio país.

[78] „Meios" referem-se a plataformas de combate, como navios, aeronaves, tanques, equipamentos militares, diversos e seus componentes, como mísseis, torpedos, canhões, sensores, comunicações etc.

Por outro lado, a obsolescência ou a degradação operacional de materiais em uso nas forças pode gerar necessidades de curto prazo cujo patamar tecnológico nacional não tem condições de proporcionar com a presteza requerida. Nessa condição, o investimento na base industrial nativa pode requerer um prazo não aceitável para o grau de aprestamento que possibilite a capacidade de defesa nacional numa determinada moldura temporal, o que praticamente obriga a se recorrer ao mercado internacional de defesa.

Para lidar com essas e outras questões, um sistema de aquisições de defesa (SAD) se faz necessário. Esse sistema precisa ser robusto, com pessoas qualificadas e com experiência de atuação nessa atividade. Faz-se necessário formar quadros estáveis e acumular conhecimentos e expertises relacionados aos processos de aquisição de produtos de defesa. Isso requer conhecer melhor as bases conceituais, normativas e jurídicas, os atores e responsabilidades envolvidos, as pessoas em cada instância burocrática a ser percorrida, as tendências globais dos mercados de defesa, as possibilidades de parcerias no âmbito interno ou regional, o contexto socioeconômico e de segurança, o problema das barreiras de acesso e da transferência de tecnologia. Requer, ainda, conhecimento sobre a dinâmica fiscal e orçamentária, o manejo do poder de compras do governo, os sistemas de compensações (*offsets*) a utilizar, a articulação com os setores do governo, do congresso, indústria, comércio, academia e da sociedade em geral, o cipoal normativo nacional e internacional, enfim toda a ampla gama de conhecimentos necessários à eficiência e à eficácia das aquisições dos produtos de defesa[79].

Nessa questão, a experiência internacional contribui com soluções específicas adotadas em diferentes países. Entre os ensinamentos que podem ser obtidos está a ideia de que não há um modelo universal aplicável ou considerado de referência, em termos de SAD. Esses sistemas dependem essencialmente da natureza das missões atribuídas às forças armadas em um determinado marco temporal de planejamento, em geral levando-se em conta o curto, médio e longo prazos. Dependem, ainda, do potencial do sistema nacional de ciência, tecnologia e inovação, bem como da competência e da qualidade da indústria voltada à defesa[80]. Sendo os PEDs intensivos em tecnologia e altamente demandantes de capital, a lista de condicionantes se amplia com o grau de dependência tecnológica de importações de componentes críticos para projetos estratégicos, notadamente nas áreas aeroespacial, nuclear e cibernética.

---

[79] MOREIRA, 2011, p. 136.

[80] BEHERA, L. K.; KAUSHAL, V. **Defence Acquisition**: International Best Practices. New Delhi: Pentagon Press, 2013.

Não é demais lembrar a importância fundamental das previsões orçamentárias anuais, previstas em lei, bem como outras possíveis fontes extraordinárias de recursos, que condicionam a resiliência e, em última análise, a viabilidade e exequibilidade dos projetos estratégicos de longo prazo.

3.4.1 As aquisições de defesa

A *Defence Acquisition University* (DAU-EUA)[81] conceitua aquisição de defesa como "um processo administrativo pelo qual uma nação provê a suas forças armadas equipamentos e sistemas de defesa efetivos, acessíveis no momento adequado". Aponta ainda, com objetivo primário "adquirir produtos de qualidade que satisfaçam as necessidades do usuário em termos de melhoria na capacitação para missões e apoio operacional, de maneira oportuna e por um preço justo e razoável". Para tal, um sistema de aquisição eficiente é necessário para transformar necessidades concebidas (no papel) em produtos reais.

Como visto, as grandes aquisições de defesa derivam de um processo de planejamento que envolve escolhas tecnológicas. Nesse procedimento, a política molda a estratégia que, por intermédio de uma sistemática de planejamento, gera demandas por plataformas e sistemas de combate. Logo, esforços para aquisição de tecnologia militar são focados em produtos cuja necessidade foi ditada pela estratégia, desenhada para atingir propósitos políticos estabelecidos, tudo dentro das molduras legais e orçamentárias vigentes[82].

Ao disponibilizar sistemas de combate, em geral objetos de cobiça por parte de forças armadas de todo mundo, esse mercado comercializa "poder", sendo protegido das regulações que regem o comércio internacional em geral. Uma cláusula no antigo Acordo Geral de Tarifas e Comércio (GATT) e na atual OMC prevê a "exceção de segurança nacional" para os produtos e serviços a ela relacionados[83]. Assim, o comércio de produtos de defesa sofre forte regulação de cada país e, em alguns casos, dos regimes internacionais de não proliferação de armas de destruição em massa, com controle de exportações, quando internalizados nos regimes jurídicos nacionais. Fica, pois, sujeito a contínuo monitoramento e acompanhamento. Isto posto, esse

[81] DAU – Universidade norte-americana especializada em capacitar pessoas para trabalhar com aquisições de defesa. Ver https://www.dau.edu/.

[82] MOREIRA, W. S. Ciência e Tecnologia Militar: "política por outros meios"? **Revista da Escola de Guerra Naval**, Rio de Janeiro, v. 18 n. 2 p. 73-92, jul/.dez. 2012. Disponível em: https://www.portaldeperiodicos.marinha.mil.br/index.php/revistadaegn/article/view/4618. Acesso em: 22 abr. 2023; e MOREIRA, 2023.

[83] ORGANIZAÇÃO MUNDIAL DO COMÉRCIO – OMC. Agreement on Trade-Related Aspects of Intellectual Property Rights. Art. 73. 1994. Disponível em: https://www.wto.org/english/docs_e/legal_e/27-trips.pdf. Acesso em: 11 nov. 2022.

setor se torna também um instrumento de política externa e de defesa, à medida que a autorização governamental para vender e transferir "poder" impacta as relações entre Estados nos contextos geopolíticos e estratégicos locais, regionais ou mesmo globais. É dizer, uma exportação de produto estratégico de defesa, de elevado interesse da indústria fornecedora, pode ser embargada por um governo por condicionantes de política externa.

Outra característica é que, para as grandes aquisições, esse mercado se aproxima de um monopsônio, em que o Estado é o grande e muitas vezes o único comprador, o que o torna responsável, em boa medida, pelo êxito do setor produtivo correlato. Em outras palavras, sem a geração de demandas (encomendas) por intermédio de compras governamentais, as possibilidades de sucesso da base industrial em lide ficam limitadas e dependerão da eventual natureza dual dos produtos ou das exportações. Nesse último caso, em meio a um mercado internacional concentrado e restritivo à entrada de novos atores.

Cabe ainda lembrar que o setor é também um eixo de política industrial e de ciência, tecnologia e inovação (CT&I), em que múltiplos atores e corporações interagem e disputam orçamentos, prioridades e incentivos para setores tecnológicos e projetos. Os estímulos governamentais e as relações entre os componentes da chamada Hélice Tripla — Governo, Indústria e Academia — são fundamentais para se obter um efeito sinérgico e promover a eficácia da BID nativa.

Os contratos internacionais para obtenção de PRODE, principalmente de PED, constituem também oportunidades para países emergentes lograrem compensações pelos investimentos efetuados em aquisições de produtos e serviços de defesa, por intermédio de compras governamentais no exterior. Essas compensações são formalizadas por intermédio de acordos e contratos de compensação ("*offsets*"). Tais contratos são instrumentos legais que formalizam o compromisso e as obrigações do fornecedor para compensar as compras ou contratações realizadas. São exemplos de medidas de compensação: transferência de tecnologia, investimento em capacitação tecnológica, coprodução ou produção sob licença, cooperação industrial, troca e recompra[84, 85].

[84] *Offsets* são "práticas compensatórias acordadas entre as partes, como condição para a importação de bens e serviços, com a intenção de gerar benefícios de natureza tecnológica, industrial ou comercial". Para maiores informações, ver: BRASIL. Ministério da Defesa. Portaria Normativa nº 3662/ MD, de 2 de setembro de 2021. Estabelece a Política de Compensação Tecnológica, Industrial e Comercial de Defesa - PComTIC Defesa. **Diário Oficial da União**: Brasília, DF, 2021. Disponível em: https://www.in.gov.br/en/web/dou/-/portaria-gm-md-n-3.662-de-2-de-setembro-de-2021-343007914. Acesso em: 25 set. 2023.

[85] MEDEIROS, F. A. R.; MOREIRA, W. S. Política e gestão de "offsets" em aquisições de defesa: Contribuições da experiência internacional para o Brasil. **Revista da Escola de Guerra Naval**, Rio de Janeiro, v. 22 n. 2, p. 327-360, maio/ago. 2016.

Importa lembrar que, conforme preceituam os documentos de alto nível da Defesa, o país não deseja ser mero comprador de produtos de defesa, mas parceiro no desenvolvimento de tecnologias avançadas. Os citados contratos representam um importante recurso para viabilizar o acesso a tecnologias que não estariam acessíveis por outro caminho. Grandes projetos estratégicos têm usado esse instrumento, como o caso do H-XBR, relacionado à aquisição de helicópteros para as três forças armadas, e do PROSUB, voltado à aquisição de submarinos, ambos em parceria com empresas francesas.

3.4.2 O mercado de defesa

O mercado de defesa, internacional e nacional, é a interface entre a BID e os demandantes por produtos e serviços necessários a dar concretude à base material das forças armadas. Historicamente, ele oscila em períodos de maior ou menor vigor, refletindo o contexto geopolítico global, com suas tensões, conflitos, guerras e períodos de paz.

Assim, a desradicalização do conflito Leste-Oeste no início dos anos 1990, com o final da Guerra Fria e o período de pacifismo ilusório otimista que se seguiu, gerou a redução dos orçamentos de defesa dos Estados. Consequentemente, houve a acentuada contração desse mercado, ao longo daquela década. Logo, as empresas tiveram de se ajustar, optando por fusões, mudanças de objeto ou mesmo a saída do mercado. Contudo, no início dos anos 2000, a magnitude dos gastos militares retoma o perfil de estabilidade seguida de crescimento, para romper pela primeira vez o marco de US$ 2 trilhões após 2019.

Segundo o Instituto Internacional de Pesquisa para a Paz, de Estocolmo, SIPRI, os gastos militares globais tiveram em 2022 um acréscimo de 3,7% em termos reais, alcançando o maior nível até então registrado, de US$ 2,24 trilhões. Os gastos militares mundiais totais representaram 2,2% do Produto Interno Bruto (PIB) global em 2022, sendo que cinco países com maiores gastos representaram 63% do total: EUA, China, Rússia, Índia e Arábia Saudita, respectivamente[86].

Observa-se que esse mercado internacional tem crescido nos últimos cinco anos, sendo liderado amplamente pelos EUA e seus aliados da OTAN. Cabe registrar a importante ascensão da China nos últimos anos. Naturalmente, os efeitos de conflitos e guerras, como a da Ucrânia, fazem-se sentir.

[86] TIAN, N. *et al*. Trends in World Military Expenditure, 2022. **SIPRI Fact Sheet**, April 2023. Disponível em: https://www.sipri.org/sites/default/files/2023-04/2304_fs_milex_2022.pdf. Acesso em: 21 set. 2023.

A lista com as 100 maiores empresas produtoras de armas e prestadoras de serviços militares, editada anualmente por pesquisadores do SIPRI, oferece uma perspectiva do que é o mercado internacional de defesa. Observa-se na Tabela 3.1, a partir dos dados de 2022, a concentração das 100 maiores empresas em termos de receitas em apenas 22 países. Nove desses participam da lista com apenas uma empresa e não há representação latino-americana. Constata-se que os 10 primeiros países detêm 80 das 100 maiores empresas e 94,2% das receitas dessa amostra (TOP 100)[87]. Como dito, trata-se de um mercado de alta tecnologia, fortemente concentrado, restritivo e com barreiras à entrada de novos partícipes.

Tabela 3.1 – SIPRI TOP 100 Empresas Produtoras de Armas e de Serviços Militares, 2022

País	Nº de Empresas entre as TOP 100	*Arms revenue*, 2022 US$ Bilhões	Percentual (TOP 100)
Estados Unidos	42	$302,38	50,6%
China	8	$107,93	18,1%
Reino Unido	7	$41,82	7,0%
França	5	$26,01	4,4%
Rússia	2	$20,76	3,5%
*TransEuropeias**	3	$19,67	3,3%
Itália	2	$15,29	2,6%
Israel	3	$12,44	2,1%
Alemanha	4	$9,09	1,5%
Japão	4	$7,14	1,2%
Coreia do Sul	4	$6,87	1,2%
Índia	3	$6,38	1,1%
Turquia	4	$5,49	0,9%
Outros 9 países	9	$15,95	2,7%
Total	**100**	**$597,22**	**100%**

*Os autores deste estudo do SIPRI classificam como *TransEuropeias* empresas cujas estruturas e controle estão em mais de um país europeu.
Os números de vendas estão em bilhões de dólares americanos constantes (2022).
Fonte: elaboração própria, baseado nos dados de LIANG, X. *et al.* The SIPRI Top 100 Arms Producing and Military Services Companies, 2022. **SIPRI Fact Sheet**, December 2023

[87] LIANG, X. *et al.* The SIPRI Top 100 Arms Producing and Military Services Companies, 2022. **SIPRI Fact Sheet**, December 2023. p. 9-11. Disponível em: https://www.sipri.org/sites/default/files/2023-11/fs_2312_top_100_2022.pdf. Acesso em: 15 dez. 2023.

Cabe ressaltar que a ausência de representação latino-americana na tabela apresentada não significa a inexistência de indústria de defesa na região, mas apenas que elas não estão em posição de liderança nesse mercado global, capitaneado pelos países que estão historicamente nos cumes tecnológicos do planeta. O Brasil possui uma BID dinâmica e produtiva, tendo ocupado posição de destaque em determinadas áreas tecnológicas nos anos 1970 e 1980. Nas últimas décadas, ela tem sido capaz de gerar produtos e serviços de alto teor tecnológico, como aeronaves, mísseis, foguetes, sistemas de guerra eletrônica, veículos blindados, navios e submarinos, entre outros[88]. Em alguns nichos de mercado em setores específicos, empresas brasileiras destacam-se no exterior, podendo-se citar como exemplos: armas portáteis, munições, aeronaves militares de treinamento, ataque leve, patrulha e transporte, armamento não letal e tarefas logísticas[89]. Assim, não obstante as limitações e *gaps* tecnológicos que afetam BID nacional, ela é a grande responsável pelo aprestamento das forças militares brasileiras.

3.5 Conclusões

O campo da Economia de Defesa tem um papel fundamental de iluminar o processo decisório e de gestão do setor de Defesa no que tange à alocação racional e eficiente dos recursos. Como os autores clássicos apontaram com clareza, não pode haver defesa sem economia e geração de riquezas, sem uma base industrial de defesa e sem um mercado que atenda as demandas por produtos e serviços.

Convém, por outro lado, entender que economia, política e estratégia são indissociáveis, pois conformam faces de uma mesma realidade em que decisões difíceis devem ser tomadas. Isso confere à política, naturalmente, um papel preponderante, mas que não pode prescindir dos demais. Nesse processo, cabe à estratégia a busca por soluções da complexa equação da defesa, que necessita balancear recursos, metas, meios e fins politicamente estabelecidos, mas tudo dentro dos limites orçamentários.

---

[88] UTTLEY, M.; MOREIRA, W. S.; MEDEIROS, S. E. Welfare Gains in the Maritime Domain: A Comparative Analysis of Defence Industrial Policies and Shipbuilding in the United Kingdom and Brazil. *In*: MOREIRA, W. S.; KENNEDY, G. (ed.). **Power and the Maritime Domain**: A Global Dialogue. London: Routledge, 2023. p. 190.

[89] Pode-se citar como exemplos as aeronaves A-29 *Super Tucano* e, mais recentemente, o KC-390 *Millennium*, da EMBRAER.

As soluções adotadas e as demandas geradas irão invariavelmente se refletir no setor produtivo, em especial no mercado de defesa e na BID, que poderá ser mais ou menos estimulada em função das demandas geradas estarem ou não compatíveis com o corrente patamar tecnológico.

Com os avanços da ciência e suas aplicações tecnológicas, as bases materiais que conformam os meios de força do Estado ganharam enorme peso na equação de defesa. Investimentos em sistemas e plataformas de combate são de alto valor e de longo prazo, algumas vezes de muito longo prazo, o que dá uma dimensão geracional ao empreendimento da defesa. Torna-se, pois, um dever irrenunciável decidir sobre que meios de defesa a próxima geração poderá dispor para fazer frente às contingências de segurança que se lhes sobrevenham.

Não obstante, no processo decisório que leva às escolhas de soluções tecnológicas, convém lembrar que tecnologia por si só não ganha guerra, e que a *superespecificação* dos requisitos operacionais pode gerar consequências negativas aos projetos, principalmente em países emergentes, com grau significativo de dependência tecnológica externa. Cabe também realçar a importância de se desenvolver um sistema de aquisições de defesa, com pessoas capacitadas e estáveis para lidar com as peculiaridades do mercado e da indústria de defesa, no plano nacional e internacional. Faz-se necessário, pois, formar quadros e acumular expertises relacionados aos processos de aquisição de produtos de defesa, conhecendo as bases conceituais, normativas e jurídicas, os atores e responsabilidades envolvidas.

Por fim, cabe ao Estado prover esse bem público conformado pela segurança e capacitação em defesa, encontrando os caminhos e as justificativas para os investimentos necessários, e identificando seus efeitos e externalidades positivas sobre o desenvolvimento. Desse modo, a Economia de Defesa pode iluminar e ponderar o debate que se repõe a cada grande aquisição anunciada: "canhão x manteiga"?

Conceitos

Produto estratégico de defesa (PED): "Todo produto de defesa que, pelo conteúdo tecnológico, pela dificuldade de obtenção ou pela imprescindibilidade, seja de interesse estratégico para a defesa nacional"[90].

---

[90] Lei Nº 12.598 (Art. 2º), de 21 de março de 2012. Estabelece normas especiais para as compras, as contratações e o desenvolvimento de produtos e de sistemas de defesa; dispõe sobre regras de incentivo à área estratégica de defesa...)

Base Industrial de Defesa: "Conjunto de órgãos e entidades, públicas e privadas, civis e militares, regidas pelo ordenamento jurídico brasileiro, que realizem ou conduzam pesquisas, projetos, desenvolvimento, industrialização, produção, reparo, conservação, revisão, conversão, modernização, manutenção, integração, desativação ou término de bens e serviços de defesa".[91]

Revolução dos assuntos militares: surgimento em determinada época de um conjunto de inovações em sistemas e plataformas de combate, com a capacidade de gerar profundas transformações no modo de combater, com impactos significativos nas organizações e doutrinas das forças militares, entre outras.

Inovações de ruptura: novos produtos, serviços, formas organizacionais e de gestão capazes de causar profundo impacto no ambiente ou setor de atuação, transformando doutrinas, procedimentos, práticas ou formas de atuação nos diversos setores e campos de atividade da sociedade.

***Offset* (Compensação)**: prática compensatória acordada entre as partes, como condição para a importação de bens e serviços, com a intenção de gerar benefícios de natureza tecnológica, industrial ou comercial. São exemplos de medidas de compensação: transferência de tecnologia e investimento em capacitação tecnológica, coprodução ou produção sob licença, cooperação industrial, troca e recompra.

Questões

Q.3.1. Por que é difícil para países emergentes uma melhor inserção no mercado internacional de defesa?

Q.3.2. Por que economia, política e estratégia e defesa são indissociáveis?

Q.3.3. Por que os avanços da ciência tendem a aumentar o custo unitário dos produtos de defesa no estado da arte?

REFERÊNCIAS

BEHERA, L. K.; KAUSHAL, V. **Defence Acquisition**: International Best Practices. New Delhi: Pentagon Press, 2013.

BRASIL. Decreto nº 11.169, de 10 de agosto de 2022. Institui a Política Nacional da Base Industrial de Defesa - PNBID. **Diário Oficial da União**, Brasília, DF,

[91] Decreto Nº 11.169 (Art. 2º), de 10 de agosto de 2022 – Institui a Política Nacional da Base Industrial de Defesa - PNBID.

2022. Disponível em: https://www.planalto.gov.br/ccivil_03/_ato2019-2022/2022/decreto/D11169.htm#:~:text=DECRETO%20N%C2%BA%2011.169%2C%20DE%2010,Base%20Industrial%20de%20Defesa%20%2D%20PNBID. Acesso em: 15 set. 2023.

BRASIL. **Lei Complementar nº 97, de 9 de junho de 1999**. Dispõe sobre as normas gerais para a organização, o preparo e o emprego das Forças Armadas. Brasília, DF: Presidência da República, 1999. Disponível em: http://www.planalto.gov.br/ccivil_03/leis/lcp/lcp97.htm. Acesso em: 15 jun. 2023.

BRASIL. Ministério da Defesa. **Manual de Boas Práticas Para a Gestão do Ciclo de Vida de Sistemas de Defesa (MD40-M-01)**. 1. ed. 2019. Disponível em: https://www.gov.br/caslode/pt-br/arquivos/gestao-do-ciclo-de-vida-de-sistemas-de-defesa/manual_md_40_m_01_13jan2020.pdf. Acesso em: 5 abr. 2023.

BRASIL. Ministério da Defesa. Portaria Normativa n° 3662/ MD, de 2 de setembro de 2021. Estabelece a Política de Compensação Tecnológica, Industrial e Comercial de Defesa - PComTIC Defesa. **Diário Oficial da União**, Brasília, DF, 2021. Disponível em: https://www.in.gov.br/en/web/dou/-/portaria-gm-md-n--3.662-de-2-de-setembro-de-2021-343007914. Acesso em: 25 set. 2023.

BRAUER, J.; DUNNE, J. P. **Arms Trade Offsets**: What do We Know? jan. 2009. Disponível em: https://www.researchgate.net/publication/370725215_Arms_Trade_Offsets_What_Do_We_Know. Acesso em: 12 mar. 2023.

BRUSTOLIN, V.; PEDONE, L.; MARTINS, C. Military Malthusianism and the Strategic Partnership in the FX-2 Program. **Revista da Escola de Guerra Naval**, v. 24, ed. 2, p. 276-300, 2018. Disponível em: https://www.revistadaegn.com.br/index.php/revistadaegn/article/view/217. Acesso em: 10 jan. 2023.

EARLE, E. M. Adam Smith, Alexander Hamilton, Friedrich List: The Economic Foundations of Military Power. *In*: PARET, P. **Makers of Modern Strategy**: from Machiavelli to the Nuclear Age. Princeton: Princeton University Press, 1986. p. 217-261. *E-book*.

GRAY, C. S. **The Strategy Bridge**: Theory for Practice. New York: Oxford University Press Inc., 2010.

GRAY, C. S. **Weapons don't make war**: policy, strategy, and military technology. Kansas: University Press of Kansas, 1993.

HELLEINER, E.; KIRSHNER, J. Economic Foundations of Strategy: Beyond Smith, Hamilton and List. *In*: BRANDS, H. (ed.). **The New Makers of Modern**

Strategy from the ancient world to the digital age. Princeton: Princeton University Press, 2023.

LIANG, X. *et al.* The SIPRI Top 100 Arms Producing and Military Services Companies, 2022. **SIPRI Fact Sheet**, December 2023. Disponível em: https://www.sipri.org/sites/default/files/2023-11/fs_2312_top_100_2022.pdf. Acesso em: 15 dez. 2023.

MATTHEWS, R. E. **The Political Economy of Defence**. Cambridge: Cambridge University Press, 2019. Kindle Edition.

MEDEIROS, F. A. R.; MOREIRA, W. S. Política e gestão de "offsets" em aquisições de defesa: Contribuições da experiência internacional para o Brasil. **Revista da Escola de Guerra Naval**, Rio de Janeiro, v. 22 n. 2, p. 327-360, maio/ago. 2016.

MOREIRA, W. S. Obtenção de Produtos de Defesa no Brasil: O Desafio da Transferência de Tecnologia. **Revista da Escola de Guerra Naval**, Rio de Janeiro, v. 17, n. 1, p. 1-172, jan./jun. 2011. Disponível em: https://www.revistadaegn.com.br/index.php/revistadaegn/article/view/345. Acesso em: 23 maio 2013.

MOREIRA, W. S. Ciência e Tecnologia Militar: "política por outros meios"? **Revista da Escola de Guerra Naval**, Rio de Janeiro, v. 18 n. 2 p. 73-92, jul./dez. 2012. Disponível em: https://www.portaldeperiodicos.marinha.mil.br/index.php/revistadaegn/article/view/4618. Acesso em: 22 abr. 2023.

MOREIRA, W. S. Organisational structure and procedural framework for defence acquisition in Brazil: the challenge of technology transfer. *In*: BEHERA, L. K.; KAUSHAL, V. (ed.). **Defence acquisition**: international best practices. New Delhi: Pentagon Press, 2013. p. 375-388. Disponível em: http://www.idsa.in/book/DefenceAcquisitionInternationalBestPractices. Acesso em: 12 ago. 2013.

MOREIRA, W. S. O Futuro da Guerra e a Guerra do Futuro. *In*: CARMONA, R. G. (org.). **Elementos para um Pensamento Brasileiro sobre a Guerra**. Rio de Janeiro: Escola Superior de Guerra, 2023. p. 142-155.

ORGANIZAÇÃO MUNDIAL DO COMÉRCIO – OMC. Agreement on Trade-Related Aspects of Intellectual Property Rights. Art. 73. 1994. Disponível em: https://www.wto.org/english/docs_e/legal_e/27-trips.pdf. Acesso em: 11 nov. 2022.

TIAN, N. *et al.* Trends in World Military Expenditure, 2022. **SIPRI Fact Sheet**, April 2023. Disponível em: https://www.sipri.org/sites/default/files/2023-04/2304_fs_milex_2022.pdf. Acesso em: 21 set. 2023.

UTTLEY, M.; MOREIRA, W. S.; MEDEIROS, S. E. Welfare Gains in the Maritime Domain: A Comparative Analysis of Defence Industrial Policies and Shipbuilding in the United Kingdom and Brazil. *In*: MOREIRA, W. S.; KENNEDY, G. (ed.). **Power and the Maritime Domain**: a Global Dialogue. London: Routledge, 2023.

4

KEYNES VERSUS KEYNESIANISMO MILITAR: UMA ANÁLISE ECONÔMICA DOS GASTOS MILITARES

Ariela Diniz Leske (UFCG)
Karla Vanessa Batista da Silva Leite (UFCG)

"If we can cure unemployment for the wasted purposes of armaments, we can cure it for the productive purposes of peace".
(KEYNES, entrevista em 1939)

4.1 Introdução

A discussão sobre os gastos militares enfrenta sempre uma dicotomia. De um lado estão aqueles que, como os militares, defendem o aumento desses gastos. Nesse caso, os argumentos passam pelo aumento da segurança nacional e o positivo efeito multiplicador. Do outro lado, encontram-se aqueles que devido à ausência de conflitos envolvendo o país, não sentem a necessidade de aumenta-los, pelo contrário, acreditam que estes deveriam ser reduzidos, pois teriam efeitos negativos. Sobre a economia para esse grupo, a destinação de recursos públicos em demasia para gastos militares deixaria setores sociais desamparados.

Essa discussão tem estimulado a realização de uma série de estudos sobre esses efeitos. Nesse âmbito, a revisão bibliográfica realizada sobre os gastos militares indica que o 'Keynesianismo Militar' tem sido adotado recorrentemente como base de análise. Os autores que seguem essa vertente buscam analisar o possível efeito dos gastos militares sobre a economia, como forma de superar o dilema "armas x manteiga". Em geral, partem da ideia de que o efeito multiplicador dos gastos é positivo e isso justificaria o seu aumento, sem, contudo, preocupar-se com a eficiência do orçamento militar.

Embora menos citado nos estudos de economia de defesa, John Maynard Keynes empreendeu significativo esforço para elaboração de um detalhado plano de financiamento militar na Inglaterra, durante a 2ª

Guerra Mundial. Na sua análise, o autor não tinha por fim apenas planejar o financiamento; estava preocupado também com os impactos desses gastos sobre a economia e a sociedade, inclusive no longo prazo. Em que pese não ter sido o primeiro economista a refletir sobre as características econômicas da guerra, já que Smith o fez em *A Riqueza das Nações*, Keynes foi o secretário da fazenda da Inglaterra durante a 2ª Guerra Mundial, e com isso teve a oportunidade de trabalhar com o problema, pondo suas proposições teóricas em prática.

Curiosamente, durante o levantamento bibliográfico sobre o Keynesianismo militar, praticamente em nenhum artigo foi encontrada referência ao trabalho do próprio Keynes sobre essa questão. Isso sugere que, apesar do keynesianismo militar surgir a partir de princípios teóricos desenvolvidos por Keynes, isso não necessariamente implica uma correlação dessas percepções acerca dos gastos em defesa. Por esse motivo, considera-se importante distinguir entre a abordagem de Keynes e do Keynesianismo Militar sobre os gastos militares. A busca por essa distinção tem como objetivo fomentar uma agenda de pesquisa de longo prazo que seja capaz de lidar com um melhor planejamento do orçamento militar, considerando suas especificidades, especialmente, daqueles países que não estão envolvidos em conflitos armados. É esperado também que a identificação de elementos teóricos possa contribuir com a proposição de uma política de defesa economicamente embasada.

Adicionalmente, considera-se ainda oportuna a realização dessa reflexão tendo em vista a discussão do tema no Brasil. No país, o orçamento do Ministério da Defesa é o quinto maior, ficando atrás apenas dos Ministérios da Previdência, encargos financeiros, Saúde e Educação. Essa posição entre os maiores orçamentos não é suficiente para mitigar as demandas, sendo muito comum encontrar afirmações de que o problema é a falta de recursos. Em paralelo, também é recorrente a crítica sobre a alocação desse orçamento, dado que mais de 70% é destinado para pagamento de pessoal. O grande gasto com o pagamento de pessoal tem limitado os investimentos em capital e P&D, deixando o aparato militar tecnologicamente defasado. Isso é uma questão de quantidade de recurso ou gestão do seu emprego? Como é possível que o quinto maior orçamento ministerial brasileiro apresente como maior fragilidade a disponibilidade de recursos?

Esses questionamentos são reforçados pela consulta à Política Nacional de Defesa (2008), à Estratégia de Defesa Nacional e ao Livro Branco de Defesa (2012). Nos documentos publicados pelo Ministério da Defesa, não é possível observar qualquer indicação sobre a correlação entre alocação eficiente dos recursos ou seu financiamento adequado. Autores como Almeida[92], Matos[93], Saint-Pierri[94] e Regis [95] observam a existência dessa fragilidade nas políticas citadas, mas não avançam sobre questões teóricas que possam fomentar a análise. O presente trabalho parte da hipótese de que o plano desenvolvido por Keynes, e não o keynesianismo militar, possa se constituir em um primeiro passo para superar essa lacuna.

Para atender ao objetivo proposto, o artigo encontra-se estruturado em mais quatro seções, além dessa introdução. Na seção 2, será apresentado o plano de financiamento da 2ª Guerra Mundial preparado por Keynes, destacando suas preocupações quanto ao impacto econômico desses gastos diante da crise vivida na Inglaterra. A terceira seção abordará os principais aspectos e resultados encontrados em alguns estudos realizados sobre o Keynesianismo Militar, destacando os conceitos e métodos utilizados. Na seção 4, é feita uma comparação entre as duas abordagens apresentadas, observando as possíveis implicações para a política de defesa brasileira. A seção 5 conclui o artigo.

4.2 Keynes financiamento da guerra: o caso da Inglaterra

John Maynard Keynes (1883-1846) tem sido considerado por muitos como um dos mais importantes e influentes economistas. Suas ideias provocaram rupturas na teoria e na prática da economia e na forma de se fazer política econômica, especialmente em períodos de depressão. Keynes tratou a economia capitalista como uma economia monetária de produção, cuja principal característica é a presença da incerteza em relação ao futuro. Em 1936, com a publicação da obra *A Teoria Geral do Emprego, do Juro e da Moeda*, Keynes mostrou, entre outras coisas, que a Economia Clássica apresentava fortes limitações, que seus postulados seriam apenas um caso especial e que as características apontadas por essa escola para o funcionamento da

[92] ALMEIDA, C. W. L. Economia e orçamento para a defesa nacional. **Revista do Tribunal de Contas da União**, Brasília, v. 32, n. 90, p. 22-32, out./dez. 2001. p. 22..

[93] MATOS, P. O. Orçamento e Defesa Nacional: Uma Análise da participação do setor de defesa no orçamento federal de 2000 a 2009. *In*: III SEMINÁRIO DE ESTUDOS: PODER AEROESPACIAL E ESTUDOS DE DEFESA, UNIFA, 2010.

[94] SAINT-PIERRI, H. L.; PALACIOS JUNIOR, A. M. C. As medidas de confiança no Conselho de Defesa Sul-americano (CDS): análise dos gastos em Defesa (2009-2012). **Revista Brasileira de Política Internacional**, v. 57, n. 1, p. 22-39, 2014.

[95] REGIS, D. G. Gastos de Defesa no Brasil: Análise qualitativa do orçamento nacional no período de 2001 a 2007. MPRA Paper No. 47373, posted 5, 2013.

economia não condiziam com a realidade de uma economia capitalista[96]. Dado o caráter intrinsecamente instável da economia capitalista, as forças de oferta e demanda não seriam suficientes para coordenar a atividade econômica. Assim sendo, Keynes propõe que o Estado deve assumir um papel econômico de grande importância, principalmente de forma a lidar com o desemprego e concentração de renda.

Ao ler a obra *How to Pay for the War*[97], observa-se o esforço empreendido por Keynes para tornar viável o financiamento da guerra, reduzindo, o máximo possível, as externalidades negativas sobre a população e a economia, mesmo que hajam apontamentos conservador e liberal, protegendo a riqueza em nível extraordinário. Keynes estava preocupado com os efeitos do financiamento do *deficit* público sobre a inflação em função do envolvimento da Inglaterra na 2ª Guerra Mundial. A proposta de política fiscal foi utilizada não somente como instrumento de dinamização da demanda efetiva, mas também estava relacionada à natureza distributiva da renda[98].

Keynes parte da identificação do problema da Inglaterra. Para ele, o principal problema econômico do país na época seria a inflação, causada pela falta de oferta e não de demanda, seria a insuficiência de oferta de produtos demandados pela população. Somava-se a esse problema, a evolução da 2ª Guerra Mundial que demandava cada vez mais recursos públicos para o seu financiamento. Assim, o grande problema de Keynes era: como financiar a guerra sem gerar mais inflação e evitar o colapso econômico?

Sua resposta a essa pergunta é apresentada em *How to Pay for the War*, que expõe seu plano de condução da economia e tinha por objetivo desenvolver instrumentos de políticas que, além do financiamento da guerra, fossem capazes de reduzir os impactos negativos sobre a economia e viabilizar a reconstrução do país ao fim da guerra. Keynes acredita que na guerra, o mais seguro para uma conclusão rápida é o plano de longa resistência. Para isso o governo deveria adotar medidas prudentes.

Em termos econômicos, e diante da perspectiva de que a inflação era causada pela escassez de oferta, caberia ao governo a definição/limitação do consumo da sociedade civil, somente enquanto durasse o período de guerra,

[96] CARVALHO, F. J. C. Keynes e o Brasil. **Economia e Sociedade**, Campinas, v. 17, n. especial, p. 569-574, dez. 2008.

[97] KEYNES, J. M. **How to Pay of the War**: A Radical plan for Chanceler of the Exchequer. New York: Harcourt, 1940.

[98] FERRARI FILHO, F. As Concepçõess Teórico-Analíticas e as Proposições de Política Econômica de Keynes. **Revista de Economia Contemporânea**, Rio de Janeiro, v. 10, n. 2, p. 213-236, maio/ago. 2006.

a fim de evitar pressões inflacionárias. Em tempos de paz, aumentar o trabalho implica em aumento do consumo, logo o tamanho do bolo depende do esforço individual, mesmo que, a priori, isso aumente o nível de preços. Devido ao esforço de guerra, inevitavelmente, as pessoas trabalhariam mais, porém se toda sua renda fosse consumida no mesmo período, haveria pressões inflacionarias. Na guerra, o tamanho do bolo deve ser fixo, ou seria difícil controlar a inflação. Assim, por mais que alguém tente aumentar seu consumo, em tempos de guerra isso não será possível, pois o preço se elevará para compensar o aumento da demanda, visto que o consumo não se alteraria. Por isso a recomendação à população foi: poupar!

A poupança, segundo Keynes, seria a melhor forma de financiar a guerra, pois a riqueza seria gerada pela população e não pelo empresariado, e dessa forma a população teria boas condições de consumo após a guerra. Nesse ponto, a sua preocupação residia em incluir a população no plano de longo prazo, pois, tendo em vista que esta, necessariamente, sofreria restrições durante a guerra, era importante garantir uma forma de que fosse menos prejudicada e de que pudesse ter algumas compensações ao final. Portanto, caberia à população aumentar as horas trabalhadas e poupar a renda gerada.

Esse ponto é crítico na proposição de Keynes. Era preciso financiar a guerra, o que foi feito pela população através do aumento da poupança e redução do consumo. Apesar de estar preocupado em não aplicar medidas totalitárias a uma população livre, Keynes propôs a criação de um imposto na forma de 'confisco da poupança' pelo governo, com o intuito de alocar o excesso de renda em investimentos produtivos, e assim ao aumentar a oferta e reduzir a demanda agregada, haveria recursos para a guerra e evitaria pressões inflacionárias. Certamente há alguma tensão nessa proposição, já que no curto prazo a população seria prejudicada, e por isso foram propostas também amenidades, como se observará adiante.

A preocupação com os preços está refletida na discussão sobre o impacto no aumento dos salários. Essa preocupação reside sobre o aumento da demanda, uma vez que a oferta para consumo em tempo de guerra será menor ou no máximo igual a antes. De forma que qualquer aumento dos salários seria absorvido pelo aumento dos preços. Assim, a proporção do salário aumentado não deve ser consumida, evitando a inflação ou *deficit* de mercadoria. Esses recursos deveriam ser destinados a poupanças voluntárias. Essa seria a contribuição da população para a guerra. Keynes compreendia que essa solução poderia ser mais útil do que agradável, tendo em vista que alguns podem estar em melhores condições de poupar do que outros (relacionando com a propensão marginal a consumir).

O consumo civil seria pautado na disponibilidade de recursos em poder do público. Esse consumo seria definido pela diferença entre a soma da produção e com a importação, menos exportação e esforço de guerra. Assim, ao se reduzir o consumo de guerra, aumenta o consumo civil e vice-versa. Para melhorar a alocação de recursos da economia, Keynes recomendou que a produção que excedesse a demanda interna fosse exportada. A importação foi permitida somente até o limite considerado prudente.

A primeira Cláusula do plano determinou a proporção do salário que seria poupada, e que seria disponibilizada para consumo após a guerra. A segunda cláusula previa um imposto sobre capitais, a ser cobrado após a guerra (tirando o ônus da população). Por fim, a terceira cláusula excluía da retenção de consumo aqueles que não possuíssem margem para isso. Para calcular a margem que seria permitida para o consumo civil, foram estimados: o produto máximo que podia ser gerado, considerando recursos humanos e infraestrutura produtiva; previsão de duração do estoque da moeda estrangeira, importando mais que exportando; qual o percentual a ser destinado ao esforço de guerra.

A primeira dificuldade era conseguir disponibilidade de dados, que eram pouco comuns à época. Keynes apresentou os dados de consumo, gastos do governo e investimento, fatores que constituiriam o 'produto' nacional, em uma primeira versão do que viria se tornar o Sistema de Contas Nacionais (SCN).

Para aumentar a renda, foi estimulado o emprego daqueles que recebiam seguro, de externos (mulheres, aposentados e desocupados) e também trabalho intenso e extraordinário (aumento de 30 minutos na jornada já aumentaria a renda em 7,5%). Nesse caso, também foi preciso descontar a perda RH para o emprego de guerra. No total, Keynes esperava um aumento de 17.5%, 825 milhões, no PIB de antes da guerra. Haveriam ainda 420 milhões destinados à depreciação e 290 ao acréscimo de capital, gerando 710 milhões, dos quais se utilizaria 450 milhões. E uma menor parte dos recursos seria de fonte adicional: investimentos e empréstimos estrangeiros, em torno de 350 milhões ao ano. Assim, haveria uma contribuição para o financiamento da guerra em torno de 1.625 milhões de libras ao ano.

Em 1939, as despesas com a guerra elevaram os gastos em 1500 milhões ao ano. Nesse casso, a partir do aumento calculado anteriormente, o consumo civil poderia ser aumentado em uma margem de 125 milhões. Porém esse aumento só seria possível se a escala proposta fosse alcançada. De forma que os aumentos nos gastos demandariam grande percentual do aumento da produção. No total, o consumo das famílias seria reduzido em um milhão de libras.

A Poupança compulsória ficou registrada como depósito bloqueado em favor do proprietário, rendendo juro composto. Os depósitos seriam liberados em prestações preestabelecidas pelo governo, logo após o fim da guerra. Período este geralmente marcado por significativa depressão econômica, de forma que esses recursos atuariam de forma anticíclica. Por outro lado, para que fosse possível haver recursos necessários para esses pagamentos, Keynes (aconselhado pelos sindicatos) propõe a imposição de um imposto sobre o capital que foi cobrado ao fim da guerra, de forma que a partir de então os débitos da guerra não seriam mais financiados pelos trabalhadores.

As consequências da implementação da proposta de Keynes foram duas: no curto prazo, o desaquecimento do consumo resultou na estabilização do processo inflacionário, bem como o governo inglês pode financiar seus gastos de guerra; no longo prazo, a "poupança compulsória" capitalizada criou um estoque de riqueza à disposição de cada indivíduo. O que indica que seu plano foi eficiente em seus principais propósitos.

O breve resumo sobre *How to Pay for the War* teve por intuito ressaltar alguns pontos importantes do cuidadoso plano proposto por Keynes, que podem ser listados como segue:

- Observou-se que a proposta não se limitava ao puro aumento dos gastos, pretendia também lidar com os impactos negativos sobre a economia e a população, no curto e no longo prazo.
- O plano exigiu muito esforço da população, mas também evitou uma depressão tão profunda quanto a observada em 1929.
- A alocação dos recursos pelo Estado foi fundamental.
- Mesmo em período de guerra, Keynes mostrou que é possível (e preciso) ter um plano consistente e previamente debatido com a população, como o fez através de publicações prévias, a recebendo diversas críticas e ajustando seu modelo. Cabe notar, que ele conseguiu trabalhar bem com as expectativas dos agentes econômicos.

- Em consequência, é preciso ter em mente que, por mais que a guerra (ou a defesa) seja um serviço necessário, o seu financiamento não pode ocorrer de forma impositiva e desconsiderando os impactos sobre a economia e a população.

Assim, a contribuição dessa obra de Keynes foi além do financiamento da guerra e controle econômico. Mostrou como a intervenção racional do Estado pode ser importante para maximizar eficiência alocativa dos recursos na economia, evitando grandes depressões, ao contrário do que defendiam os economistas clássicos.

O Sistema de Contas Nacionais mostrou-se muito útil para a condução das políticas econômicas. O esforço de Keynes para planejar o financiamento da guerra constitui-se como um dos primeiros passos para a elaboração do sistema de contas nacionais, que hoje figura entre os importantes tópicos da macroeconomia. Na publicação da *Teoria Geral*[99], Keynes já trabalha com a quantificação (valoração) das categorias econômicas. Essa quantificação é resgatada em *How to Pay for the War*, com o objetivo de analisar as finanças públicas a partir do princípio contábil de partidas dobradas.

A análise de Keynes pode ter sido fortemente influenciada pelo contexto das crises econômicas e das guerras, inclusive, em alguns pontos sua análise se aproximaria da de David Ricardo — autor clássico criticado por Keynes. Ambos observaram haver inflação durante uma guerra, quando tanto a quantidade de dinheiro quanto a demanda agregada são excessivas. Essa inflação causava uma redistribuição violenta e injusta de renda e riqueza. Os gastos em tempo de guerra iriam afastar os gastos privados, mas negaram que isso afetaria necessariamente as taxas de juros. Segundo Dooley[100]:

> Keynes expected the short-run marginal efficiency of capital to adjust to the rate of interest established by the Bank of England; whereas Ricardo expected the bank rate to adjust to the long-run rate of profit under a regime of full convertibility. Ricardo recognized, however, that the bank could set arbitrarily low nominal rates of interest, even during a period of inflation, if its currency were not convertible. Finally, they both opposed large increases in the national debt and recommended redeeming the debt with a property tax after the end of the war.

[99] KEYNES, J. M. **The General Theory of Employment, Interest and Money**. Londres: MacMillan, 1936. Republicado pela Editora Atlas em 2009.

[100] DOOLEY, P. C. Ricardo and Keynes on War Finance. **Atlantic Economic Journal**, v. 17, n. 3, p. 21-33, 1989. p. 32.

Por fim, cabe ressaltar que, em que pese a obra de Keynes indicar diversos fatores econômicos a serem considerados no momento do planejamento financeiro da guerra, causa estranheza que sua obra não seja tão conhecida pelos estudiosos da área de defesa. Na Economia de Defesa, por exemplo, os gastos militares tem sido um dos principais tópicos debatidos, porém o mais próximo de Keynes que esse debate se aproxima é através do "Keynesianismo Militar", que como se verá, pouco tem a ver com o trabalho de Keynes, principalmente este mais próximo à questão militar. Assim, a próxima seção busca apresentar a ideia por trás do "Keynesianismo Militar" e revisar trabalhos relacionados a essa perspectiva.

4.3 O debate sobre o keynesianismo militar e seus desdobramentos nos últimos anos

Os economistas que seguem as ideias teóricas de Keynes não se constituem em um grupo absolutamente homogêneo. Pode-se distinguir, ao menos, três correntes de pensamento principais que têm como base, em maior ou menor grau, seus escritos e contribuições, a saber: velhos keynesianos, novos keynesianos e pós-keynesianos. De acordo com Carvalho[101], "para além de divergências teóricas ou conceituais, existem de fato alguns pressupostos comuns a praticamente todas as variantes do pensamento keynesiano, especialmente no que se refere à importância e a natureza da política econômica". Ainda que com desenvolvimentos, até certo ponto, distintos, os teóricos keynesianos reconhecem a improbabilidade de uma economia empresarial atingir e manter o pleno emprego dos recursos. Desse modo, o papel ativo do Estado é identificado como fator relevante no alcance do objetivo de manter a economia o mais próximo possível do pleno emprego, através, especialmente, do estímulo à demanda agregada. O investimento público aparece, portanto, como elemento fundamental para, por meio do efeito multiplicador que produz sobre a economia, atingir níveis elevados de demanda agregada. Ainda segundo Carvalho[102], "o keynesianismo, nos termos propostos por Schumpeter, em sua monumental história do pensamento econômico, é principalmente uma **visão**, mais do que um **instrumento de análise**".

[101] CARVALHO, F. J. C. Keynes e o Brasil. **Economia e Sociedade**, Campinas, v. 17, n. especial, p. 569-574, dez. 2008. p. 271.

[102] KEYNES, J. M. **The General Theory of Employment, Interest and Money**. Londres: MacMillan, 1936. Republicado pela Editora Atlas em 2009. Grifo nosso.

É a partir dessa percepção que surge o "Keynesianismo Militar". Essa abordagem vê o orçamento militar como fonte de demanda agregada que contribuiria para estimular a economia por meio de um efeito multiplicador de renda. Assim sendo, o keynesianismo militar relaciona os gastos militares a efeitos positivos sobre a demanda, devido ao efeito multiplicador. Tal conceito foi formulado em 1935, antes da publicação da *Teoria Geral do Emprego, do Juro e da Moeda*. Após a 2ª Guerra Mundial, quando as ideias de Keynes ganharam ampla aceitação entre os governos ocidentais, o conceito de keynesianismo militar passou a ser utilizado, principalmente, para se referir à ótica econômica dos sucessivos gastos militares dos governos dos Estados Unidos.

A origem do keynesianismo militar pode estar relacionada a circunstâncias historicamente únicas, como observado no pós-Segunda Guerra nos Estados Unidos, que permitiram coerência política e amplo consenso entre os grandes interesses industriais do Estado e da classe trabalhadora por um período limitado de tempo[103]. O período em que a economia do país experimentou significativo crescimento econômico, ao mesmo tempo que haviam elevados gastos militares, foi chamado de idade de ouro nos Estados Unidos. Percebia-se uma crítica à visão limitada dos estudos neoclássicos, segundo os quais as decisões econômicas se limitam à dialética entre eficiência e escolhas eficientes, que neste caso se refere ao bordão "armas x manteiga". Porém é possível que tanto naquele período, como agora, o keynesianismo militar tenha descrito políticas macroeconômicas que funcionavam com uma nova estrutura econômica institucional onde seria possível produzir mais armas e mais manteiga[104].

Dessa forma, acreditava-se que apesar de muitas medidas terem sido influenciadas pelo lobby que se formou em torno da causa militar, houve de fato um efeito sobre a organização do emprego nos Estados Unidos. A elevação dos gastos militares, além do aumento da produção intensivos em capital, teriam conseguido estimular a demanda de pessoal qualificado e contratos em melhores condições para os trabalhadores, o que se refletiria na economia (o aumento dos salários em um setor estimularia os demais).

Em um primeiro momento, presumiu-se que o termo keynesianismo militar só poderia ser aplicado nas situações em que o *deficit* governamental estivesse estreitamente correlacionado com a compra de armas

[103] CYPHER, J. The origins and evolution of military Keynesianism in the United States. **Journal of Post Keynesian Economics**, v. 38, n. 3, p. 449-476, 2015.

[104] *Ibidem*.

e atribuições militares, de maneira geral. Entretanto admite também a possibilidade de que um governo não dependa de gastos militares, como influência primária para a regulação do *ciclo de negócios*, dando preferência à despesa civil, mas utilize os de cunho militar como alavanca secundária. Haveria ainda outra possibilidade, a saber: o governo utilizar os gastos militares em apoio a um *ciclo de negócios* que é, basicamente, orientado pelo mercado. A forma primária de keynesianismo militar se refereria uma situação em que o Estado utiliza a compra de armas e outras alocações militares como o principal meio de impulsionar o ciclo econômico, enquanto a forma secundária de keynesianismo militar teria um significado macroeconômico mais restrito[105].

No levantamento hora realizado, observa-se ser o segundo caso o mais comum, ao menos em termos de objeto de pesquisa. Diversos trabalhos têm se preocupado em testar a hipótese do Keynesianismo Militar, ou seja, se uma elevação dos gastos realmente estimula uma elevação no PIB. Por isso, na sequência é realizada uma breve revisão acerca dos resultados encontrados por diversos autores em diferentes regiões.

4.4 O Efeito dos Gastos Militares em Diversas Regiões

A relação entre crescimento econômico e gastos militares foi testada primeiramente em 1973[106], através da utilização o método, para 44 países em desenvolvimento. Depois dele vários outros foram realizados para diferentes países e grupos de países. Em trabalhos seguintes esse número foi aumentando. Aqui não se pretende confirmar ou explorar a fundo essa relação. Assim, a presente pesquisa não tem a pretensão de esgotar todos os trabalhos realizados sobre o tema, listando apenas alguns daqueles identificados a partir da revisão bibliográfica em periódicos especializados.

Devido ao contexto citado anteriormente, parece normal que os Estados Unidos seja alvo de muitos estudos desse tipo. Em determinado trabalho, por exemplo, foi avaliada a percepção de que o Estado utiliza os gastos militares como uma política fiscal anticíclica, seja para evitar uma grave recessão ou para facilitar a recuperação econômica. De acordo com a análise, entre 1949 e 1976, nos Estados Unidos, há uma indicação de que os gastos militares, como percentual do PNB, parecem ter sido empregados

[105] CUSTERS, P. Military Keynesianism today: an innovative discourse. **Race & Class**, v. 51, n. 4, p. 79-94, 2010.

[106] BENOIT, E. **Defence and Growth in Developing Countries**. Boston, MA: Heath, Lexington Books, 1973.

pelo Estado como um instrumento fiscal contracíclico. Além disso, existiram outros fatores que contribuiriam para a variação das despesas com gastos militares como a taxa de crescimento dos lucros monopolísticos.

Os estímulos à economia por meio de aumentos nos gastos públicos e *deficit* federal, instrumentos estes utilizados no Estados Unidos, durante o governo Reagan, em relação aos gastos militares seriam medidas keynesianas ortodoxas, e estas não necessariamente seriam eficientes. Esses gastos teriam se elevado em 30%, passando a representar o maior gasto federal. Porém o resultado do voluptuoso aumento não se refletiu sobre o emprego, que cresceu apenas 1,56%, por exemplo.

Preocupados com as questões de longo prazo, alguns autores preferiram apoiar sua análise no modelo keynesiano padrão, o modelo IS-LM, que tem pautado muitas das discussões sobre política monetária e fiscal em economia. Os autores partem da ideia de que os gastos governamentais geram não estacionariedade (não flutuam a uma média constante). Assim, enquanto o modelo IS-LM defende equilíbrio de longo prazo, os gastos com defesa estariam mais relacionados a choques não observáveis. O artigo busca evidências empíricas para testar se as externalidades atribuídas aos gastos de defesa são positivas ou se na verdade seriam negativas. Como resultado, o trabalho observou que em determinados períodos, particularmente aqueles de conflitos, é possível sim observar efeitos positivos na economia. Assim, propõem também um comportamento não linear nos gastos militares.

Em relação ao Canadá, observou-se que o nível e a composição dos gastos militares de uma nação podem ser influenciados, de maneira significativa, pelas condições econômicas nacionais. Assim, os gastos militares podem ser utilizados para promover objetivos econômicos, embora devam ser racionalizados para promover a segurança nacional. O autor conclui que grandes aumentos no gasto de defesa no Canadá foram influenciados mais por considerações sobre o ambiente econômico do que por considerações acerca da segurança nacional.

No caso da União Europeia, foi analisado não só o efeito dos gastos militares sobre o crescimento econômico, mas também a situação contrária, quando os gastos militares são elevados devido ao crescimento econômico. Os resultados encontrados indicam que há maior evidência para segundo caso, ou seja, para o conjunto de 15 países analisados, o crescimento econômico teria influenciado no aumento das despesas militares. A análise pressupõe que após um período de redução dos gastos — ocorrido pós-Guerra Fria —, a retomada do crescimento econômico cria condições para que esses gastos voltem a crescer, fato que seria acompanhado por uma maior demanda da população por segurança — fator também influenciado por acontecimentos globais relacionados ao terrorismo, por exemplo.

Em relação à região asiática, também existem algumas considerações. Em 1986, uma pesquisa examinou os gastos de defesa na região asiática e ofereceu explicações teóricas para os distintos padrões de gastos encontrados na região. Em primeiro lugar, o estudo aponta que os governos respondem a ameaças militares reais. Por sua vez, o que determina o recrutamento, o *stationing* das tropas e os níveis de prontidão das mesmas são as preocupações políticas internas. Os recursos alocados para a defesa são determinados a partir do sistema do governo central. Complexos militares industriais são vistos como ações para o orçamento de defesa. Por fim, a corrida armamentista afeta o orçamento militar.

Ao tentar mensurar os efeitos das condições da economia doméstica sobre os gastos militares em cinco economias asiáticas, quais sejam: Indonésia, Malásia, Filipinas, Singapura e Tailândia. As principais conclusões do estudo foram: i) gastos com defesa, no ano corrente, são positivamente relacionados com gastos de defesa e com o orçamento central do ano anterior; ii) gastos correntes com despesa apresentam uma correlação inversa com a inflação do ano anterior; iii) apesar dos gastos correntes com defesa não estarem relacionados com o balanço de pagamentos do ano anterior, o mesmo afeta a receita do governo que, por sua vez, afeta o gasto com defesa.

Em outra pesquisa, foi testado de um modelo do keynesianismo militar para determinar em que medida os gastos com defesa nas economias do sudeste asiático, têm sido utilizados como ferramenta para a estabilização da economia. Basicamente, três padrões foram encontrados: i) estabilização ou "*military keynesianism*" (Singapura); ii) aumento de gastos com aumentos inesperados nos recursos (Malásia); iii) aumentos nos gastos de defesa, distribuídos ao longo do tempo, como resultado de um crescimento da economia interna (Filipinas). Em todos os países em que houve um aumento no orçamento de defesa, verificou-se um crescimento no PNB. Entretanto houve variações significativas entre os países, no que se refere ao tempo de aumento dos recursos para os militares. Especificamente, a Tailândia apresentou um fraco padrão de estabilização. Embora, na Coréia, os gastos com defesa tenham seguido uma função de longo prazo com defasagem distribuída, assim como na Tailândia, o efeito desses gastos sobre a estabilização da economia foi fraco.

Ao estudar a América Latina[107], foi sugerido que alguns fatores podem ter influenciado os gastos de defesa na região. São eles: i) condições econômicas do país; ii) necessidade interna de segurança; iii) corridas armamentistas; iv) orçamentos militares dos Estados rivais; v) apoio político interno; vi) condições, estrutura e existência de equipamento. A única correlação apontada no estudo foi entre orçamento militar e corrida armamentista e os níveis de orçamento em Estados rivais. Esses dois fatores parecem ter atuado como ponto de referência através do qual cada país decidiu seus níveis de orçamento para defesa. Em 1988, foram utilizadas séries temporais para analisar os determinantes dos gastos com defesa para 10 países da América Latina, a saber: México, Peru, Argentina, Venezuela, Paraguai, Uruguai, Chile, Brasil, Colômbia e Equador. Foram testados quatro modelos e as variáveis independentes foram: valores correntes e desfasados do PIB, gastos governamentais e gastos com defesa. Os resultados apontam para o fato de que muitas das variações dos gastos com defesa podem ser explicados por variáveis econômicas como as restrições no PIB e variáveis de financiamento fiscal.

Na região do Oriente Médio, além dos trabalhos regionais, podem ser citados também alguns resultados para países como Paquistão, Turquia e Israel. No caso do Paquistão, em 1998 foi investigada a relação entre os gastos de defesa e a estabilização macroeconômica, entre 1960 e 1996, por meio de uma estimação com o modelo ARDL. O estudo busca responder, entre outras coisas, se as despesas com defesa respondem às condições econômicas e, em caso positivo, se essa resposta tem sido para compensar flutuações do PIB e/ou pressões inflacionárias. As análises apontam que para fins de estabilização, o governo separa entre gastos de defesa e gastos não relacionados à defesa. O primeiro grupo de gastos tem sido utilizado como ferramenta cíclica para compensar as pressões na inflação, mas não no produto real. Por outro lado, as despesas totais não reagem a pressões inflacionárias.

No período analisado, o Paquistão apresentou intervalos, especialmente nos momentos de paz com a Índia, nos quais os gastos com defesa foram utilizados como instrumento de estabilização da economia. Uma justificativa possível para esse fato pode estar relacionada à maior discricionariedade desse tipo de gasto, quando comparado aos demais gastos previstos no orçamento, o que permite ao governo contraí-lo ou expandi-lo em um curto intervalo de tempo. O autor também evidenciou que os gastos

[107] O'LEARY, M. K.; COPLIN, W. C. **Quantitative Techniques in Foreign Policy**. New York: Praeger, 1975.

militares foram, em grande medida, controlados pelo ambiente econômico e pela disponibilidade de recursos, sugerindo que há uma ligação, ainda que fraca, entre as despesas de defesa e o crescimento econômico.

Em alguma medida, os trabalhos aqui citados consideram que um aumento nos gastos militares consiste em um aumento das compras e dos gastos governamentais, o que representa também um aumento nas despesas totais da economia. Assim sendo, por meio desses gastos, o governo estaria estimulando a demanda da economia, gerando emprego e renda, o que impactaria de maneira positiva no crescimento econômico. Contudo, de forma geral, as pesquisam não analisam demais os mecanismos que influenciam esse impacto ou mesmo as circunstâncias sob as quais ocorreram, o que dificulta ou limita a adoção desses estudos como fundamento para pesquisa. Porém, apesar dessas limitações, o keynesianismo militar ou mesmo os estudos sobre os impactos do gasto militar nos indicadores macroeconômicos, continuam influenciando ações políticas[108].

4.5 Keynes, Keynesianismo Militar e Algumas Reflexões sobre a Política Brasileira de Gastos Militares

Ao realizarmos a revisão sobre o Keynesianismo Militar (KM), percebe-se que apesar de partirem de pressuposto de Keynes, os estudos recentes estão preocupados apenas com o impacto da alocação dos gastos militares sobre a economia, mas não exatamente com os mecanismos econômicos envolvidos.

Em relação a essa revisão, cabe atentar sobre o método de análise adotado pela maioria dos trabalhos e como suas percepções podem ser equivocadas. Os trabalhos revisados utilizam, na sua grande maioria, modelos matemáticos e econométricos. Com isso, analisam a correlação entre as variáveis escolhidas em determinado período de tempo, identificando se são de fato estatisticamente significativas. Porém esse método não permite analisar a correlação com fatores ausentes do modelo e/ou com acontecimentos em períodos diferentes. É possível, por exemplo, que os gastos militares afetem os investimentos da economia apenas em períodos futuros, o que não foi observado nos trabalhos encontrados.

[108] MAZZUCATO, M. **O Estado Empreendedor**: Desmascarando o mito do setor público x setor privado. São Paulo: Portfolio-Penguin, 2014.
BLOCK, F.; KELLER, M. Where Do Innovations Come From? *In*: BLOCK, F. (ed.). **State of Innovation**: The US Government's Role in Technology Development. Boulder, CO: Paradigm, 2011. p. 154-172.

Quando o governo indica que irá elevar os gastos, os investidores mobilizam suas estruturas produtivas e aumentam as contratações. Contudo as compras e os respectivos pagamentos são realizados apenas após o período necessário para a produção. Isso significa que a intenção de gastar pode ser suficiente para haver impulso à economia, mesmo que o gasto público seja efetivado apenas no futuro, segundo a análise das expectativas a partir de Keynes. Assim, não é improvável que muitos estudos se tornem equivocados ao tentarem correlacionar uma elevação dos gastos a elevações no PIB, no mesmo período, pois desconsideram essa defasagem entre investimentos e pagamentos.

A revisão bibliográfica realizada na seção anterior, mostra também que ao longo dos anos os estudiosos têm se preocupado em determinar se há ou não reflexos sobre o PIB a partir dos gastos militares. Em nenhum dos trabalhos encontrados há preocupação sobre a forma como os gastos são (ou devem ser) dimensionados, considerando outros fatores econômicos, como inflação, emprego e consumo, tal como foi feito por Keynes. Assim, ao negligenciar esses fatores, as pesquisas realizadas a partir do Keynesianismo militar refletem apenas sobre a existência dos benefícios econômicos, ou não, de se elevar os gastos militares, sem com isso contribuir para discutir a sua alocação eficiente.

Acredita-se que Keynes reconhecia que os gastos militares foram aqueles que mais ajudaram na crise, mas não de forma duradoura. Para ele, o aumento da produção de armas seria uma solução apenas paliativa, que em si mesma não atende às necessidades sociais e que atrasa o potencial nacional de desenvolvimento econômico a longo prazo. Armas são desempregadas ou destruídas em caso de guerra; assim, sua produção não representa uma transferência intertemporal do poder de compra, mas uma exclusão definitiva dos fatores de produção do processo econômico. Seria assim um consumo improdutivo. A preparação para a guerra, mais do que a própria guerra, seria um incentivo temporário para a atividade econômica. Para o referido autor, Keynes desaprovava o que hoje é conhecido como "keynesianismo militar", porque ele só tinha efeitos a curto prazo. Seria melhor orientar o investimento público para indústrias civis. Na mesma direção, para Joan Robinson, o Keynesianismo Militar seria uma utilização equivocada da visão de Keynes, conforme aponta a passagem a seguir.

> *The most convenient thing for a government to spend on is armaments. The military-industrial complex took charge. I do not think it plausible to suppose that the cold war and several hot*

> *wars were invented just to solve the employment problem. But certainly they have had that effect. The system had the support not only of the corporations who make profits under it and the workers who got jobs, but also of the economists who advocated government loan-expenditure as a prophylactic against stagnation. Whatever were the deeper forces leading into the hypertrophy of military power after the world war was over, certainly they could not have had such free play if the doctrine of sound finance had still been respected. It was the so-called Keynesians who persuaded successive Presidents that there is no harm in a budget deficit and left the military-industrial complex to take advantage of it. So it has come about that Keynes' pleasant daydream was turned into a nightmare of terror*[109].

Ainda, durante todo o período entre guerras, Keynes engajou-se em causas relativas à manutenção da paz, como se observa no livro *The Economics Consequences of the Peace* (1919). Alguns autores acreditam que Keynes era um pacifista e atribuía apenas desvantagens econômicas à guerra, pois a guerra gera crises. Keynes defenderia o uso apenas de armas financeiras, como forma de controlar ou mesmo evitar a guerra. Nas palavras do próprio, *"If we can cure unemployment for the wasted purposes of armaments, we can cure it for the productive purposes of peace"*[110].

Por estar em período de guera, Keynes teve a oportunidade para contar com a simpatia dos governantes e testar sua teoria a partir de uma aplicação prática na economia real[111]. Porém isso teve um alto custo ao influenciar alguns economistas que não consideraram todo o seu trabalho pacifista e estenderam suas recomendações utilizando os gastos militares, mesmo em períodos de paz.

Conforme já mencionado, a obra *How of Pay The War* mostra a preocupação de Keynes com a alocação eficiente dos recursos econômicos, diante da necessidade de se financiar a guerra, de forma a evitar o máximo possível efeitos negativos sobre a população e a economia. Ele planeja a ação do Estado como agente responsável por determinar as ações dos demais agentes econômicos. Assim, diante do objetivo de financiar a guerra, Keynes preocupou-se com os impactos econômicos desse objetivo, não atribuindo vantagens à guerra, mas sim a sua alocação eficiente, diferentemente do que

---

[109] ROBINSON, J. **Contributions to Modern Economics**. New York: Academic Press, 1978. p. 9.

[110] KEYNES, J. M. Will rearmament cure unemployment? The Listener, 1st JUNE. *In*: MOGGRIDGE, D. (ed.). **The Collected Writings of John Maynard Keynes**. London: Macmillan and Saint Martin's Press, 1939. v. 21, p. 1143.

[111] BELLAIS, R.; COULOMB, F. The Fight of a 'Citizen Economist' for Peace and Prosperity: Keynes and the issues of international security. **Defence and Peace Economics**, v. 19, n. 5, p. 361-371, 2008.

estuda (ou deixa de propor) o Keynesianismo militar. Como bem observou Carvalho, estudar a Economia Keynesiana, não é o mesmo que estudar a economia de Keynes.

4.6 Considerações finais

O presente artigo teve por objetivo discutir a literatura teórica acerca do keynesianismo militar contrapondo essa visão com os desenvolvimentos feitos por Keynes, especialmente durante a 2ª Guerra Mundial. A escolha do aparato teórico que fundamentará uma pesquisa pode fazer toda a diferença, tanto em termos de método como, principalmente, no que concerne aos resultados.

Como tentou-se mostrar aqui, o estudo econômico dos gastos militares a partir de Keynes ou da vertente Keynesiana apresenta diferenças significativas em relação aos dois fatores supracitados. Pelo exposto, a visão de Keynes evidencia alguns fatores macroeconômicos envolvidos na discussão sobre os gastos militares — como fonte de financiamento, inflação, expectativas, consumo das famílias e das empresas — e, principalmente, fornece embasamento para se pensar em uma política de gastos militares mais sistêmica que contemple sua interação com as demais variáveis da economia. Portanto, a partir dessa perspectiva teórica, torna-se possível analisar o caso brasileiro com mais robustez e de forma crítica, muito embora, diferentemente do contexto vivido por Keynes, o Brasil não experimente nenhum conflito armado.

Como a análise da política de defesa brasileira não fez parte do escopo deste trabalho, tendo em vista que se buscou, em um primeiro momento, fornecer uma visão teórica sobre a qual essa análise será erguida posteriormente, a continuidade dessa pesquisa será direcionada por algumas questões que ficam em aberto. No Brasil, a Política de Defesa Nacional, ou mesmo a Estratégia Nacional de Defesa, não indicam seus fundamentos orçamentários para a execução das suas proposições, de forma que pairam várias questões em torno desses documentos. Como se fundamenta o financiamento dos gastos militares no país? Como seria possível atrelar a execução econômica dessa Estratégia aos demais indicadores e setores macroeconômicos?

Conceitos

Keynesianismo Militar: abordagem que coloca o orçamento militar como fonte de demanda agregada, através da qual os gastos militares teriam efeitos positivos sobre a renda, devido ao efeito multiplicador.

Política Fiscal: políticas públicas direcionadas para o lado "real" da economia, que se aplicam através de ações relacionadas aos gastos e às despesas do governo. Esse tipo de políticas tem função estabilizadora, estimulando a economia em períodos de crise e evitando seu superaquecimento.

***Deficit* público e o seu financiamento**: o governo incorre em *deficit* público quando seus gastos superam a arrecadação de receitas. Seu financiamento é realizado através de empréstimos interno e externos.

Demanda agregada: é o total da demanda por bens e serviços em um país. É mensurada através do consumo total das famílias, dos investimentos dos governos, do nível dos gastos do governo e exportações líquidas (exportações, menos importações).

Questões

Q.4.1. Quais foram as principais medidas de Keynes para financiar a guerra?

Q.4.2. Quais as principais diferenças entre a proposta teórica feita por Keynes e aplicação feita pelo keynesianismo militar?

Q.4.3. Os estudos realizados a partir de dados de diversos países são o suficiente para comprovar bons resultados do keynesianismo militar?

REFERÊNCIAS

ALMEIDA, C. W. L. Economia e orçamento para a defesa nacional. **Revista do Tribunal de Contas da União**, Brasília, v. 32, n. 90, p. 22-32, out.-dez. 2001. p. 22.

BELLAIS, R.; COULOMB, F. The Fight of a 'Citizen Economist' for Peace and Prosperity: Keynes and the issues of international security. **Defence and Peace Economics**, v. 19, n. 5, p. 361-371, 2008.

BENOIT, E. **Defence and Growth in Developing Countries**. Boston, MA: Heath, Lexington Books, 1973.

BLOCK, F.; KELLER, M. Where Do Innovations Come From? *In*: BLOCK, F. (ed.). **State of Innovation**: The US Government's Role in Technology Development. Boulder, CO: Paradigm, 2011. p. 154-172.

CARVALHO, F. J. C. Keynes e o Brasil. **Economia e Sociedade**, Campinas, v. 17, n. especial, p. 569-574, dez. 2008.

CUSTERS, P. Military Keynesianism today: an innovative discourse. **Race & Class**, v. 51, n. 4, p. 79-94, 2010. Doi https://doi.org/10.1177/0306396810363049.

CYPHER, J. The origins and evolution of military Keynesianism in the United States. **Journal of Post Keynesian Economics**, v. 38, n. 3, p. 449-476, 2015.

DOOLEY, P. C. Ricardo and Keynes on War Finance. **Atlantic Economic Journal**, v. 17, n. 3, p. 21-33, 1989.

FERRARI FILHO, F. As Concepções Teórico-Analíticas e as Proposições de Política Econômica de Keynes. **Revista de Economia Contemporânea**, Rio de Janeiro, v. 10, n. 2, p. 213-236, maio/ago. 2006.

KEYNES, J. M. **How to Pay of the War**: A Radical plan for Chanceler of the Exchequer. New York: Harcourt, 1940.

KEYNES, J. M. **The General Theory of Employment, Interest and Money**. Londres: MacMillan, 1936. Republicado pela Editora Atlas em 2009.

KEYNES, J. M. Will rearmament cure unemployment? The Listener, 1st JUNE. *In*: MOGGRIDGE, D. (ed.). **The Collected Writings of John Maynard Keynes**. London: Macmillan and Saint Martin's Press, 1939. v. 21.

MATOS, P. O. Orçamento e Defesa Nacional: Uma Análise da participação do setor de defesa no orçamento federal de 2000 a 2009. *In*: SEMINÁRIO DE ESTUDOS: PODER AEROESPACIAL E ESTUDOS DE DEFESA, UNIFA, 3., 2010.

MAZZUCATO, M. **O Estado Empreendedor**: Desmascarando o mito do setor público x setor privado. São Paulo: Portfolio-Penguin, 2014.

O'LEARY, M. K.; COPLIN, W. C. **Quantitative Techniques in Foreign Policy**. New York: Praeger, 1975.

REGIS, D. G. **Gastos de Defesa no Brasil**: Análise qualitativa do orçamento nacional no período de 2001 a 2007. MPRA Paper No. 47373, posted 5, 2013.

ROBINSON, J. **Contributions to Modern Economics**. New York: Academic Press, 1978.

SAINT-PIERRI, H. L.; PALACIOS JUNIOR, A. M. C. As medidas de confiança no Conselho de Defesa Sul-americano (CDS): análise dos gastos em Defesa (2009-2012). **Revista Brasileira de Política Internacional**, v. 57, n. 1, p. 22-39, 2014.

5

DEFESA, SEGURANÇA NACIONAL E MUDANÇAS CLIMÁTICAS

Thauan Santos (EGN)
Patrice Franko (Colby College, EUA)

"To keep the nation secure, [the Department of Defense (DoD)], must tackle the existential threat of climate change"[112].
(Secretário da Defesa dos EUA, Lloyd Austin, 2022)

5.1 Introdução

As mudanças climáticas cruzam-se com os riscos e as pressões existentes em um contexto local, aumentando a vulnerabilidade a choques e diminuindo a resiliência dos sistemas produtivos e sociais. Na América Latina e no Caribe (ALC), já se sabe que as mudanças climáticas acelerarão os conflitos sociais e produtivos, inclusive impactando demandas por defesa e segurança[113]. Os furacões, as secas, as enchentes e os incêndios florestais esgotam a base de recursos físicos e as capacidades produtivas das localidades e nações; esse aumento da frequência dos desastres naturais, a maior intensidade das chuvas e das secas e a degradação da terra geram efeitos diretos e indiretos sobre a produção e os serviços.

Nas áreas urbanas, os choques climáticos geram mais focos de calor, crises hídricas e escassez de energia. Diferentes cidades do mundo, inclusive no Brasil, sobretudo localizadas nas planícies costeiras e no litoral, já estão enfrentando os efeitos devastadores das inundações causadas por tempestades. No setor agrícola, a população mais pobre é a mais vulnerável e menos preparada para lidar com condições climáticas extremas, o que leva à perda de meios de subsistência e ao aumento das pressões migratórias.

[112] "Para manter a nação segura, [o Departamento de Defesa (DoD)], deve enfrentar a ameaça existencial da mudança climática".

[113] SANTOS, T. *et al.* On the Intersection of International Security, Defense, and Climate Change in Latin America and the Caribbean. **Brazilian Journal of International Relations**, v. 11, p. 282-308, 2023.

Além disso, a frequência cada vez maior de tempestades e oscilações de temperatura aumenta a incerteza em sistemas políticos e sociais frágeis, impactando mais severamente países em desenvolvimento do Sul Global.

Essa instabilidade sistêmica corresponde, na prática, a um desafio crescente do ponto de vista da defesa e da segurança nacional. Dessa maneira, este capítulo analisa a interface entre economia, clima, defesa e segurança nacional, com aplicações para a ALC e considerando particularmente o caso dos Estados Unidos. Além dos já mencionados efeitos crescentes sobre os sistemas produtivos e sociais, as forças de defesa e segurança nacional dos diferentes países devem estar cada vez mais atentas, comprometidas e preparadas para lidar de modo preventivo e protegendo a população e as infraestruturas físicas críticas diante da ameaça dos eventos climáticos extremos.

Diante do fato de que quando as forças terrestres, marítimas e aéreas são reposicionadas, os ativos e os orçamentos são desviados das arenas tradicionais. Dessa forma, como a economia pode ajudar a enfrentar os desafios decorrentes da interseção entre defesa, segurança internacional e mudança climática? Neste capítulo, portanto, exploramos as maneiras pelas quais a escassez de recursos e as mudanças climáticas podem gerar conflitos e inseguranças, além de apontar como as falhas nas políticas contribuem para o enfraquecimento da defesa e da segurança nacional.

Após esta breve introdução, a seção 2 apresenta a discussão teórica que trabalha na interseção entre defesa, segurança internacional e mudança climática. Em seguida, a seção 3 evidencia as dimensões diretas e indiretas da mudança climática e da segurança nacional, trazendo alguns exemplos ALC e dos EUA. Já a seção 4 foca no caso dos EUA, dadas as iniciativas recentes do país nesta temática. Por fim, são apresentadas algumas conclusões, reflexões e propostas para pesquisas futuras.

5.2 Na interseção entre defesa, segurança internacional e mudança climática

No início dos anos 1990, o debate sobre a estrutura de segurança se expande em favor da não continuidade da concepção tradicional centrada na perspectiva militar e da incorporação de desafios de segurança não tradicionais, sugerindo a ampliação do escopo da área[114]. Apesar desse lento

[114] HAGMANN, J. Beyond Exceptionalism? New Security Conceptions in Contemporary Switzerland. **Contemporary Security Policy**, v. 31, n. 2, p. 249-272, 2010.

passo, ainda há ignorância ou mesmo resistência à incorporação de alguns temas nas agendas nacionais ou regionais de segurança e defesa, tais como meio ambiente, clima e desastres naturais.

Em junho de 1992, a Conferência das Nações Unidas sobre Meio Ambiente e Desenvolvimento (ECO 92) realizada no Rio de Janeiro (Brasil), conhecida como a "Cúpula da Terra", abriu espaço para um amplo debate, que impactou a percepção da segurança na era pós-Guerra Fria além das questões militares. Embora nem todos os problemas ambientais discutidos na ECO 92 tenham tido um impacto direto nas questões de defesa/segurança, os impactos assimétricos dessa inter-relação têm sido destacados por quase 30 anos. Além disso, existe uma estreita relação entre as preocupações ambientais e a pobreza[115], particularmente relevante para os países em desenvolvimento, como os da ALC.

Com a expansão do conceito e das narrativas sobre segurança internacional, surge uma preocupação com a segurança ambiental[116]. Existe uma proposta de uma perspectiva local a global sobre governança de recursos e conflitos abrangendo uma variedade de atores, intensidades de conflitos, tipos de governança de recursos, recursos, políticas e regiões do mundo[117].

Cabe mencionar que, de modo geral, as mudanças climáticas podem aumentar o risco de conflito sob certas condições e através de certos caminhos causais, como baixos níveis de desenvolvimento, má governança e desigualdade. Além disso, as evidências mostram que as mudanças climáticas podem afetar, inclusive, a dinâmica do conflito, incluindo sua duração, sua gravidade e sua probabilidade de terminar rapidamente. Há, ainda, caminhos causais indiretos que ligam mudança climática à violência, como impacto sobre: agricultura e preços de alimentos, economia, migração, desastres e instituições[118].

Moran[119] edita um livro estreitando o foco da análise sobre a intersecção entre mudança climática e segurança nacional, analisando o caso de 42 países mais a UE até 2030. Ele destaca a necessidade de expandir as

---

[115] CASTRO, C. P. Interligando pobreza e meio ambiente: abordagens comunitárias participativas, jogos de informação imperfeita e a Convenção sobre Diversidade Biológica. **Meridiano 47**, v. 18, 2017.

[116] SENHORAS, E. M.; OLIVEIRA, M. N. Marcos evolutivos da política à economia nas negociações internacionais ambientais. **Meridiano 47**, v. 12, n. 123, p. 40-47, 2011.

[117] SCHILLING, J.; SAULICH, C.; ENGWICHT, N. A local to global perspective on resource governance and conflict. **Conflict, Security & Development**, v. 18, n. 6 p. 433-461, 2018.

[118] Ver: https://www.wilsoncenter.org/event/climate-change-and-conflict-new-research-for-defense-diplomacy-and-development.

[119] MORAN, D. (ed.). **Climate Change and National Security**: A Country Level Analysis. Washington, D.C.: Georgetown University Press, 2011.

capacidades de estados e regiões para enfrentar tal desafio. O Brasil é o único país latino-americano analisado em detalhes, uma vez que a Bolívia, a Colômbia, o Equador e o Peru foram colocados juntos como os países do "Andes do Norte". Entretanto, apesar da diversidade de espectros relacionados ao impacto da mudança climática na segurança nacional, o livro foca sobremaneira na escassez de água[120].

Analisando o caso da Suíça, destaca-se que a doutrina de 1990 acrescentou diferentes tipos de escassez e desastres naturais como um desafio de segurança nacional[121]. Além dos temas tradicionais (como crimes organizados, terrorismo internacional, guerras civis e interestaduais, e violência doméstica), predominam questões de segurança não tradicionais (como energia, escassez de água e alimentos e mudança climática global). Não obstante, é interessante notar que no caso de questões de segurança não tradicionais, o segmento militar considera tais ameaças como menos relevantes. É interessante notar, contudo, que essa realidade não é específica desse país.

Focando o caso dos Estados fracos e falidos, o conflito no Sudão pode ser entendido como o primeiro conflito motivado pela mudança climática já que o governo foi incapaz (ou mesmo indisposto) de enfrentar a competição por recursos em Darfur[122]. Além disso, "a mudança climática não foi levada a sério como um desafio de segurança, apesar da ameaça muito maior que representa"[123]. Analisando o caso dos EUA, Paskal[124] e Floyd[125] reforçam a relação entre meio ambiente e segurança, o primeiro estreitando o tema com 'guerra global' e o segundo com a teoria da securitização.

Boeno[126] concentra-se nos países ibero-americanos (Argentina, Brasil, Chile, Espanha e Portugal) e conclui que o setor militar contempla a questão climática como uma ameaça à segurança do Estado em todas as suas

[120] GUNTER JR., M. M. Climate Change and National Security: A Country-Level Analysis. Edited by Daniel Moran. **Review of Policy Research**, v. 29, n. 4, p. 579-584, 2012.

[121] HAGMANN, 2010.

[122] NEWMAN, E. Failed States and International Order: Constructing a Post-Westphalian World. **Contemporary Security Policy**, v. 30, n. 3, p. 421-443, 2009.

[123] *Ibidem*, p. 439.

[124] PASKAL, C. **Global Warring**: How Environmental, Economic, and Political Crises Will Redraw the World Map. New York: Palgrave Macmillan, 2010.

[125] FLOYD, R. **Security and the Environment**: Securitization Theory and US Environmental Security Policy. Cambridge, UK: Cambridge University Press, 2010.

[126] BOENO, R. K. S. **A militarização dos desastres**: a securitização das alterações climáticas e o pensamento das Forças Armadas ibero-americanas. 2018. Tese (Doutorado em Alterações Climáticas e Políticas de Desenvolvimento Sustentável, especialidade Ciências do Ambiente) – Instituto de Ciências Sociais, Universidade de Lisboa, Lisboa, 2018.

dimensões. Além disso, o autor percebe que a "militarização dos desastres" pode causar uma redução na operacionalidade das forças armadas, mesmo que se beneficie do uso de tecnologias duais e de abordagens regionais para enfrentar desafios que não se limitam às fronteiras nacionais.

O *Climate Change and Defence Roadmap*[127] da União Europeia (UE) constitui uma parte integrante do esforço global da união para enfrentar a mudança climática no contexto do *European Green Deal*. O objetivo geral do *Roadmap* é assegurar que as implicações da política climática se tornem parte integrante do pensamento e ação da UE em questões como pesquisa e desenvolvimento de defesa, indústria e tecnologia ou infraestrutura, bem como a Política Comum de Segurança e Defesa (PCSD) da UE. Para informar os planejadores e os tomadores de decisão, propõe formas de melhorar a avaliação dos vários efeitos e implicações de segurança das mudanças climáticas, apresentando mais de 30 ações em três áreas diferentes interligadas. Possui forte ênfase no multilateralismo e nas parcerias.

Apesar das diferentes possibilidades de lidar com as causas desses desastres naturais e das catástrofes ambientais motivadas pela mudança climática, é inegável que os impactos são diversos. Além disso, os efeitos sobre as comunidades são desiguais, impactando mais fortemente a parcela da população que já é mais vulnerável[128]. Portanto, é essencial promover a governança na redução de riscos e na gestão de desastres[129].

Dada a complexidade e particularidade de cada caso, há uma discussão sobre a promoção da governança (muitas vezes regional) sobre clima/ambiente. No escopo da ALC, instituições como a Organização dos Estados Americanos (OEA), Conferência de Ministros da Defesa das Américas (CMDA), Junta Interamericana de Defesa (JID), Tratado Interamericano de Assistência Recíproca (TIAR), Organização do Tratado de Cooperação Amazônica (ACTO) e União das Nações Sul-Americanas (UNASUL) alertaram seus membros sobre as ameaças decorrentes das mudanças climáticas. Globalmente, também se destaca a inclusão da questão climática na agenda de instituições multilaterais, como o Conselho de Segurança da ONU (CSNU) e a Organização do Tratado do Atlântico Norte (OTAN). Em 2019, a OEA e

[127] Ver: https://www.eeas.europa.eu/sites/default/files/documents/2022-03-28-ClimateDefence-new-Layout.pdf.

[128] CHANDLER, D. Security through societal resilience: Contemporary challenges in the Anthropocene. **Contemporary Security Policy**, v. 41, p. 195-214, 2019.

[129] WORLD BANK – WB. **Machine learning for disaster risk management**: A guidance note on how machine learning can be used for disaster risk management, including key definitions, case studies, and practical considerations for implementation. Washington, D.C.: World Bank, 2018.

o CSNU realizaram conferências na ALC, amarrando as mudanças climáticas/desastres aos impactos na defesa/segurança, constituindo um passo recente dos países da região para efetivamente contemplar essas ameaças.

Diferentes países da ALC possuem extensa literatura sobre seus recursos naturais, muitas vezes associada a *booms and busts* ou ciclos de maldição/bênção de recursos (*curse/blessing cycles*)[130] devido à volatilidade dos preços das commodities e ao quanto a economia da região depende da exportação desses recursos. Entretanto poucos estudos avaliaram a relação entre os recursos naturais e a mudança climática, particularmente através de desastres naturais.

"A América Latina é particularmente vulnerável aos impactos da mudança climática por ser uma região rica em recursos naturais. Abriga 25% das florestas e terras aráveis da Terra, bem como mais de 30% dos recursos hídricos do mundo"[131]. Particularmente nas cidades costeiras, onde a maioria da infraestrutura de defesa, transporte, abastecimento de água, energia e saneamento foi projetada para as condições climáticas, os danos à infraestrutura causados pela mudança climática têm custos econômicos, sociais e ambientais significativos, e sua funcionalidade e operabilidade devem ser reavaliadas[132].

Observa-se, assim, que a segurança climática tem várias dimensões e vários significados[133], sendo um problema complexo que exige uma ação coletiva. Alguns consideram o clima como um "multiplicador de ameaças"[134], outros pensam nas mudanças climáticas na ALC como um "multiplicador de riscos", em que os riscos regionais inerentes, incluindo a desigualdade, a pobreza e a desconfiança no governo, aumentam a vulnerabilidade ao choque climático[135]. Também é possível ver esse evento como um "grande disruptor" na agenda das relações internacionais[136].

---

[130] SINNOTT, E.; NASH, J.; DE LA TORRE, A. **Natural Resources in Latin America and the Caribbean**: Beyond Booms and Busts? Washington, D.C.: World Bank Latin American and Caribbean Studies, 2010.

[131] STUDER, I. Latin America's Natural Resources and Climate Change. **The Nature Conservancy**, August 18, 2019.

[132] BÁRCENA, A.; SAMANIEGO, J.; PERES, W. W.; ALATORRE, J. E. **La emergencia del cambio climático en América Latina y el Caribe**: ¿Seguimos esperando la catástrofe o pasamos a la acción? Santiago: Naciones Unidas, 2020.

[133] BARNETT, J. Environmental Security. *In*: KITCHIN, R.; THRIFT, N. (org.). **International Encyclopedia of Human Geography**. Elsevier, 2009. p. 553-557.

[134] Ver: https://councilonstrategicrisks.org/wp-content/uploads/2023/01/38-CCThreatMultiplier.pdf.

[135] ABDENUR, A. E.; RÜTTINGER, L. **Climate-fragility Risk Brief**: Latin America and the Caribbean. Berlin: CSEN, 2020.

[136] HILL, A. C.; MARTINEZ-DIAZ, L. **Building a Resilient Tomorrow**: How to Prepare for the Coming Climate Disruption. Oxford University Press, 2020.

Mais proeminentemente, as mudanças climáticas devem ser entendidas como uma ameaça à segurança nacional, sendo uma causa de conflito e um risco à segurança humana. Cabe destacar, inclusive, que a ameaça à escassez de certos recursos e às infraestruturas essenciais também constitui um tema relevante à agenda de defesa e segurança, dado que podem se transformar em conflitos regionais e entre Estados[137].

A título de exemplo, o *2020 World Climate and Security Report*[138] concentrou sua atenção na escalada dos riscos de segurança humana para riscos de segurança de ordem superior que geram instabilidade política e conflitos. O relatório também enfatizou a maneira como os desastres naturais e os choques climáticos podem criar deslocamentos em massa de pessoas, exigindo que as forças armadas nacionais sejam parceiras nas respostas humanitárias.

Ademais, os impactos geopolíticos da mudança climática incluem o aumento dos conflitos regionais e entre Estados desde a perspectiva dos recursos críticos escassos. Os impactos das mudanças climáticas podem, então, ser entendidos como ameaças não tradicionais que intensificam os riscos sociais e de segurança existentes.

Entretanto a causalidade entre o clima e o conflito é complicada por fatores intervenientes. Embora a relação direta entre as mudanças climáticas e os impactos sobre a prontidão da defesa, a infraestrutura da base e as operações militares seja observável, os efeitos indiretos de como as mudanças climáticas podem levar a conflitos são mais difíceis de avaliar[139]. Logo, a próxima seção analisará a literatura sobre esses dois caminhos — direto e indireto — pelos quais as mudanças climáticas estão afetando os riscos à segurança nacional, com foco na ALC e nos EUA.

5.3 Dimensões da mudança climática sobre defesa e segurança

De acordo com a Organização Meteorológica Mundial (WMO, sigla em inglês), há uma frequência cada vez maior do fenômeno El Niño, impulsionado por temperaturas oceânicas anormalmente quentes no

137 INTERNATIONAL MILITARY COUNCIL ON CLIMATE AND SECURITY – IMCCS. **The World Climate and Security Report 2021**. Disponível em: https://imccs.org/wp-content/uploads/2021/06/World-Climate-and-Security-Report-2021.pdf. Acesso em: 22 out. 2023.

138 INTERNATIONAL MILITARY COUNCIL ON CLIMATE AND SECURITY – IMCCS. **The World Climate and Security Report 2020**. Disponível em: https://imccs.org/report2020/. Acesso em: 22 out. 2023

139 IMCCS, 2021.

Pacífico Equatorial, o que leva à intensificação de secas, ao agravamento de enchentes e à mudança nos padrões de ciclones tropicais[140]. Para a região da ALC, observa-se que o desmatamento atingiu novos patamares. Trinta por cento das geleiras andinas desapareceram e a megasseca na região central do Chile é a mais longa em mais de 1.000 anos. O recuo das geleiras aumenta o risco de elevação do nível do mar, o que, por sua vez, acelera a erosão costeira e eleva a intensidade das tempestades, pois o aquecimento das temperaturas do ar e do oceano gera tempestades costeiras mais frequentes e intensas[141].

O secretário-geral da WMO, Petteri Taalas, aponta declínios nos meios de subsistência costeiros, no turismo, na saúde, na produção agrícola e na geração de energia[142]. As chuvas extremas em 2021 causaram centenas de mortes e dezenas de milhares de casas destruídas, desalojando famílias e impondo perdas financeiras devastadoras. Grandes ondas de calor atingiram a região, com temperaturas recordes em alguns países da América do Sul, acima de 40 °C, por vários dias seguidos[143]. A frequência de incêndios florestais é elevada, causando danos irreversíveis aos ecossistemas[144]. Também é importante enfatizar que cerca de 6 a 8% habitam áreas com risco alto ou muito alto de serem afetadas por riscos costeiros.

As mudanças climáticas regionais também afetarão a saúde e os meios de subsistência. O calor extremo está ligado a doenças cardiovasculares e respiratórias. O aumento do nível do mar, inclusive nas megacidades, ameaça a infraestrutura médica e os serviços essenciais[145]. O *stress* ambiental decorrente da mudança climática desconectará as pessoas de seus meios de subsistência e contribuirá para o aumento do número de pessoas deslocadas. Paul Angelo, diretor do *Perry Center for Hemispheric Security*, observa que,

140 E360 DIGEST. Climate Change is Making El Niños More Intense, Study Finds. **Yale Environment 360**, Oct. 23 2019. Disponível em: https://e360.yale.edu/digest/climate-change-is-making-el-ninos-more-intense-study-finds. Acesso em: 22 out. 2023.

141 HANCOCK, Lorin. Why are glaciers and sea ice melting? **World Wild Life**, s/d. Disponível em: https://www.worldwildlife.org/pages/why-are-glaciers-and-sea-ice-melting#:~:text=What%20are%20the%20effects%20of,storms%20like%20hurricanes%20and%20typhoons. Acesso em: 22 out. 2023.

142 UNFCCC. New Report Details Dire Climate Impacts in Latin America and the Caribbean. 22 July 2022. Disponível em: https://unfccc.int/news/new-report-details-dire-climate-impacts-in-latin-america-and-the-caribbean. Acesso em: 22 out. 2023.

143 United Nations Office for Disaster Risk Reduction – UNDRR. New report shows impacts of climate change and extreme weather in Latin America and Caribbean. **Prevention Web**, 18 Aug. 2021.

144 *Ibidem*.

145 U.S. DOD. **National security implications of climate-related risks and a changing climate**. Washington, DC: US DoD; 21 September 2016 NIC WP 2016-01.

na América Central, as culturas de subsistência estão, em grande parte, ameaçadas, o que leva a repetidas quebras de safra que levaram milhões de centro-americanos à pobreza[146].

5.3.1 Efeitos diretos

Os efeitos diretos das mudanças climáticas na infraestrutura militar, na prontidão das forças, nas operações militares e na estratégia de segurança e defesa também são claros, com fortes evidências na região da LAC[147]. As tropas salvadorenhas combateram incêndios florestais em Chalatenan; o exército chileno também está envolvido no combate a incêndios florestais de grandes proporções, criando brigadas especiais de combate a incêndios (*Brigadas de Refuerzo de Incendios Forestales del Ejército* – BRIFEs)[148].

As forças armadas regionais são encarregadas do fornecimento de água durante a seca e, como fez a Brigada de Forças Especiais nº 9 do Exército equatoriano, participam de missões humanitárias após as enchentes[149]. As forças armadas colombianas criaram uma nova brigada (*Brigada de Atención y Prevención de Desastres del Ejército Nacional* – BRIAD) composta por dois batalhões de 950 soldados encarregados de operações de assistência humanitária/alívio de desastres em face do agravamento de eventos climáticos extremos devido à mudança climática[150].

Não é de se surpreender que unidades com treinamento especial em Assistência Humanitária e Resposta a Desastres (HA/DR, sigla em inglês) tenham sido formadas em toda a América Latina. De fato, aumentar a capacidade das forças militares de ajudar as agências civis em crises complexas é um objetivo estratégico fundamental.

Logo, fica claro que lidar com os efeitos diretos das mudanças climáticas na defesa e na segurança não é barato. Como observou o diretor de sustentabilidade do Departamento de Defesa dos EUA (DoD), "a mudança

---

146 ANGELO, P. J. Climate Change and Regional Instability in Central America: Prospects for Internal Disorder, Human Mobility, and Interstate Tensions. **Council on Foreign Relations Discussion Paper**, September 2022.

147 IMCCS, 2020.

148 SÁNCHEZ, W. A. The 21st Century Latin American Military: Climate Change and the Future of HA/DR Operations. **William J Perry Center Regional Insights**, April 2022.

149 *Ibidem.*

150 SANCHEZ, A. Colombian Army establishes new brigade to help with humanitarian assistance operations. **JANES**, 7 December 2021. Disponível em: https://www.janes.com/defence-news/news-detail/colombian-army-establishes-new-brigade-to-help-with-humanitarian-assistance-operations. 07 December2021. Acesso em: 22 out. 2023.

climática está aumentando drasticamente a demanda por operações militares e, ao mesmo tempo, afetando nossa prontidão e nossa capacidade de atender a essas demandas, impondo custos insustentáveis ao departamento". Os EUA estão investindo na resiliência das instalações, na conservação de energia, na incorporação do risco climático em jogos e exercícios de guerra e na pesquisa de veículos táticos híbridos e aeronaves mais eficientes[151].

A própria Marinha dos EUA, em parceria com a *The Nature Conservancy* (TNC), propõe que a resiliência pode ser aprimorada nas bases costeiras por meio da consolidação da infraestrutura em terrenos mais altos e da implementação de soluções baseadas na natureza, como a restauração de áreas úmidas como proteção contra tempestades[152]. Essas parcerias transversais (discutidas mais adiante) são bastante promissoras na região da ALC.

5.3.2 Efeitos indiretos

Diferentemente do efeito observável do aumento do nível do mar nas instalações da base, os impactos das mudanças climáticas são mediados por estruturas econômicas e sociais. Embora esteja claro que o clima está de fato mudando nossas vidas e meios de subsistência, é complicado mapear objetivamente todas as conexões entre as mudanças climáticas e o ambiente de defesa e segurança.

As comunidades podem se adaptar aos choques climáticos, reduzir os riscos e os danos causados pelos desastres, mostrando como os choques climáticos aumentam o risco de tensão social e conflito. As estratégias para reduzir a exposição das comunidades vulneráveis e desenvolver a resiliência local podem diminuir as tensões dentro das localidades e além das fronteiras. Essas variáveis mediadoras — que podem se tornar intervenções políticas — condicionam se os choques climáticos levarão a conflitos.

Nesse contexto, foram feitos avanços importantes na especificação de caminhos indiretos que conectam as condições climáticas a um conjunto de resultados relacionados a conflitos[153]. Embora seja difícil atribuir a causalidade, tensões nos sistemas alimentares e nos espaços urbanos podem

[151] VERGUN, D. DOD Preparing for Climate Change Impacts, Official Says. U.S. **Department of Defense**, 15 June 2022. Disponível em: https://www.defense.gov/News/News-Stories/Article/Article/3064183/dod-preparing-for-climate-change-impacts-official-says/. Acesso em: 22 out. 2023.

[152] SUPPORTING Military Mission Resilience with Nature-based Solutions. **America's Navy**, 20 April 2023. Disponível em: www.navy.mil/Press-Office/News-Stories/Article/3368844/supporting-military-mission-resilience-with-nature-based-solutions/. Acesso em: 22 out. 2023.

[153] BRZOSKA, M. Weather Extremes, Disasters, and Collective Violence: Conditions, Mechanisms, and Disaster-Related Policies in Recent Research. **Current Climate Change Reports**, v. 4, n. 4, p. 320-329, 2018.

criar perturbações sociais. É provável que as regiões quentes apresentem taxas de mortalidade crescentes devido ao calor extremo e às doenças transmitidas por vetores.

O *Carnegie Endowment for International Peace* destaca as maneiras pelas quais as mudanças climáticas podem corroer os mecanismos de governança, reduzindo a capacidade e a legitimidade do Estado[154]. As crises na produção de alimentos, a escassez de água e a distribuição de energia desafiarão a capacidade dos governos de prestar serviços públicos básicos; consequentemente, um sentimento de injustiça pode abrir espaço para que atores não estatais violentos (VNSAs, sigla em inglês) exerçam o poder. A escassez de recursos, principalmente em contextos altamente desiguais em que a abundância se transforma em privação, pode contribuir para que as mudanças ambientais contribuam para o agravamento dos conflitos.

Se as metas de mudança climática do Acordo de Paris não forem cumpridas, o mundo poderá reduzir em até 10% o PIB global; essa contração levaria a diferentes tensões sociais dado que o ônus do ajuste será distribuído de forma desigual[155]. Fortemente influenciado pelo trabalho de Amartya Sen, o desenvolvimento como campo passou a se concentrar na segurança humana, uma abordagem que protege vidas humanas e meios de subsistência e aumenta a liberdade de escolher uma vida valorizada. A segurança humana, portanto, é inerentemente multidimensional[156].

Sweijs, De Haan e Van Manen[157] delinearam sete patologias que afligem o nexo mudança climática-conflito. Seu diagnóstico é útil para desvendar os vários caminhos pelos quais os choques à segurança humana podem se transformar em conflitos intercomunitários ou interestaduais. As mudanças climáticas exacerbam as compensações e reduzem a capacidade de atenderem às expectativas da sociedade quanto ao fornecimento de bens públicos e serviços sociais. Considerando as prioridades concorrentes, a capacidade de resposta limitará de forma crucial as respostas de adaptação, particularmente em países emergentes, como na região da ALC.

---

154 GORDON, N. How Climate Change Helps Violent Nonstate Actors. **Carnegie Endowment for International Peace**, 14 December 2022. Disponível em: https://carnegieendowment.org/2022/12/14/how-climate-change-helps-violent-nonstate-actors-pub-88637. Acesso em: 22 out. 2023.

155 THE NATIONAL INTELLIGENCE COUNCIL. **Global Trends 2040**. A More Contested World. March 2021. Disponível em: https://www.dni.gov/files/ODNI/documents/assessments/GlobalTrends_2040.pdf. Acesso em: 22 out. 2023.

156 Ver: https://www.iidh.ed.cr/multic/default_12.aspx?contenidoid=ea75e2b1-9265-4296-9d8c-3391de83fb42&Portal=IIDHSeguridadEN.

157 SWEIJS, T.; DE HAAN, M.; VAN MANEN, H. Unpacking the Climate Security Nexus: Seven Pathologies Linking Climate Change to Violent Conflict. **The Hague Center for Strategic Studies**, March 2022.

Sendo assim, diferentemente dos efeitos diretos sobre as capacidades de defesa militar, os efeitos indiretos das mudanças climáticas aumentam o risco de instabilidade, que, por sua vez, leva a conflitos. Choques semelhantes em diferentes localidades não terão os mesmos resultados, pois serão intermediados por capacidades locais de adaptação e mitigação moldadas por sistemas sociais e políticos.

5.4 O caso dos EUA[158]

Gliek[159] fornece um compêndio útil que documenta como a mudança climática influenciou o documento de estratégia dos EUA. Especificamente na área de defesa, o Departamento de Defesa dos EUA (DoD) destaca o efeito cumulativo, talvez sem precedentes, das mudanças climáticas sobre a estrutura das comunidades e os padrões de deslocamento global, sobrecarregando a infraestrutura e os recursos[160].

Leiberman[161] analisa as dimensões da mudança climática para a segurança nacional, observando que o trabalho sobre o tema começou na década de 1990 na *U.S. Army War College*, juntamente com vários grupos de reflexão. Ele chama a atenção para *The Worldwide Threat Assessment of the U.S. Intelligence Community*, que destaca as maneiras pelas quais as mudanças climáticas estão alimentando a competição por recursos, as tensões econômicas e a instabilidade social.

Portanto, as mudanças climáticas apresentarão ameaças significativas às missões militares dos EUA em todas as suas áreas geográficas de responsabilidade (AORs, sigla em inglês), bem como às instituições e à infraestrutura de segurança regional que são essenciais para manter a segurança global. Consequentemente, *2023 Annual Threat Assessment* (ATA) da *U.S. Intelligence Community* relaciona as mudanças climáticas ao aumento das tensões glo-

[158] Seção fortemente baseada no documento KAILEH, H.; SAYLER, K. M. Climate Change and Adaptation. **U. S. Department of Defense**. Congressional Research Service, July 12, 2022. Disponível em: https://www.defense.gov/News/News-Stories/Article/Article/3182522/dod-other-agencies-release-climate-adaptation-progress-reports/. Acesso em: 22 out. 2023.

[159] GLEICK, P. H. A History of U.S. Defense, Intelligence, and Security Assessments of Climate Change. **Gleick**, March 5, 2019. Disponível em: https://www.gleick.com/blog/a-history-of-u-s-defense-intelligence-and-security-assessments-of-climate. Acesso em: 22 out. 2023.

[160] U.S. DOD. **National security implications of climate-related risks and a changing climate**. Washington, DC: US DoD; 21 September 2016 NIC WP 2016-01, NIC WP 2016-01.

[161] LIEBERMAN, B. A brief introduction to climate change and national security. **Yale Climate Connections**, July 23, 2019. Disponível em: https://yaleclimateconnections.org/2019/07/a-brief-introduction-to-climate-change-and-national-security/. Acesso em: 22 out. 2023.

bais e aos conflitos por recursos escassos. Sugere-se que essa lacuna cada vez maior entre as necessidades e a assistência aumenta a probabilidade de instabilidade, atividades de agentes ilegais e migração[162].

Em particular, a mudança climática surge como uma categoria de preocupação para a segurança nacional na ATA de 2021. Naquele ano, o DoD lançou um Plano de Adaptação Climática, que se baseou no *DoD 2014 Climate Change Adaptation Roadmap*. Essa estratégia aborda em grande parte os efeitos diretos das mudanças climáticas nas instalações, capacidades e prontidão da defesa.

Na Califórnia, inundações repentinas causaram danos de US$ 65 milhões à infraestrutura da base em Fort Irwin. O degelo do permafrost no Alasca afetou os locais de radar para aviso prévio e comunicação. O Norfolk Naval Shipyard, na Virgínia, está lutando contra o aumento das inundações devido à elevação do nível do mar, e o furacão Michael devastou a base da Força Aérea de Tyndall, na Flórida.

O prognóstico é sombrio, dado que a *National Oceanic and Atmospheric Administration* (NOAA) previu um aumento de um pé no nível do mar até 2050, o que afetará as bases militares e a infraestrutura essencial[163]. A rede elétrica está em risco como infraestrutura essencial, não apenas para as capacidades de defesa, mas também para os órgãos governamentais em geral.

Dessa forma, as mudanças climáticas não podem ser ignoradas, pois seus efeitos destrutivos aparecem concretamente nos orçamentos das agências[164]. Logo, os efeitos diretos da mudança climática já são claramente visíveis para os militares dos EUA.

Como fica claro no caso dos EUA, o DoD já divulgou uma série de documentos que descrevem o seu planejamento para se adaptar à mudança climática e enfrentá-la, incluindo o *DoD Climate Risk Analysis*[165] e o *DoD Climate Adaptation Plan*[166], ambos de 2021. O Congresso pode conduzir a supervisão

162 INTEL.GOV. Annual Threat Assessment of the U.S. Intelligence Community. Disponível em: https://www.intelligence.gov/annual-threat-assessment. Acesso em: 22 out. 2023.

163 NATIONAL OCEANIC AND ATMOSPHERIC ADMINISTRATION – NOAA. **2022 Sea Level Rise Technical Report**. Disponível em: https://oceanservice.noaa.gov/hazards/sealevelrise/sealevelrise-tech-report.html. Acesso em: 22 out. 2023.

164 United States Government Accountability Office, CLIMATE CHANGE RISKS TO NATIONAL SECURITY GAO-22-105830 National Security, September 2022.

165 U.S.A. Department of Defense. **Department of Defense Climate Risk Analysis**. Office of the Undersecretary for Policy (Strategy, Plans, and Capabilities), 2021a.

166 U.S.A. Department of Defense. **Department of Defense Draft Climate Adaptation Plan**. Office of the Undersecretary of Defense (Acquisition and Sustainment), 2021b.

da implementação desses planos. O Congresso, por sua vez, poderia considerar examinar possíveis riscos climáticos e avaliar possíveis implicações para a segurança global, prontidão militar e infraestrutura, e estrutura das forças do DoD quando considerando autorização, apropriações e outras legislações.

A *DoD Directive* (DoDD) 4715.21, "Adaptação à mudança climática e resiliência", entrou em vigor em 2016 e delineia a política, os papéis e as responsabilidades do departamento relacionadas à mudança climática. A diretriz define mudança climática como variações nas condições climáticas médias que persistem durante várias décadas ou mais, que abrangem aumentos e diminuições de temperatura, mudanças na precipitação e riscos de mudança de certos tipos de eventos climáticos severos. Além disso, define adaptação climática como um "ajuste em sistemas naturais ou humanos, em antecipação ou resposta a um ambiente em mudança, de uma forma que efetivamente usa oportunidades benéficas ou reduz as negativas esforços".

O Plano de Adaptação Climática do DoD se baseia em políticas anteriores relacionadas à mudança climática do DoD e delineia cinco linhas de esforço (LOE, sigla em inglês):

1. Tomada de decisão com base em avaliações climáticas;
2. Treinamento e equipamento capazes de operar em condições climáticas extremas;
3. Infraestrutura de apoio às operações militares em condições variáveis;
4. Resiliência da cadeia de suprimentos e inovação em condições austeras locais; e
5. Melhoraria da adaptação e da resiliência através de colaboração com outros órgãos federais, Congresso, aliados e parceiros dos EUA, e outras partes interessadas.

O relatório de Análise de Risco Climático do DoD afirma que essas variações podem produzir riscos climáticos, tais como recuo/redução do mar ou gelo glacial, elevação do nível do mar, inundações, secas, calor extremo, incêndios florestais e ciclones tropicais, tendo cada um desses perigos implicações para a segurança internacional. Além disso, o relatório observa ainda que à medida que a frequência e a intensidade dos riscos [climáticos] aumentam, podem afetar as exigências e a funcionalidade das operações militares e aumentar o número e a gravidade das crises humanitárias, ameaçando, às vezes, a estabilidade e a segurança.

O DoD tem procurado aumentar a prontidão militar e pode propor mudanças no equipamento militar ou na estrutura das forças em antecipação ao aumento das operações devido às mudanças climáticas. Por exemplo, eventos climáticos extremos poderiam aumentar a demanda por assistência humanitária e resposta a desastres, enquanto a retirada do gelo glacial poderia levar a um aumento da concorrência regional no Ártico, com um aumento de demanda por equipamentos militares especializados.

Cabe mencionar, inclusive, que as mudanças climáticas têm ampliado as implicações sobre os custos de operação das forças armadas americanas, instalações e de equipamentos associados. O DoD mantém mais de 5.000 instalações militares em todo o mundo. Destas, mais de 1.700 estão em áreas costeiras e já foram ou podem ser afetadas pela elevação do nível do mar ou por eventos climáticos extremos. Em 2018, por exemplo, o furacão Michael causou uma estimativa de US$ 4,7 bilhões em danos à Base da Força Aérea de Tyndall na Flórida, enquanto o furacão Florence causou cerca de US$ 3,6 bilhões em prejuízos para o Campo Base do Corpo de Fuzileiros Navais da Carolina do Norte, Camp Lejeune. Em 2021, tempestades de inverno danificaram 694 instalações em quatro instalações militares no Texas (Fort Hood), Oklahoma (Fort Sill), Kansas (Fort Riley) e Louisiana (Fort Polk).

O Quadro 5.1 consolida uma lista de recursos sobre o nexo da mudança climática e da segurança por parte da área de Defesa do Governo dos EUA. Como fica claro, o número de recursos aumenta significativamente na segunda década do século XXI, com destaque para 2014, 2016, 2019 e 2021.

Quadro 5.1 – Lista de recursos sobre o nexo defesa - clima nos EUA (1990-2022)

Ano	**Recurso**	**Instituição**
1990	*Global Climate Change Implications for the United States*	*U.S. Navy War College*
2003	*An Abrupt Climate Change Scenario and Its Implications for United States National Security*	*DoD Office of Net Assessment*
	Weather Operations in the Transformation Era.	*John M. Lanicci, Air University Press*
	Global Warming Could Have a Chilling Effect on the Military	*National Defense University*
	An Abrupt Climate Change Scenario and Its Implications for United States National Security	*DoD Office of Net Assessment*

Ano	Recurso	Instituição
2007	*National Security and the Threat of Climate Change*	*CNA Military Advisory Board*
	A Cooperative Strategy for 21st Century Sea Power	*Department of the Navy, the Marine Corps and the Coast Guard*
	The Joint Operating Environment (JOE), Trends and Challenges for the Future Joint Force Through 2030	*U.S. Joint Forces Command*
2008	*The Joint Operating Environment, Trends and Challenges for the Future Joint Force Through 2030*	*U.S. Joint Forces Command*
	National Defense Strategy	*Department of Defense*
2009	*Creation of the US Navy Task Force Climate Change*	*Chief of Naval Operations*
	Two Degrees of Separation: Abrupt Climate Change and the Adverse Impact to US National Security	*Air Command and Staff College*
	Climate Change Effects: Issues for International and US National Security	*Institute for Defense Analyses, Christine Youngblut*
	Taking Up the Security Challenge of Climate Change	*U.S. Army War College*
	U.S. Navy Arctic Roadmap	*U.S. Department of the Navy*
	U.S. Navy Arctic Roadmap	*U.S. Department of Defense*
2010	*U.S. Navy Climate Change Road Map*	*Department of the Navy*
	Strategic Sustainability and Performance Plan FY2010	*U.S. Department of Defense*
	Climate Change Impacts and AFRICOM: A Briefing Note	*Institute for Defense Analyses, Christine Youngblut*
	The Joint Operating Environment (JOE), Ready for Today, Preparing for Tomorrow	*U.S. Joint Forces Command*
	Quadrennial Defense Review Report	*U.S. Department of Defense*
2011	*OMB Scorecard on Energy/ Water*	*Department of Defense*
	National Security Implications of Climate Change for U.S. Naval Forces	*Naval Studies Board, Division on Engineering and Physical Sciences*
	The National Military Strategy of the United States of America	*Redefining America's Military Leadership: Chairman of the Joint Chiefs of Staff*

Ano	Recurso	Instituição
2011	*Defense Science Board Task Force Report: Trends and Implications of Climate Change for National and International Security*	*U.S. Department of Defense*
	Incorporating Sea Level Change Considerations in Civil Works Programs	*U.S. Army Corps of Engineers*
	Department of Defense Strategic Sustainability Performance Plan FY2011	*U.S. Department of Defense*
	DoDI 4715.03, Natural Resources Conservation Program	*U.S. Department of Defense*
2011-2012	*Key Strategic Issues List*	*U.S. Army War College*
2012	*OMB Scorecard on Sustainability/ Energy*	*U.S. Department of Defense*
	Department of Defense Strategic Sustainability and Performance Plan FY2012	*U.S. Department of Defense*
	Department of Defense FY 2012 Climate Change Adaptation Roadmap	*U.S. Department of Defense*
2013	*OMB Scorecard on Sustainability/ Energy*	*U.S. Department of Defense*
	Department of Defense Strategic Sustainability Performance Plan FY2013	*U.S. Department of Defense*
	Arctic Strategy	*U.S. Department of Defense*
	Addendum to the FY2012 Climate Change Adaptation Roadmap	*U.S. Department of Defense*
	Assessing Impacts of Climate Change on Coastal Military Installations: Policy Implications	*SERDP, Department of Defense*
	U.S. Coast Guard Arctic Strategy	*U.S. Coast Guard*
	DoDM 4715.03, Integrated Natural Resources Management Plan (INRMP) Implementation Manual	*U.S. Department of Defense*
2014	*Shoreline Evolution and Coastal Resiliency at Two Military Installations: Investigating the Potential for the Loss of Protecting Barriers*	*SERDP: DOD, EPA, DOE*
	OMB Scorecard on Sustainability/ Energy	*Department of Defense*
	US Navy Arctic Roadmap 2014-2030	*U.S. Department of the Navy*
	Quadrennial Defense Review	*Department of Defense*

Ano	Recurso	Instituição
2014	*USCENTCOM, Climate Change Assessment*	*QDR, Department of Defense*
	National Security and the Accelerating Risks of Climate Change	*CNA Corporation*
	Climate Change Adaptation Roadmap	*U.S. Department of Defense*
	Fire Science Strategy: Resource Conservation and Climate Change, SERDP/ESTCP	*U.S. Department of Defense*
	Department of Defense Strategic Sustainability Performance Plan FY2014	*U.S. Department of Defense*
	Environmental and Energy Issues for the Military: Environmental and Energy Security for the Americas	*U.S. Southern Command*
2015	*Department of Defense Annual Energy Management Report FY 2014*	*U.S. Department of Defense*
	A Cooperative Strategy for 21st Century Seapower	*U.S. Department of the Navy/ United States Marine Corps, U.S. Coast Guard*
	Department of Defense Strategic Sustainability Performance Plan FY2015	*U.S. Department of Defense*
	National Security Implications of Climate-Related Risks and a Changing Climate [Report to Congress on Geographic Combatant Command responses to climate risks]	*U.S. Department of Defense*
	DoD Instruction 3200.21 "Sustaining Access to the Live Training Domain"	*U.S. Department of Defense*
	El Nino: Potential Asia Pacific Impacts	*U.S. Pacific Command*
2016	*OMB Scorecard on Sustainability/Energy*	*U.S. Department of Defense*
	Regional Sea Level Scenarios for Coastal Risk Management: Managing the Uncertainty of Future Sea Level Change and Extreme Water Levels for Department of Defense Coastal Sites Worldwide	*U.S. Department of Defense*
	Department of Defense Strategic Sustainability Performance Plan FY2016	*U.S. Department of Defense*
	Joint Publication 1-02: Department of Defense Dictionary of Military and Associated Terms	*U.S. Department of Defense*

Ano	Recurso	Instituição
2016	*DoD Directive 4715.21: Climate Change Adaptation and Resilience*	*U.S. Department of Defense*
	Special Issue: Climate Change and Policy	*Marine Corps University Journal*
	Report to the President and the Congress of the United States	*National Commission on the Future of the Army*
	Report to Congress on Strategy to Protect the United States National Security Interests in the Arctic Region	*U.S. Department of Defense*
2017	*Draft Integrated City of Norfolk Coastal Storm Risk Management Feasibility Study*	*U.S. Army Corps of Engineers and the City of Norfolk, VA*
	Climate Change Adaptation: DOD Needs to Better Incorporate Adaptation into Planning and Collaboration at Overseas Installations	*GAO-18-206*
	NAVFAC Installation Adaptation & Resilience Climate Change Planning Handbook	
	2018 National Defense Authorization Act	
2018	*Climate-Related Risk to DoD Infrastructure Initial Vulnerability Assessment Survey (SLVAS) Report*	*Office of the Under Secretary of Defense for Acquisition, Technology, and Logistics, U.S. Department of Defense*
	The Impact of Sea-Level Rise and Climate Change on Department of Defense Installations on Atolls in the Pacific Ocean (RC-2334)	*Report to the U.S. Department of Defense Strategic Environmental Research and Development Program, Published Feb 2018*
	John S. McCain National Defense Authorization Act for Fiscal Year 2019	
	DoD Directive 4715.21: Climate Change Adaptation and Resilience (Change 1)	*U.S. Department of Defense*
2019	*Report on Effects of a Changing Climate to the Department of Defense*	*Office of the Under Secretary of Defense for Acquisition*
	U.S. Navy: Strategic Outlook for the Arctic	*Chief of Naval Operations*
	United States Department of the Navy Fiscal Year (FY) 2020 Budget Estimates, Military Construction Active Force (MCON) and Family Housing	*U.S. Department of the Navy*

Ano	Recurso	Instituição
2019	*Updated Military Installation Rankings for Climate Vulnerability*	*Office of the Undersecretary of Defense.*
	U.S. Coast Guard: Arctic Strategic Outlook	*Commandant of the United States Coast Guard*
	The Department of Defense Indo-Pacific Strategy Report: Preparedness, Partnerships and Promoting a Networked Region	*U.S. Department of Defense*
	Department of Defense Arctic Strategy	*U.S. Department of Defense*
	Climate Resilience: DOD Needs to Assess Risk and Provide Guidance on Use of Climate Projections in Installation Master Plans and Facilities Designs	*GAO-19-453*
	U.S. Navy and Marine Corps' Top 10 Military Installations Most Vulnerable to Climate-Related Events as required by FY18 National Defense Authorization Act	*U.S. Navy and Marine Corps to Senate Armed Services Committee*
	U.S. Army's Top 10 Military Installations Most Vulnerable to Climate-Related Events as required by FY18 National Defense Authorization Act	*U.S. Army to Senate Armed Services Committee*
	U.S. Air Force's Top 10 Military Installations Most Vulnerable to Climate-Related Events as required by FY18 National Defense Authorization Act	*U.S. Air Force to Senate Armed Services Committee*
	Senate Armed Services Committee Advance Policy Questions for GEN Mark A. Milley, U.S. Army Nominee for Appointment to be Chairman of the Joint Chiefs of Staff	*Senate Armed Services Committee*
	Advance Policy Questions for Dr. Mark T. Esper, Nominee for Appointment to be Secretary of Defense	*Senate Armed Services Committee*
	Implications of Climate Change for the U.S. Army	*U.S. Army War College*
	Climate Adaptation for DoD Natural Resource Managers	*Office of the Assistant Secretary of Defense (Sustainment)*
	Strategic Environmental Research and Development Program (SERDP)	*U.S. Department of Defense*
	United States Army Training and Doctrine Command	
	National Defense Authorization Act for Fiscal Year 2020	*U.S. Congress*

Ano	Recurso	Instituição
2020	*Climate Change and the National Defense Authorization Act (FY18-FY20)*	*The Center for Climate and Security*
	Army Climate Resilience Handbook,	*U.S. Army Corps of Engineers*
	Fiscal Year 2021: Top DoD Management Challenges	*Inspector General, U.S. Department of Defense*
2021	*DoD Installation Exposure to Climate Change at Home and Abroad*	*U.S. Department of Defense*
	Secretary Austin Remarks at Climate Change Summit	*U.S. Department of Defense*
	DoD Climate Assessment Tool	*U.S. Department of Defense*
	DOD Installation Exposure to Climate Change at Home and Abroad	*U.S. Department of Defense*
	Tackling the Climate Crisis (website page)	*U.S. Department of Defense*
	U.S Army: Addressing Climate Change Threats	*U.S. Department of the Army*
	DoD Exercise Highlights Need to Address Climate Change, Its Impacts	*U.S. Department of Defense*
	Department of Defense Climate Adaptation Plan	*U.S. Department of Defense*
	Department of Defense Climate Risk Analysis	*U.S. Department of Defense*
	Highlights and Examples – Department of Defense Climate Adaptation Plan	*U.S. Department of Defense*
2022	*U.S. Army Climate Strategy. Department of the Army*	*Office of the Assistant Secretary of the Army for Installations, Energy and Environment*
	Meeting the Climate Challenge	*Department of Defense Budget Fiscal Year (FY) 2023. Office of the Undersecretary of Defense (Comptroller)*
	Climate Action 2030	*Department of the Navy*
	U.S. Army Climate Strategy	*Department of the Army*
	Army Climate Strategy Implementation Plan FY2023-2027	*Department of the Army*
	Dept. of Defense Climate Adaptation Plan Progress Report	*U.S. Department of Defense*
	U.S. Department of the Air Force Climate Action Plan	*Department of the Air Force*

Fonte: elaboração própria com base em *The Center for Climate & Security*

No país, os departamentos e serviços militares estão tomando medidas ousadas para acelerar a adaptação ao clima e estão alinhando seus esforços com os planos de adaptação climática (PACs, sigla em inglês) da força[167]. Cada força publicou um plano ou estratégia para operacionalizar a adaptação e mitigação do clima, com ações para aumentar a prontidão, a resiliência e a capacidade da força. Recentemente, o *U.S. Army* publicou o "Climate Strategy" (fevereiro de 2022)[168], o *Department of the Navy* publicou o "Climate Action 2030" (maio de 2022)[169] e o *Department of Air Force* publicou o "Climate Action Plan" (outubro de 2022)[170].

5.5 Conclusões

Apesar das evidências claras que apontam para as tensões decorrentes dos choques climáticos, os governos têm demorado a reagir. Há vários aspectos no nexo entre mudança climática e segurança que o tornam um problema social particularmente desafiador. Embora os desastres naturais sejam vistos por muitos como sinais claros de alerta, grande parte das mudanças climáticas é caracterizada por efeitos de início lento (*slow-onset effects*)[171]. Entretanto a capacidade de intervenção do Estado é sobrecarregada por muitos outros problemas sociais urgentes.

Lidar com as mudanças climáticas – e minimizar o risco à segurança – é um desafio. Para tal, os problemas de ação coletiva exigem três tipos de soluções: regulamentação governamental, propriedade privada e auto-organização da comunidade. Como a mudança climática é entendida como um bem público global, as soluções são complicadas, pois um governo não pode regulamentar políticas que ultrapassem as fronteiras de outra nação, mas as externalidades de uma localidade podem claramente afetar outra. Isso evidencia a necessidade de uma governança sólida, políticas robustas e abordagens regionais e não limitadas às fronteiras nacionais.

167 U.S.A. Department of Defense. Other Agencies Release Climate Adaptation Progress Reports. Oct. 6, 2022c.

168 U.S.A. Department of the Army. **United States Army Climate Strategy**. Washington, D.C.: Office of the Assistant Secretary of the Army for Installations, Energy and Environment, February 2022a.

169 U.S.A. Department of the Navy. **Department of the Navy Climate Action 2030**. Washington, D.C.: Office of the Assistant Secretary of the Navy for Energy, Installations, and Environment, May 2022b.

170 U.S.A. Department of the Air Force. **Department of the Air Force Climate Action Plan**. Washington, D.C.: Office of the Assistant Secretary for Energy, Installations, and Environment, October 2022d.

171 OFFICE OF THE UNITED NATIONS HIGH COMMISIONER FOR HUMAN RIGHTS – OHCHR. The Slow Onset Effects of Climate Change and Human Rights Protection for Cross- Border Migrants. **Platform on Disaster Displacement**, March 22, 2018.

Talvez seja difícil para todos enxergar o desafio climático. Como os novos choques climáticos extremos não têm nenhum evento anterior, torna-se difícil avaliar todas as dimensões do problema. As pessoas e os governos, na prática, são desafiados a visualizar possíveis futuros desconhecidos para os quais não há precedentes históricos disponíveis.

Quando se trata de implementação de políticas, como as comunidades, nações e regiões podem se adaptar às mudanças climáticas para reduzir o risco de conflitos? Uma avaliação clara e baseada nas particularidades do país (ou da região) sobre o nexo entre o clima e os desafios à defesa e à segurança seria um bom ponto de partida.

É improvável que o mercado, por si só, resolva os desafios. As comunidades podem ser uma fonte, mas, individualmente, elas não têm recursos ou escala para fazer mudanças significativas antes que a janela de oportunidade para evitar a catástrofe climática se feche. A chave para um caminho de redução de conflitos é imaginar novas formas de parceria em nível nacional e regional e entre várias instituições, envolvendo vários níveis da sociedade civil, bem como os departamentos de defesa. Os casos mencionados na ALC e nos EUA, em particular, evidenciam essa necessidade.

Dado o legado do controle militar na ALC, há sensibilidade e resistência em circunscrever o papel dos militares em determinadas arenas domésticas. Apesar disso, como visto, os militares agora estão regularmente envolvidos em ajuda humanitária e em desastres. Fica claro, assim, que mudanças institucionais e a própria promoção de novas formas de parceria tornam-se obrigatórias. A eliminação de barreiras orçamentárias e o pensamento inovador intersetorial podem dar maior escala a esses esforços.

Pesquisas futuras podem explorar o crescente acesso a dados de micronível de diversas fontes, como imagens de satélites e drones, mídias sociais e pesquisas populacionais. Essas fontes de dados lançam luz sobre diversos fatores, desde diferenças em escala única na produtividade agrícola até o movimento e as interações das pessoas e os níveis de confiança no governo. Diferentes métodos podem ser aplicados a esses conjuntos de dados. *Machine learning* e outros métodos de ciência de dados que acomodam de forma flexível dados complexos e condicionais podem ser igualmente úteis na elaboração de estratégias conjuntas com fins de defesa e segurança para endereçar o crescente desafio imposto pela mudança climática[172].

---

[172] MACH, K. J. *et al.* Directions for Research on Climate and Conflict. **Earths Future**, v. 8, n. 7, 2020.

Conceitos

Mudanças climáticas: de acordo com o glossário de termos do IPCC, corresponde a uma mudança no estado do clima que pode ser identificada (por exemplo, por meio de testes estatísticos) por mudanças na média e/ou na variabilidade de suas propriedades e que persiste por um período prolongado, normalmente décadas ou mais. A mudança climática pode ser devida a processos internos naturais ou forçantes externas, ou a mudanças antropogênicas persistentes na composição da atmosfera ou no uso da terra[173].

Desastres naturais: para o *Planetary Health Alliance*, são eventos extremos e repentinos causados por fatores ambientais, como tempestades, inundações, secas, incêndios e ondas de calor. Atualmente, pode-se afirmar que os desastres naturais estão ocorrendo com gravidade, escopo e impacto cada vez maiores. Globalmente, duas vezes mais pessoas foram afetadas por desastres naturais na década de 1990 do que na década de 1980, e as perdas econômicas anuais globais decorrentes de eventos extremos aumentaram 10 vezes nas últimas quatro décadas[174].

Segurança internacional: segundo o Dicionário de Segurança e Defesa[175], segurança internacional é um conceito e uma prática que buscam assegurar a Estados e indivíduos a ausência de ameaças existenciais. Por essa razão, a noção de "ameaça existencial" é central ao conceito de segurança internacional. Ao falarmos de segurança internacional, o ator ou objeto referente, que tem sua sobrevivência ameaçada, é, normalmente, representado por um Estado e seus atributos (território, população e instituições), porém as unidades ameaçadas podem ser mais abrangentes (indivíduos, grupos sociais e nações). Também por sua natureza social e inter-relacional, as ameaças existenciais para a segurança internacional podem ser objetivas ou subjetivas (ou mesmo, intersubjetivas).

Infraestrutura crítica: para a *Cybersecurity & Infrastructure Security Agency*[176] (EUA), são ativos, sistemas e redes que fornecem as funções necessárias ao nosso modo de vida. Dependendo do contexto, do país ou da região, há diversos setores assumidos como infraestrutura crítica, que fazem parte

173 Ver: https://archive.ipcc.ch/publications_and_data/ar4/wg1/en/ch9s9-1.html

174 Ver: https://www.planetaryhealthalliance.org/natural-disasters

175 SAINT- PIERRE, H. L.; VITELLI, M. G. (org.). **Dicionário de Segurança e Defesa**. São Paulo: Editora Unesp Digital, 2018.

176 Ver: https://www.cisa.gov/topics/critical-infrastructure-security-and-resilience

de um ecossistema complexo e interconectado. Qualquer ameaça a esses setores pode ter consequências potencialmente debilitantes para a segurança nacional, a economia, a saúde ou a segurança pública.

América Latina e Caribe: nas palavras da UN OCHA[177], é a segunda região mais propensa a desastres do mundo. A ameaça persistente e o impacto cíclico dos desastres naturais são paralelos à pobreza estrutural e à desigualdade, à violência endêmica, às economias em dificuldades e às capacidades limitadas de resposta do governo.

Questões

Q.5.1. Por que é fundamental considerar as mudanças climáticas como uma variável-chave no estudo da segurança internacional e da defesa?

Q.5.2. Qual a mudança importante ocorrida no início dos anos 1990 sobre a agenda da segurança (internacional)?

Q.5.3. Por que a região da América Latina merece ser analisada na sua particularidade no que se refere à interface entre segurança, defesa e mudanças climáticas?

REFERÊNCIAS

ABDENUR, A. E.; RÜTTINGER, L. **Climate-fragility Risk Brief**: Latin America and the Caribbean. Berlin: CSEN, 2020.

ANGELO, P. J. Climate Change and Regional Instability in Central America: Prospects for Internal Disorder, Human Mobility, and Interstate Tensions. **Council on Foreign Relations Discussion Paper**, September 2022.

BÁRCENA, A.; SAMANIEGO, J.; PERES, W. W.; ALATORRE, J. E. **La emergencia del cambio climático en América Latina y el Caribe**: ¿Seguimos esperando la catástrofe o pasamos a la acción? Santiago: Naciones Unidas, 2020.

BARNETT, J. Environmental Security. *In*: KITCHIN, R.; THRIFT, N. (org.). **The International Encyclopedia of Human Geography**. Amsterdam: Elsevier, 2009. p. 553-557.

BOENO, R. K. S. **A militarização dos desastres**: a securitização das alterações climáticas e o pensamento das Forças Armadas ibero-americanas. 2018. Tese

[177] Ver: https://www.unocha.org/latin-america-and-caribbean.

(Doutorado em Alterações Climáticas e Políticas de Desenvolvimento Sustentável, especialidade Ciências do Ambiente) – Instituto de Ciências Sociais, Universidade de Lisboa, Lisboa, 2018.

BRZOSKA, M. Weather Extremes, Disasters, and Collective Violence: Conditions, Mechanisms, and Disaster-Related Policies in Recent Research. **Current Climate Change Reports**, v. 4, n. 4, p. 320-329, 2018.

CASTRO, C. P. Interligando pobreza e meio ambiente: abordagens comunitárias participativas, jogos de informação imperfeita e a Convenção sobre Diversidade Biológica. **Meridiano 47**, v. 18, 2017.

CHANDLER, D. Security through societal resilience: Contemporary challenges in the Anthropocene. **Contemporary Security Policy**, v. 41, p. 195-214, 2019.

E360 DIGEST. Climate Change is Making El Niños More Intense, Study Finds. **Yale Environment 360**, Oct. 23, 2019. Disponível em: https://e360.yale.edu/digest/climate-change-is-making-el-ninos-more-intense-study-finds. Acesso em: 22 out. 2023.

FLOYD, R. **Security and the Environment**: Securitization Theory and US Environmental Security Policy. Cambridge, UK: Cambridge University Press, 2010.

GLEICK, P. H. A History of U.S. Defense, Intelligence, and Security Assessments of Climate Change. **Gleick**, March 5, 2019.

GORDON, N. How Climate Change Helps Violent Nonstate Actors. **Carnegie Endowment for International Peace**, 14 Dec. 2022.

GUNTER JR., M. M. Climate Change and National Security: A Country-Level Analysis. Edited by Daniel Moran. **Review of Policy Research**, v. 29, n. 4, p. 579-584, 2012.

HAGMANN, J. Beyond Exceptionalism? New Security Conceptions in Contemporary Switzerland. **Contemporary Security Policy**, v. 31, n. 2, p. 249-272, 2010.

HANCOCK, Lorin. Why are glaciers and sea ice melting? **World Wild Life**, s/d. Disponível em: https://www.worldwildlife.org/pages/why-are-glaciers-and-sea-ice-melting#:~:text=What%20are%20the%20effects%20of,storms%20like%20hurricanes%20and%20typhoons. Acesso em: 22 out. 2023.

HILL, A. C.; MARTINEZ-DIAZ, L. **Building a Resilient Tomorrow**: How to Prepare for the Coming Climate Disruption. Oxford University Press, 2020.

INTEL.GOV. Annual Threat Assessment of the U.S. Intelligence Community. Disponível em: https://www.intelligence.gov/annual-threat-assessment. Acesso em: 22 out. 2023.

INTERNATIONAL MILITARY COUNCIL ON CLIMATE AND SECURITY – IMCCS. **The World Climate and Security Report 2020**. Disponível em: https://imccs.org/report2020/. Acesso em: 22 out. 2023.

INTERNATIONAL MILITARY COUNCIL ON CLIMATE AND SECURITY – IMCCS. **The World Climate and Security Report 2021**. Disponível em: https://imccs.org/wp-content/uploads/2021/06/World-Climate-and-Security-Report-2021.pdf. Acesso em: 22 out. 2023.

KAILEH, H.; SAYLER, K. M. Climate Change and Adaptation. U. S. Department of Defense. **Congressional Research Service**, July 12, 2022.

LIEBERMAN, B. A brief introduction to climate change and national security. **Yale Climate Connections**, July 23, 2019.

MACH, K. J. *et al.* Directions for Research on Climate and Conflict. **Earths Future**, v. 8, n. 7, 2020.

MORAN, D. (ed.). **Climate Change and National Security**: A Country Level Analysis. Washington, D.C.: Georgetown University Press, 2011.

NATIONAL OCEANIC AND ATMOSPHERIC ADMINISTRATION – NOAA. **2022 Sea Level Rise Technical Report**. Disponível em: https://oceanservice.noaa.gov/hazards/sealevelrise/sealevelrise-tech-report.html. Acesso em: 22 out. 2023.

NEWMAN, E. Failed States and International Order: Constructing a Post-Westphalian World. **Contemporary Security Policy**, v. 30, n. 3, p. 421-443, 2009.

OFFICE OF THE UNITED NATIONS HIGH COMMISIONER FOR HUMAN RIGHTS – OHCHR. The Slow Onset Effects of Climate Change and Human Rights Protection for Cross- Border Migrants. **Platform on Disaster Displacement**, March 22, 2018.

PASKAL, C. **Global Warring**: How Environmental, Economic, and Political Crises Will Redraw the World Map. New York: Palgrave Macmillan, 2010.

SANCHEZ, A. Colombian Army establishes new brigade to help with humanitarian assistance operations. **JANES**, 7 December, 2021.

SÁNCHEZ, W. A. The 21st Century Latin American Military: Climate Change and the Future of HA/DR Operations. **William J Perry Center Regional Insights**, April 2022.

SANTOS, T.; MARTINS, C. C. B.; SCHNEIDER, G.; HOCHWART, B.; TRIANI, B. On the Intersection of International Security, Defense, and Climate Change in Latin America and the Caribbean. **Brazilian Journal of International Relations**, v. 11, p. 282-308, 2023.

SCHILLING, J.; SAULICH, C.; ENGWICHT, N. A local to global perspective on resource governance and conflict. **Conflict, Security & Development**, v. 18, n. 6 p. 433-461, 2018.

SENHORAS, E. M.; OLIVEIRA, M. N. Marcos evolutivos da política à economia nas negociações internacionais ambientais. **Meridiano 47**, v. 12, n. 123, p. 40-47, 2011.

SINNOTT, E.; NASH, J.; DE LA TORRE, A. **Natural Resources in Latin America and the Caribbean**: Beyond Booms and Busts? Washington, D.C.: World Bank Latin American and Caribbean Studies, 2010.

STUDER, I. Latin America's Natural Resources and Climate Change. **The Nature Conservancy**, August 18, 2019.

SUPPORTING Military Mission Resilience with Nature-based Solutions. **America's Navy**, 20 April 2023.

SWEIJS, T.; DE HAAN, M.; VAN MANEN, H. Unpacking the Climate Security Nexus: Seven Pathologies Linking Climate Change to Violent Conflict. **The Hague Center for Strategic Studies**, March 2022.

THE NATIONAL INTELLIGENCE COUNCIL. **Global Trends 2040**. A More Contested World. March 2021.

UNFCCC. **New Report Details Dire Climate Impacts in Latin America and the Caribbean**. 22 July, 2022.

U.S. DOD. National security implications of climate-related risks and a changing climate. Washington, DC: US DoD; 21 September 2016 NIC WP 2016-01.

UNITED NATIONS OFFICE FOR DISASTER RISK REDUCTION – UNDRR. New report shows impacts of climate change and extreme weather in Latin America and Caribbean. **Prevention Web**, 18 Aug., 2021.

UNITED STATES GOVERNMENT ACCOUNTABILITY OFFICE. **Climate change risks to national security** GAO-22-105830 National Security, September 2022.

U.S.A. Department of Defense. Department of Defense Climate Risk Analysis. Office of the Undersecretary for Policy (Strategy, Plans, and Capabilities), 2021a.

U.S.A. Department of Defense. Department of Defense Draft Climate Adaptation Plan. Office of the Undersecretary of Defense (Acquisition and Sustainment), 2021b.

U.S.A. Department of the Army. United States Army Climate Strategy. Washington, D.C.: Office of the Assistant Secretary of the Army for Installations, Energy and Environment, February 2022a.

U.S.A. Department of the Navy. Department of the Navy Climate Action 2030. Washington, D.C.: Office of the Assistant Secretary of the Navy for Energy, Installations, and Environment, May 2022b.

U.S.A. Department of Defense. Other Agencies Release Climate Adaptation Progress Reports. Oct. 6, 2022c.

U.S.A. Department of the Air Force. Department of the Air Force Climate Action Plan. Washington, D.C.: Office of the Assistant Secretary for Energy, Installations, and Environment, October 2022d.

VERGUN, David. DOD Preparing for Climate Change Impacts, Official Says. U.S. **Department of Defense**, 15 June, 2022.

WORLD BANK – WB. **Machine learning for disaster risk management**: A guidance note on how machine learning can be used for disaster risk management, including key definitions, case studies, and practical considerations for implementation. Washington, D.C.: World Bank, 2018.

6

ANÁLISE DOS RECURSOS DAS FORÇAS ARMADAS E DO MINISTÉRIO DE DEFESA

Patrícia de Oliveira Matos (UNIFA)

"Segundo o sistema de liberdade natural, o soberano tem apenas três deveres a cumprir: três deveres de grande importância, na verdade, mas simples e perceptíveis para o senso comum: em primeiro lugar, o dever de proteger a sociedade da violência e das invasões de outras sociedades independentes".
(Adam Smith, 1776, A Riqueza das Nações)

6.1 Introdução

A responsabilidade dos Estados em prover defesa e segurança para seu território e suas populações é tão antiga quanto o próprio sistema interestatal. De mercantilistas a autores clássicos, a defesa contra agressores externos é considerada um dos principais, ou mesmo o mais elementar dever dos soberanos: um bem público perfeito, na acepção teórica das finanças públicas. E como bem público, sua provisão deve ser realizada a partir do orçamento do Estado.

Se as capacidades estatais de defesa e segurança dependem desses recursos, o orçamento de defesa configura-se como um vetor de influência no balanço de poder global, podendo representar um elemento para a dissuasão, a depender de como está estruturado. Esse orçamento tem reflexos profundos no surgimento e na consolidação das bases industriais de defesa, porém, independentemente de seus impactos econômicos, os países tendem a realizar gastos militares por questões de sobrevivência, segurança ou projeção de poder. Esse aspecto reflete um ponto crucial: os orçamentos de defesa são fortemente influenciados por variáveis políticas e geopolíticas, para além dos aspectos fiscais e econômicos.

Mas como os Estados financiam as suas forças armadas? Como estão estruturados os orçamentos de defesa? Em que consistem os gastos militares? Quais são as variáveis determinantes desses gastos? Como as despesas com a defesa influenciam os demais dispêndios da administração pública? O tema do financiamento das atividades voltadas para o provimento da defesa nacional gera questões basilares e recorrentes à economia de defesa. Dessa forma, neste capítulo são abordados aspectos do pensamento econômico clássico, neoclássico e keynesiano que fundamentam a utilização de recursos do orçamento público para fins militares, bem como conceitos econômicos aplicados à defesa e aos gastos militares.

A partir de uma reflexão sobre o fornecimento da defesa nacional como um bem público, neste capítulo, apresenta-se também uma discussão sobre os fatores que influenciam a demanda de defesa pela sociedade e, consequentemente, o orçamento de defesa, tais como a existência de ameaças ou potenciais ameaças, o histórico de conflitos externos e/ou internos, os objetivos políticos, o tamanho da população, a extensão das fronteiras a defender e a renda nacional, entre outros. Trazendo a análise para o caso brasileiro, o texto aborda a estrutura do orçamento de defesa no Brasil, sua inserção internacional e, também, comparações com outras pastas e funções, como educação, saúde, segurança pública e ciência e tecnologia, no contexto dos gastos públicos federais. Em relação às análises comparativas internacionais, são consideradas as metodologias e conceitos de *gastos militares* e *orçamento de defesa* propostos por instituições como o *International Institute for Strategic Studies* (IISS) e o *Stockholm International Peace Research Institute* (SIPRI).

O capítulo está estruturado em cinco seções. Após esta breve introdução, na segunda seção, apresenta-se a revisão teórica que fundamenta a defesa nacional como um bem público, assim como aspectos do pensamento econômico clássico e do keynesiano sobre os gastos militares. Ainda na segunda seção, são consideradas análises sobre os determinantes dos gastos militares em modelos de inspiração neoclássica e de impactos das despesas de defesa no desenvolvimento e no crescimento econômico, além da abordagem sobre o keynesianismo militar. Na terceira seção do capítulo, é realizada uma análise descritiva do cenário internacional dos gastos militares, considerando o período pós-Guerra Fria até os anos mais recentes, os principais atores estatais e a inserção do Brasil nesse contexto global e regional. Na quarta seção, o orçamento de defesa brasileiro é analisado a partir de uma perspectiva estrutural, levando em conta o orçamento total do Ministério da Defesa (MD) e por Grupo de Natureza de Despesa (GND). Esses dados são comparados com os de outras funções públicas a partir de informações coletadas no Sistema Integrado de Planejamento e Orçamento (SIOP) do governo federal. Por fim, na quinta seção, estão resumidas as conclusões do capítulo, seguidas dos principais conceitos e questões discutidas no texto.

6.2 A defesa nacional como um bem público: aspectos teóricos e conceituais

O conjunto dos recursos destinados ao provimento da defesa nacional pelo Estado configura o *orçamento de defesa*. Este é definido a partir de metodologias distintas, em diferentes países, o que limita análises comparativas internacionais. No Brasil, por exemplo, o orçamento de defesa é mensurado oficialmente como o total dos recursos do Ministério da Defesa. Em outros países e na literatura econômica ou de relações internacionais, entretanto, o orçamento de defesa, como parte dos dispêndios públicos, é mais comumente designado por *despesas de defesa* ou *gastos militares* e podem incluir outros dispêndios externos aos ministérios da defesa, tais como fundos para pesquisa e desenvolvimento em áreas estratégicas e outros.

Brzoska comenta sobre as dificuldades em se definir o que são gastos militares[178]. Segundo o autor, parte dessas dificuldades relaciona-se às diferentes abordagens teóricas da defesa, que podem considerar questões funcionais ou institucionais, custos e benefícios diretos e indiretos, ou ainda intangíveis, em um macroambiente fiscal diverso. Além disso, instituições internacionais adotam determinados padrões para a aferição das despesas militares, mas os governos nacionais têm suas próprias definições[179].

Variações na taxa de câmbio e na inflação também afetam o cálculo dos gastos militares em diferentes países, gerando maior complexidade para comparações internacionais e para a criação de séries temporais. Determinados países também podem optar por não divulgar com precisão o nível de gastos militares, o que leva a estimativas nem sempre confiáveis. Dessa forma, séries de dados sobre despesas de defesa e transferências de armas devem ser usadas com cautela, pois as instituições de pesquisa que trabalham com esses dados têm recursos limitados para lidar com inúmeros problemas conceituais e práticos.

---

[178] BRZOSKA, M. World Military Expenditures. *In*: SANDLER, T.; HARTLEY, K. **The Handbook of Defense Economics**. Amsterdam: Elsevier, 1995. v. 1.

[179] SILVA FILHO, E. B.; MORAES, R. F. Dos "Dividendos da Paz" à guerra contra o terror: gastos militares mundiais nas duas décadas após o fim da Guerra Fria – 1991-2009. **Texto para Discussão IPEA**, Brasília, n. 1754, 2012.

As despesas militares são frequentemente utilizadas para se aferir o poder militar das nações, em uma relação direta entre gasto e poder militar. Entretanto existem dificuldades metodológicas relacionadas às possibilidades dessas comparações em diferentes países. O gasto militar é uma medida de input e não de output, não havendo uma relação direta entre o volume de gastos militares e a capacidade bélica ou o poder dissuasório.

Atualmente, os gastos militares dos países são divulgados por várias instituições e bases de dados internacionais, como o Banco Mundial, o IISS, a OTAN e o SIPRI. As duas últimas adotam conceitos similares para as estimativas das despesas ou gastos militares. Segundo a OTAN, estes incluem: o orçamento do ministério da defesa e das forças armadas, incluindo gastos com administração, forças de operações especiais, serviços médicos, comando logístico etc.; também podem incluir "outras forças", financiadas ou não pelos ministérios da defesa, treinadas e equipadas como força militar, como guarda-marinha, guarda-costeira etc.; pagamentos de aposentadorias e pensões a militares e civis funcionários de departamentos militares; despesas com operações de manutenção da paz e ajuda humanitária (pagas pelos ministérios da defesa ou outros ministérios); gastos com pesquisa e desenvolvimento (P&D) de defesa, mesmo aqueles projetos que não geram a produção de equipamentos militares[180].

O SIPRI também adota um conceito amplo para despesas militares: gastos com as forças armadas, incluídas as forças de operações de paz; os gastos com os ministérios da defesa e outros organismos governamentais que participam de projetos de defesa; as forças paramilitares, quando qualificadas, treinadas e equipadas para as operações militares; e as atividades espaciais militares. Também inclui os gastos correntes e de capital em: pessoal militar e civil, incluindo as aposentadorias, pensões e os serviços sociais relacionados; e a pesquisa e desenvolvimento no campo militar[181].

Observa-se que esses conceitos podem ser estudados sob diferentes perspectivas da ciência econômica: desde uma análise de finanças públicas, aos desdobramentos macroeconômicos e microeconômicos relacionados aos impactos sobre setores industriais específicos. Os gastos militares podem, ainda, ser analisados sob a perspectiva da economia política internacional e das relações internacionais quando seu estudo extrapola o campo das

[180] NORTH ATLANTIC TREATY ORGANIZATION – NATO. **Defence Expenditure of NATO Countries**. 11 June 2021. Disponível em: https://www.nato.int/cps/en/natohq/news_184844.htm. Acesso em: jan. 2022.

[181] STOCKHOLM INTERNATIONAL PEACE RESEARCH INSTITUTE – SIPRI. **SIPRI Military Expenditure Databases**. Disponível em: https://www.sipri.org/databases/milex. Acesso em: mar. 2023.

finanças e dos resultados sobre o crescimento e envolve questões materiais sobre a capacidade militar e a projeção de poder entre países. Neste capítulo, contudo, restringimos a abordagem das despesas militares à perspectiva do fornecimento do *bem público* defesa nacional, embasado no pensamento econômico clássico e no neoclássico, e em seus desdobramentos macroeconômicos pela ótica keynesiana.

6.2.1 Gastos militares: o pensamento clássico, modelos econômicos de inspiração neoclássica e modelos de impactos econômicos

A ciência econômica pode fornecer conceitos e princípios úteis à análise do tema da defesa nacional, bem como embasamento teórico para o planejamento e a execução do orçamento da defesa. Almeida considera necessário "pensar economicamente a defesa", e "pautar a análise de suas questões a partir da recorrente e limitadora relação entre necessidades infinitas e recursos escassos"[182]. Esse tipo de análise foi uma das preocupações iniciais da Economia e se relaciona ao conceito de *trade-off*, traduzido no clássico exemplo do dilema "manteiga versus canhões"[183].

Adam Smith, precursor do pensamento econômico clássico, mostrou a necessidade de que um Estado, ainda que liberal, mantenha fontes de recursos públicos para a defesa nacional. Em *A Riqueza das Nações*, obra publicada originalmente em 1776, o autor dedica um capítulo para analisar os gastos com a defesa: "o soberano tem apenas três deveres: a defesa do país; a administração da justiça e a manutenção de certos serviços públicos"[184]. Embora Smith seja considerado o pai do liberalismo econômico, e grande crítico da doutrina mercantilista, ainda no século XVIII defendia a intervenção estatal quando esta se relacionava à defesa da nação. Aceitava, portanto, uma das finalidades do mercantilismo: a necessidade de intervenção estatal nos assuntos econômicos, desde que essencial para o poder militar da nação[185].

---

182 ALMEIDA, C. W. L. Economia e orçamento para a defesa nacional. **Revista do Tribunal de Contas da União**, Brasília, v. 32, n. 90, p. 22-32, out.-dez. 2001. p. 22.

183 Esse *trade-off* implica que dada uma curva de possibilidades de produção (que reflete a disponibilidade máxima de recursos), para aumentar a produção de um bem os Estados precisam reduzir a oferta de outro. Esse dilema exemplifica as decisões entre investimentos públicos em setores sociais ligados ao bem-estar (manteiga) versus investimentos no setor militar (canhões).

184 SMITH, A. **Inquérito sobre a natureza e as causas da riqueza das nações**. Tradução de Luís Cristóvão de Aguiar. 4. ed. Coimbra: Fundação Calouste Gulbenkian, 2006. v. 2. p. 284.

185 EARLE, E. M. Adam Smith, Alexander Hamilton, Friedrich List: fundamentos econômicos do poder militar. *In*: PARET, P. (org.). **Construtores da estratégia moderna**: de Maquiavel à era nuclear. Rio de Janeiro: Bibliex, 2001.

Adam Smith argumentava sobre a importância de uma relação estável entre receitas e gastos públicos voltados para a defesa nacional. Considerava que a necessidade de despesas com a defesa surge "a partir do momento em que o dever do soberano, o de proteger a sociedade da violência e das invasões de outras sociedades, só pode ser realizado por meio de uma força militar", pois na medida em que a guerra se torna mais complexa e deixa de ser determinada, "como nos primeiros períodos da sociedade, por uma simples escaramuça ou batalha [...] torna-se universalmente necessário que a população mantenha aqueles que servem na guerra, pelo menos enquanto aí se encontram" [186].

A visão de Adam Smith sobre as despesas com a defesa relaciona-se às tradicionais funções econômicas do Estado: estabilizadora, distributiva e alocativa. E é na função alocativa que se encontra a atribuição do Estado no que se refere à defesa nacional, uma vez que trata da sua atuação nos setores em que a iniciativa privada é insuficiente, ineficiente ou inviável, como é o caso do fornecimento de *bens públicos*.

Mas o que caracteriza um bem público? A primeira característica é a *não rivalidade* relacionada ao fato de que o consumo, utilização ou demanda por um indivíduo, não impede ou reduz a disponibilidade do bem para outros indivíduos. Outra característica é a *não exclusividade*, uma vez que seu uso não pode ser impedido pelo provedor devido ao não pagamento, o que significa que o Estado não é capaz de impedir um ou outro cidadão de usufruir do bem[187]. Por fim, é característica do bem público ser ofertado pelo Estado. A defesa nacional, nesse sentido, constitui-se como um *bem público perfeito*, uma vez que cumpre todas essas características. Esse tipo de bem tem ainda como característica o fato de que dificilmente o setor privado se interessaria em ofertar.

Danziato[188] comenta que a defesa é considerada um bem público, nacional e permanente, não privatizável ou delegável, que não pode ser descentralizada e que transcende a área militar, pois se baseia na distribuição uniforme de benefícios à sociedade. Hartley[189] e Heye[190] também

---

[186] SMITH, Adam. **Inquérito sobre a natureza e as causas da riqueza das nações**. 4. ed. Tradução de Luís Cristóvão de Aguiar. Coimbra: Fundação Calouste Gulbenkian, 2006. V. II. p. 295.

[187] GIACOMONI, J. **Orçamento público**. São Paulo: Atlas, 1996.

[188] DANZIATO, I. Aspectos políticos do orçamento de defesa. *In*: VIII ENCONTRO NACIONAL DE ESTUDOS ESTRATÉGICOS (ENEE), 2008, Rio de Janeiro. **Anais** [...]. Rio de Janeiro: [*s. n.*], 2008.

[189] HARTLEY, K. Conflict and defence output: an economic perspective. **Dalloz Revue D'économie Politique**, v. 122, n. 2, p. 171-195, 2012.

[190] HEYE, T. **Os determinantes políticos dos gastos militares no pós-guerra fria**. 2005. 181 f. Tese (Doutorado em Ciência Política) – Instituto de Pesquisas do Rio de Janeiro, Rio de Janeiro, 2005.

consideram a defesa nacional como um bem público e que os recursos disponíveis para a defesa concorrem com as demandas por investimentos públicos de outra natureza.

A oferta do bem público defesa nacional é, portanto, um monopólio do Estado (único ofertante). Este detém o *monopólio do uso da força*. Uma das características dessa estrutura de mercado é que monopólios decidem o quanto produzir a partir de sua demanda. Porém a produção da defesa dependerá dos interesses estratégicos, dos objetivos nacionais e, também, da produção de outros bens públicos. Para prover a defesa nacional, o Estado, por sua vez, é demandante de insumos ou de meios (armamentos, equipamentos de uso dual, mão de obra, bens de consumo etc.). Alguns desses meios, como os equipamentos de uso exclusivo das forças armadas (veículos blindados, mísseis, submarinos militares, aeronaves de caça etc.) somente são adquiridos pelo Estado, o que caracteriza também a existência de *monopsônio* (um único comprador) no mercado de defesa.

Essas características revelam um mercado bastante concentrado e que tem como ator principal o Estado, tanto na determinação do tipo e do tamanho da oferta de defesa nacional, quanto na definição dos investimentos na base industrial de defesa (BID), a partir das compras públicas para as forças armadas.

Deger e Sen[191] discutem a oferta de defesa pelo Estado sob um modelo teórico neoclássico de fornecimento de bens públicos. A ideia central desse modelo é que a segurança internacional é um bem público que não tem preço de mercado, embora seu custo de produção seja positivo. Sua oferta requer financiamento pelo Estado, o que, por sua vez, acarreta um custo de oportunidade para o setor civil da economia. O equilíbrio final dependerá do custo marginal[192] da defesa em relação aos desdobramentos que os gastos militares podem gerar. Conforme os autores, é muito difícil estimar empiricamente tal modelo teórico, uma vez que os vários custos e benefícios são implícitos, e poucas variáveis econômicas podem refletir adequadamente cada um desses custos e benefícios. Os modelos econométricos para essas variáveis são, na melhor das hipóteses, apenas sugestivos.

Por outro lado, a demanda por defesa nacional é definida pela sociedade a partir de um conjunto de variáveis que envolvem questões políticas, estratégicas, econômicas e histórico-estruturais. O grau em que

[191] DEGER, S.; SEN, S. Military expenditure and developing countries. *In*: SANDLER, T.; HARTLEY, K. **The Handbook of Defense Economics**. Amsterdam: Elsevier, 1995. v. 1.

[192] O custo marginal reflete a variação no custo total decorrente de variações na quantidade produzida de um bem.

uma sociedade demanda a defesa é refletido no volume de gastos militares, ao se considerar os Estados como agentes racionais e/ou democracias com representantes eleitos pelo voto. E quais seriam as variáveis determinantes dos gastos militares? Como a demanda de defesa se converte em despesa pública?

Ron Smith[193] enfatiza diferentes modelos econométricos que tentam explicar os determinantes dos gastos militares. O autor considera um modelo neoclássico padrão em que os Estados são representados como agentes racionais que buscam maximizar seu bem-estar, influenciados por variáveis econômicas e de segurança, como restrições orçamentárias, forças militares próprias e de outros países. Nesse modelo, o Estado equilibra os benefícios da segurança advinda das despesas militares com seus custos de oportunidade (medidos em termos de investimentos civis), e essa relação gera uma função de otimização da demanda por gastos militares.

Uma avaliação dos resultados sobre o bem-estar social, gerados pelas despesas militares, poderia ser realizada também pela ótica da eficácia no fornecimento de bens públicos. Mas como mensurar o bem público defesa, ou mesmo a capacidade de defesa? Pelo grau de sofisticação dos equipamentos das Forças Armadas? Pela intensidade tecnológica da indústria de defesa nacional? Quantidade de efetivo militar? Resultados positivos em conflitos? Ou ainda, ausência de conflitos? Possivelmente essa análise irá demandar a especificação de critérios e indicadores de cumprimento de metas de defesa previamente estabelecidas[194].

Hartley[195] considera que não há indicadores inequívocos e mensuráveis para a aferição dos resultados da defesa nacional, diferentemente do que ocorre com avaliações do setor privado. Os custos da defesa são bem conhecidos em cada país, mas o seu output é desconhecido: os valores das capacidades de defesa e de benefícios como a paz e a dissuasão são possivelmente mais não econômicos que econômicos.

Por um lado, os gastos com defesa podem aumentar a segurança, o que aumenta o bem-estar social agregado. As alocações em defesa também podem aumentar a produtividade total dos fatores por meio do treinamento

---

193 SMITH, R. The demand for military expenditure. *In*: SANDLER, T.; HARTLEY, K. **The Handbook of Defense Economics**. North-Holland: Elsevier, 1995.

194 GIESTEIRA, L. F.; MATOS, P. O; FERREIRA, T. B. A defesa nacional e os programas estratégicos de defesa no PPA 2016-2019. **Texto para discussão IPEA**, Brasília, n. 2672, 2021.

195 HARTLEY, K. Conflict and defence output: an economic perspective. **Dalloz Revue D'économie Politique**, v. 122, n. 2, p. 171-195, 2012.

de militares, criação de infraestrutura, aumento do progresso técnico via pesquisa e desenvolvimento militar (para países que têm uma base industrial de defesa), bem como outros *spin-offs*[196].

Por outro, a partir de um certo volume de gastos, as despesas com defesa poderiam reduzir a taxa endógena de crescimento, devido ao deslocamento de recursos do setor civil para o setor militar. Quando as despesas públicas civis são reduzidas para financiar as alocações em defesa, poderia haver diminuição do bem-estar, com o *trade-off* entre dois tipos de bens públicos. Se os gastos militares forem realizados em detrimento dos investimentos em educação, por exemplo, então a formação de capital humano poderia ser inibida e a taxa de crescimento de longo prazo seria adversamente afetada. Ou ainda, se as despesas adicionais em defesa forem financiadas por meio de impostos, isso poderia levar a uma redução no consumo e/ou no investimento, o que afeta o bem-estar e a acumulação de capital. Esses fatores não operam todos ao mesmo tempo e para todos os países, no entanto, o modelo serviria para a análise de possíveis implicações de elevações ou reduções dos gastos militares. Entretanto esse modelo tem como limitações o fato de que é aplicado para países e períodos específicos, que podem não ser uma representação geral. Além disso, as simulações não consideram a incerteza ou a presença de choques exógenos[197].

Observa-se, portanto, que outro aspecto central no estudo dos gastos militares é o que aborda sua relação com as variáveis crescimento e desenvolvimento econômico, o que está presente em grande parte das análises econômicas sobre o tema.

Kollias e colaboradores comentam que, embora haja um corpo cada vez maior de estudos empíricos sobre os efeitos econômicos dos gastos militares, não há um consenso inequívoco sobre o tema. Os autores examinam a relação entre gastos com defesa, crescimento econômico e investimento em 13 países latino-americanos para o período de 1961 a 2014, via modelos de causalidade linear e não linear. Os autores não encontraram uniformidades para todos os países, mas apontam que o quadro predominante seria o de uma relação causal fraca entre as variáveis[198]. Uma possível explicação

---

[196] Transbordamentos dos investimentos militares para o setor civil.

[197] DEGER, S.; SEN, S. Military expenditure and developing countries. *In*: SANDLER, T.; HARTLEY, K. **The Handbook of Defense Economics**. North-Holland: Elsevier, 1995.

[198] KOLLIAS, C.; PALEOLOGOU, S. M.; TZEREMES, P.; TZEREMES, N. Defence expenditure and economic growth in Latin American countries: evidence from linear and nonlinear causality tests. **Latin America Economics Review**, v. 2, n. 26, 2017.

estaria nas diferentes estruturas dos orçamentos de defesa desses países, uma vez que as rubricas dos gastos militares (salários, pensões, aquisições, P&D etc.) podem ter impactos variáveis sobre as taxas de crescimento e de investimento.

Pode haver uma relação não linear entre gastos militares e crescimento[199]. Nesse caso, o sinal e a dimensão do coeficiente que mede o impacto dos gastos com defesa podem ser dependentes da renda per capita. Em países com baixa renda per capita, os gastos militares poderiam aumentar o crescimento, uma vez que podem ser veículo para a modernização da indústria e para elevar a segurança. Com renda per capita média, a relação pode se tornar negativa, uma vez que os efeitos adversos dos gastos militares (como um possível efeito *crowding out*[200]) tenderiam a prevalecer. Com alta renda per capita, particularmente com os *spin-offs* da base industrial de defesa, o impacto poderia se tornar novamente positivo[201].

A literatura econômica brasileira é restrita em relação a modelagens econométricas sobre os determinantes e os impactos dos gastos militares, ou mesmo do campo mais ampliado da Economia de Defesa. Somente mais recentemente tem aumentado o volume de trabalhos na temática, não necessariamente com abordagens neoclássicas, como em Ribeiro, Negrete e Ribeiro[202] e em Leske[203]. Uma exceção talvez seja o modelo sugerido por Pérsio Arida, publicado na *Revista Brasileira de Economia*, ainda em 1983. No modelo proposto, Arida estabelece uma relação simplificada entre os gastos militares e a segurança nacional, buscando captar aspectos da economia política da defesa como as condições em que aumentos no orçamento militar contribuem positivamente para a segurança nacional[204]. No modelo, o autor não avalia impactos sobre o crescimento econômico, diferentemente dos outros trabalhos aqui mencionados.

---

[199] DEGER, S.; SEN, S. Military expenditure and developing countries. *In*: SANDLER, T.; HARTLEY, K. **The Handbook of Defense Economics**. North-Holland: Elsevier, 1995.

[200] O efeito *crowding out*, ou deslocamento, ocorre quando o setor público passa a ocupar parcela do investimento nacional anteriormente exercida pelo setor privado, seja pelo aumento dos impostos ou da taxa de juros para financiamento dos gastos públicos.

[201] DEGER, S.; SEN, S. Military expenditure and developing countries. *In*: SANDLER, T.; HARTLEY, K. **The Handbook of Defense Economics**. North-Holland: Elsevier, 1995.

[202] RIBEIRO, E. A.; NEGRETE, A. C. A.; RIBEIRO, F. S. Análise dos impactos dos transbordamentos de tecnologia em defesa e dos programas estratégicos sobre o crescimento e o desenvolvimento econômico. **Revista Brasileira de Estudos Estratégicos**, v. 12, n. 24, 2020.

[203] LESKE, A. D. C. Uma revisão sobre a inovação em defesa: do *spin-off* ao *spin-in*. **Revista de Economia de Economia Política** (Online), v. 38, n. 2, 2018a.

[204] ARIDA, P. Gastos militares e segurança nacional. **Revista Brasileira de Economia**, Rio de Janeiro, v. 37, n. 3, p. 369-374, jul./set. 1983.

O autor considera três possibilidades de inimigos, o endógeno, o exógeno e o misto[205]. Nesse caso, a variação nos gastos militares somente afeta a segurança em relação a inimigos exógenos ou mistos, uma vez que os endógenos, ao serem influenciados pelos gastos militares nacionais, também elevam seus próprios gastos, mantendo o nível de segurança inalterado. Quanto mais próximo o inimigo for do tipo exógeno, maior a eficiência de aumentos nos gastos para elevar o nível de segurança. O autor mostra, ainda, que para manter a estabilidade, as negociações de paz, ou acordos para limitar os gastos militares poderiam ser mais eficazes. De acordo com o modelo, "é somente quando o inimigo não deseja ou não tem condições de responder à altura aos nossos gastos militares, que aumentos do orçamento militar aumentam a probabilidade de que estejamos em superioridade ou equilíbrio"[206].

Arida comenta sobre as várias limitações do modelo e a ausência de fatores importantes como: não diferenciar capacidades militares ofensivas e defensivas; não considerar o estoque de armas já acumulado nos países; incorporar automaticamente dispêndios militares como poder efetivo, entre outras. Contudo o modelo é útil para mostrar que as conexões entre os gastos militares e o nível de segurança são mais indiretas do que usualmente se imagina[207].

6.2.2 Despesas públicas com defesa e keynesianismo militar

Análises sobre o impacto dos gastos militares no crescimento econômico são também realizadas sob a perspectiva keynesiana, a partir do *princípio da demanda efetiva*. Contrariando a Lei de Say[208], a teoria Keynesiana argumenta que o nível de renda nacional é definido pela demanda agregada, sendo esta o somatório entre o consumo agregado, o investimento, os gastos do governo e a diferença entre as exportações e as importações. A política fiscal afeta diretamente os gastos públicos, e indiretamente o consumo, o investimento e a balança comercial, pela via da tributação. Assim, aumentos nos gastos públicos (como nas despesas militares) podem elevar a demanda agregada, aumentando a produção, o emprego e a renda nacional.

---

205 O inimigo exógeno fixa o orçamento militar de forma independente. O endógeno fixa o orçamento militar somente em função do orçamento do país inimigo. O misto fixa seu orçamento em parte autonomamente e em parte em função dos gastos do inimigo. ARIDA, 1983.

206 ARIDA, P. Gastos militares e segurança nacional. **Revista Brasileira de Economia**. Rio de Janeiro, v. 37, n. 3, p. 369-374, jul./set. 1983. p. 371.

207 ARIDA, P. Gastos militares e segurança nacional. **Revista Brasileira de Economia**. Rio de Janeiro, v.37, n. 3, p. 369-374, jul./set. 1983.

208 Segundo a Lei de Say, "a oferta determina a sua própria demanda".

A utilização da política fiscal como instrumento de política econômica foi amplamente defendida por Keynes a partir da década de 30. Uma das suas grandes contribuições para a teoria econômica foi a constatação da possibilidade de ocorrer um equilíbrio macroeconômico com desemprego[209]. A partir dessa constatação, a política fiscal tornou-se um instrumento para se atingir objetivos macroeconômicos por meio de variações na demanda agregada (reduções, caso o objetivo fosse inibir processos inflacionários, ou elevações, caso se desejasse aumentar o nível de emprego). Uma crítica à utilização da política fiscal expansionista refere-se ao já citado efeito deslocamento[210].

Keynes argumentava que a ampliação das funções do governo representa o "único meio exequível de evitar a destruição total das instituições econômicas e a condição de um bem-sucedido exercício da iniciativa individual"[211]. Quanto a esse aspecto, ele observou que esse tipo de atuação estatal, que busca a sustentação da demanda agregada pelo mercado interno, tem ainda outra função quando se trata da segurança nacional: reduzir a necessidade de conflitos externos para garantir a ampliação dos mercados. Ao considerar as causas econômicas das guerras, Keynes observa que a luta acirrada por mercados desempenhou no século XIX, e ainda viria a desempenhar um papel essencial. Para o autor, sob o regime do *laissez faire* preconizado pelo liberalismo, não haveria outro meio disponível a um governo para diminuir a pobreza interna "a não ser lutar pela conquista de mercados externos". Mas se as nações pudessem manter o pleno emprego, apenas a partir de sua política interna, não "haveria mais a necessidade de forças econômicas importantes destinadas a predispor um país contra os seus vizinhos"[212].

O desdobramento da teoria keynesiana para o setor militar, é conhecido como *keynesianismo militar*. Para os defensores dessa corrente teórica, os gastos militares podem ter impactos significativos no crescimento econômico[213]. Esses impactos positivos dos gastos com defesa estariam, em geral, relacionados à formação de capital humano, capacitação industrial,

---

209 KEYNES, J. M. **A teoria geral do emprego, do juro e da moeda**. Tradução de Mário R. da Cruz. 14. ed. Reimpr. São Paulo: Atlas, 2009.

210 Ou *crowding out*.

211 KEYNES, J.M. **A teoria geral do emprego, do juro e da moeda**. Tradução de Mário R. da Cruz. 14a. Reimpr. São Paulo: Atlas, 2009. p. 289.

212 KEYNES, J.M. **A teoria geral do emprego, do juro e da moeda**. Tradução de Mário R. da Cruz. 14a. Reimpr. São Paulo: Atlas, 2009. p. 289, p. 290-291.

213 LESKE, A. D. C. Economia de Defesa. *In*: SAINT-PIERRE, H. L.; VITELLI, M. G. (org.). **Dicionário de segurança e defesa**. São Paulo: Editora Unesp, 2018b.

transbordamentos tecnológicos e elevação na segurança, por meio do efeito multiplicador keynesiano sobre a demanda agregada. Conforme Leske, "tais gastos seriam particularmente úteis para a economia quando verificado elevado nível de desemprego", uma vez que elevações na demanda agregada podem aumentar a produção e o emprego[214].

As abordagens econômicas sobre o gasto militar têm sido voltadas, principalmente, para os agregados tradicionais como renda, investimento, exportação, importação, emprego etc. Nessas análises, o foco seria verificar o pressuposto de que o gasto militar promovia o desenvolvimento econômico, ou se haveria um efeito multiplicador keynesiano que pudesse ser utilizado como um regulador anticíclico do capitalismo[215].

O tema, de fato, é bastante controverso. Dunne e Tian[216], por exemplo, consideram que os postulados do keynesianismo militar não têm nenhum suporte empírico substancial, enquanto Syed[217] encontrou evidências para os casos da Índia e da China. Syed investiga o keynesianismo militar por meio de dados de painel da Índia, China e Paquistão considerando a relação entre gastos militares e crescimento econômico no período de 1990 a 2018. O estudo conclui que os gastos militares tiveram um impacto positivo de longo prazo no desenvolvimento econômico da Índia e da China, embora nao haja linearidade entre as variáveis[218]. Para esses dois países, as despesas militares são benéficas no longo prazo, corroborando a abordagem do keynesianismo militar, onde os altos gastos militares promoveram demanda por mão de obra, infraestrutura e alocação de recursos, além de uma P&D militar em tecnologias avançadas que impulsionou fundos de investimentos e a produtividade industrial e doméstica. Já no Paquistão, os gastos militares não foram significativos para o crescimento econômico. Nesse país, dada a instabilidade geopolítica, os elevados gastos militares restringiram o orçamento público, gerando restrição para outros setores como educação, saúde e produtividade industrial. Syed conclui que o gasto

[214] LESKE, A. D. C. Economia de Defesa. *In*: SAINT-PIERRE, H.L.; VITELLI, M.G. (org.). **Dicionário de segurança e defesa**. São Paulo: Editora Unesp, 2018b.

[215] DAGNINO, R. Em que a Economia de Defesa pode ajudar nas decisões sobre a revitalização da Indústria de Defesa brasileira? **Revista Oikos**, UFRJ, Rio de Janeiro, n. 9, ano VII, 2008, p. 113-137.

[216] DUNNE, J. P.; TIAN, N. Military expenditure and economic growth: 1960–2014. **The Economics of Peace and Security Journal**, v. 11, n. 2, 2016.

[217] SYED, A. A. The asymmetric relationship between military expenditure, economic growth and industrial productivity: an empirical analysis of India, China and Pakistan via the NARDL Approach. **Revista Finanzas y Política Económica**, v. 13, n. 1, p. 77-97, jan./jun. 2021.

[218] *Ibidem*.

militar é benéfico para países em desenvolvimento e que tenham uma taxa de crescimento estável[219].

O keynesianismo militar, contudo, foi antes uma *prática* que um modelo teórico, sobretudo nos Estados Unidos do pós-2ª Guerra Mundial e ao longo da Guerra Fria. Os pesados investimentos em P&D para fins militares e a *estratégia da dissuasão pela posse de armamento tecnologicamente superior* foram propulsores do desenvolvimento científico, tecnológico e industrial do país[220, 221].

A maior parte das inovações tecnológicas da economia americana nesse período foi resultado de empreendimentos militares[222]. O complexo militar industrial acadêmico criou um "abrangente processo de inovação liderado pelos descobrimentos científicos, voltado simultaneamente para vencer a Guerra Fria com a União Soviética e impulsionar a fronteira da ciência de forma a consolidar a liderança tecnológica americana no mundo"[223].

Para Mazucatto[224], há abundantes evidências do papel crucial desempenhado pelo Estado na história da indústria de alta tecnologia como na internet, biotecnologia, nanotecnologia, entre outras, muitas delas resultantes de investimentos militares. Nesse sentido, os EUA desempenharam um papel de Estado desenvolvimentista, com políticas industriais explícitas no setor de defesa, de inspiração claramente keynesiana.

Já Markusen[225] aponta que, no pós-guerra, os gastos militares dos EUA foram utilizados como uma espécie de política industrial implícita. Para a autora, esse tipo de política industrial obteve resultados positivos, apesar das distorções distributivas geradas. A ação do Estado no setor de defesa mostrou que o governo norte-americano aplicou uma política industrial e atingiu metas setoriais, mesmo durante governos nomeadamente liberais.

---

219 SYED, A. A. The asymmetric relationship between military expenditure, economic growth and industrial productivity: an empirical analysis of India, China and Pakistan via the NARDL Approach. **Revista Finanzas y Política Económica**, v. 13, n. 1, p. 77-97, jan./jun. 2021.

220 MEDEIROS, C. A. O desenvolvimento tecnológico americano no pós-guerra como um empreendimento militar. *In*: FIORI, J. L. (org.). **O poder Americano**. Petrópolis: Vozes, 2007.

221 MAZZUCATO, M. **O Estado empreendedor**: desmascarando o mito do setor público vs. Setor privado. São Paulo: Portfolio-Penguin, 2014.

222 MEDEIROS, C.A. O desenvolvimento tecnológico americano no pós-guerra como um empreendimento militar. *In*: FIORI, J. L. (org.) **O poder Americano**. Petrópolis: Vozes, 2007.

223 MEDEIROS, C.A. O desenvolvimento tecnológico americano no pós-guerra como um empreendimento militar. *In*: FIORI, J. L. (org.). **O poder Americano**. Petrópolis: Vozes, 2007. p. 226.

224 MAZZUCATO, M. O Estado empreendedor: desmascarando o mito do setor público vs. Setor privado. São Paulo: Portfolio-Penguin, 2014.

225 MARKUSEN, A. Defence spending: a successful industrial policy? **Urban Praxis**, p. 105-122, 1986.

Durante o governo Reagan, nos anos 80, houve um aprofundamento desse modelo, apesar dos argumentos *anti welfare state* e dos cortes de gastos em setores sociais[226]. Conforme Navarro, o discurso neoliberal do governo Reagan, na realidade, disfarçava o que de fato ocorria: um keynesianismo ortodoxo, adotado via setor militar. A recessão de 1981 a 83 teria sido corrigida por medidas keynesianas ortodoxas, como o aumento dos gastos públicos e a criação de um elevado *deficit* fiscal. Descontando a inflação, o governo federal estadunidense gastou 30% mais em 1985 do que em 1980, com "uma transferência sem precedentes de fundos federais do setor social para o militar, e por um enorme aumento no déficit federal"[227]. As despesas militares concentraram-se, principalmente, em aquisição de armamentos e investimentos em P&D militar.

O objetivo desse crescimento dos gastos militares seria não apenas manter a superioridade na competição da Guerra Fria, mas uma política explícita de reindustrialização dos EUA, sob a administração do Departamento de Defesa. Navarro conclui que o governo norte-americano foi um dos mais intervencionistas do mundo capitalista ocidental, e que sua política econômica tem sido keynesiana do tipo militarista[228].

6.3 Gastos militares e a inserção do Brasil no cenário global e regional

Trazendo a discussão dos gastos militares para a atualidade, observa-se que os Estados Unidos seguem com o maior orçamento de defesa do mundo, com uma despesa de aproximadamente US$ 800 bilhões em 2020, ou 39% do total global[229]. A tendência de queda dos gastos militares, que perdurou durante os anos 90 no pós-Guerra Fria, foi revertida a partir de 2001, com os atentados do 11 de setembro e a chamada "Guerra ao Terror"[230].

[226] NAVARRO, V. Welfare e "keynesianismo militarista" na era Reagan. **Lua Nova**, n. 24, set. 1991. Disponível em: https://doi.org/10.1590/S0102-64451991000200010. Acesso em: 4 mar. 2023.

[227] NAVARRO, V. Welfare e "keynesianismo militarista" na era Reagan. **Lua Nova**, n.24, set., 1991. Disponível em: https://doi.org/10.1590/S0102-64451991000200010. Acesso em: 5 mar. 2023.

[228] NAVARRO, V. Welfare e "keynesianismo militarista" na era Reagan. **Lua Nova**, n.24, set., 1991. Disponível em: https://doi.org/10.1590/S0102-64451991000200010. Acesso em: 5 mar. 2023.

[229] Stockholm International Peace Research Institute. SIPRI Military Expenditure Databases. Disponível em: https://www.sipri.org/databases/milex. Acesso em: 15 dez. 2022.

[230] SILVA FILHO, E. B.; MORAES, R. F. Dos "Dividendos da Paz" à guerra contra o terror: gastos militares mundiais nas duas décadas após o fim da Guerra Fria – 1991-2009. Texto para Discussão IPEA, n. 1754, Brasília, 2012.

Os EUA mantêm, ainda, uma distância bastante elevada do segundo colocado no ranking dos maiores gastos militares: a China, com 13% do total, segundo dados do SIPRI para o ano de 2020. Em seguida, os maiores orçamentos são da Índia, Rússia e Reino Unido, com 3,7%, 3,1% e 3,0%, respectivamente[231].

A crescente participação chinesa nos gastos militares globais é reflexo de seus avanços econômicos das últimas décadas, bem como do novo cenário geopolítico de disputas na esfera comercial, tecnológica e industrial e que, inevitavelmente, gera também reflexos no seu setor militar.

Gráfico 6.1 – Os cinco países com maiores gastos militares no mundo em US$ milhões constantes

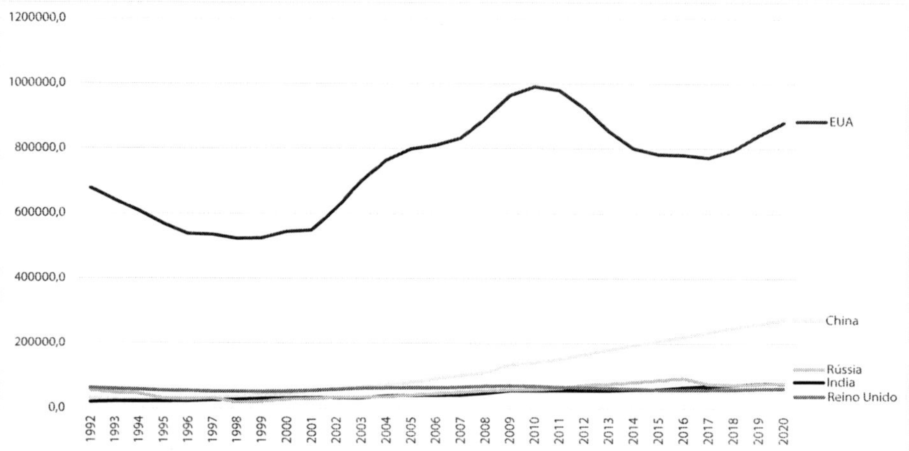

Fonte: SIPRI (2021)

O Brasil tem se situado entre os 15 países com os maiores gastos militares em valores absolutos, com, aproximadamente 1% do total global, em patamares próximos a Israel (1,1%), Canadá (1,1%), à Austrália (1,4%) e à Itália (1,5%). Esses países apresentam características estruturais e conjunturais bastante distintas, como extensos territórios (Canadá, Brasil, Austrália) ou áreas geográficas menores (Israel, Itália); ambiente geopolítico marcado pela instabilidade atual (Israel) ou histórica (Itália) ou cenários com reduzidos

[231] Stockholm International Peace Research Institute. SIPRI Military Expenditure Databases. Disponível em: https://www.sipri.org/databases/milex. Acesso em: 15 dez. 2022.

conflitos interestatais e/ou herança colonial (Canadá, Brasil, Austrália). Além destas, outras disparidades de diversas naturezas, inclusive econômicas e sociais, demonstram que as variáveis determinantes dos gastos militares nesses países tendem a ser diferentes ou a apresentarem coeficientes de impacto díspares.

Gráfico 6.2 – Países no ranking subtop 10 de gastos militares em US$ milhões constantes

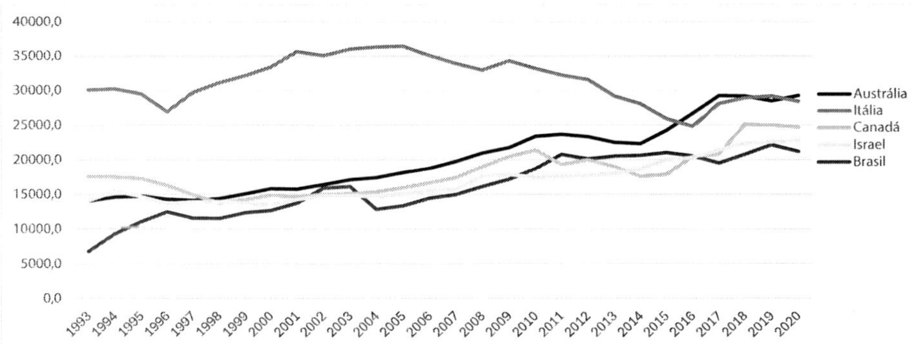

Fonte: SIPRI (2021)

Em termos regionais, o Brasil lidera o ranking dos gastos militares na América do Sul com, aproximadamente, a metade do orçamento militar total da região. Em seguida, estão a Colômbia com 20%, o Chile com 10% e a Argentina com 6%, conforme os dados do SIPRI[232].

[232] Stockholm International Peace Research Institute. SIPRI Military Expenditure Databases. Disponível em: https://www.sipri.org/databases/milex. Acesso em: 15 dez. 2022.

Gráfico 6.3 – Gastos militares totais na América do Sul em 2020

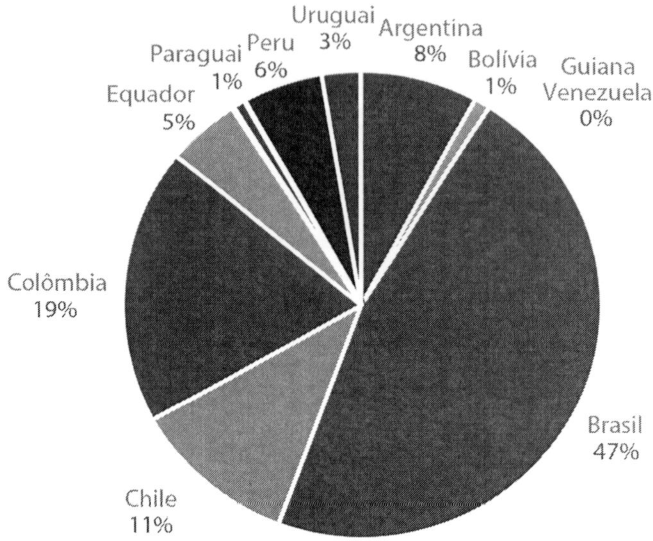

Fonte: SIPRI (2021)

A Venezuela, que já foi um dos maiores importadores de equipamentos militares da região, vem apresentando retração nos gastos militares, embora o SIPRI não disponha de dados atualizados para o país. O período de queda dos preços do petróleo, que começou em 2014, levou à redução dos orçamentos de defesa dos países dependentes dessas receitas[233], além dos embargos impostos pelos EUA a partir das relações tensas com o então presidente Hugo Chávez.

Entre 2004 e 2008 a elevação do orçamento de defesa na América do Sul levou a se considerar a possibilidade de uma corrida armamentista na região, o que foi refutado por Villa e Viggiano[234]. Para os autores, esse aumento nos orçamentos militares da América do Sul esteve relacionado aos esforços de modernização do arsenal militar obsoleto, além do incremento nas despesas com pessoal. Outra explicação seria a elevação do PIB e a melhora nos indicadores macroeconômicos da região naquele período, permitindo maiores condições para a retomada de projetos das Forças Armadas. Para a região como um todo, essa conjuntura de

[233] Stockholm International Peace Research Institute. SIPRI Military Expenditure Databases. Disponível em: https://www.sipri.org/databases/milex. Acesso em: 15 dez. 2022.

[234] VILLA, R. D.; VIGGIANO J. Trends in South American weapons purchases at the beginning of the new millennium. **Revista Brasileira de Política Internacional**, v. 55, n. 2, p. 28-47, 2012.

elevação dos gastos militares, contudo, mudou a partir de 2009 devido à crise financeira internacional e aos impactos nas receitas derivadas da exportação de commodities[235, 236] (o petróleo para a Venezuela, o cobre para o Chile etc.), embora no Brasil esses efeitos da crise internacional tenham sido menores.

Em relação ao gasto militar como percentual do PIB, a Colômbia tem o maior índice da região (3,4%), o que está associado ao longo período pelo qual o país vem militarizando o combate ao narcotráfico e ao fato de que, até 2016, recebeu recursos dos EUA no chamado Plano Colômbia. Nesse indicador, o Brasil situa-se abaixo da média regional (1,7% do PIB), com um orçamento de defesa equivalente a 1,4% do PIB, patamar no qual vem mantendo estabilidade ao longo das duas últimas décadas[237].

---

[235] VILLA, R.D., VIGGIANO J. Trends in South American weapons purchases at the beginning of the new millennium. **Revista Brasileira de Política Internacional**, v. 55, n. 2, p. 28-47, 2012.

[236] MATOS, P. O.; FINGOLO, J. M.; SCHNEIDER, R. A. Orçamento público e defesa nacional: uma análise do orçamento de defesa brasileiro no período de 2000 a 2016. **Revista da Escola de Guerra Naval**, v. 23, n. 1, p. 211-238, 2017.

[237] Stockholm International Peace Research Institute. SIPRI Military Expenditure Databases. Disponível em: https://www.sipri.org/databases/milex. Acesso em: 15 dez. 2022.

Tabela 6.1 – Gastos militares como percentual do PIB na América do Sul (2010-2020)

País	**2010**	**2011**	**2012**	**2013**	**2014**	**2015**	**2016**	**2017**	**2018**	**2019**	**2020**
Venezuela	1,00%	1,10%	1,30%	1,70%	1,20%	0,90%	0,50%	2,20%	..	..	..
Colômbia	3,60%	3,10%	3,20%	3,30%	3,10%	3,10%	3,10%	3,20%	3,10%	3,10%	3,40%
Equador	3,00%	3,10%	2,90%	2,90%	2,70%	2,60%	2,50%	2,40%	2,40%	2,20%	2,40%
Uruguai	1,90%	1,70%	1,80%	1,80%	1,80%	1,80%	1,90%	2,00%	2,10%	2,10%	2,30%
Chile	2,20%	2,30%	2,00%	2,00%	2,00%	1,90%	1,90%	1,90%	1,90%	1,80%	1,90%
Bolívia	1,70%	1,70%	1,80%	1,80%	1,90%	1,70%	1,60%	1,50%	1,50%	1,50%	1,60%
Brasil	**1,50%**	**1,40%**	**1,40%**	**1,30%**	**1,30%**	**1,40%**	**1,30%**	**1,40%**	**1,50%**	**1,40%**	**1,40%**
Peru	1,50%	1,40%	1,50%	1,60%	1,60%	1,70%	1,30%	1,20%	1,20%	1,20%	1,30%
Guiana	1,40%	1,30%	1,20%	1,20%	1,30%	1,50%	1,50%	1,70%	1,60%	1,60%	1,20%
Paraguai	0,80%	0,80%	1,00%	1,00%	1,00%	1,10%	1,00%	0,90%	1,00%	1,00%	1,00%
Argentina	0,80%	0,80%	0,80%	0,80%	0,90%	0,90%	0,80%	0,90%	0,70%	0,70%	0,80%
Média Regional											**1,70%**

Obs.: Não disponibilizados dados do Suriname e da Guiana Francesa
Fonte: SIPRI (2021)

6.4 Orçamento de defesa brasileiro na estrutura dos gastos públicos federais

No Brasil, as informações orçamentárias do governo federal estão disponíveis em diversas bases de dados públicas tais como o Portal da Transparência, o Portal do Orçamento do Senado Federal, o SIGA Brasil e o Sistema Integrado de Orçamento e Planejamento (SIOP), estas últimas bases conectadas ao Sistema Integrado de Administração Financeira (SIAFI), entre outras.

O orçamento de defesa brasileiro é divulgado a partir do orçamento do Ministério da Defesa (MD), o que inclui todos os gastos com pessoal militar e civil (ativos e inativos), encargos sociais, as despesas com manutenção e outras despesas correntes, juros e encargos da dívida, inversões financeiras e investimentos. Alguns estudos também utilizam a ótica do orçamento de defesa por *função*, que leva em consideração todos os programas e as ações governamentais associados à função defesa, ainda que não diretamente subordinados ao Ministério da Defesa[238, 239].

O Ministério da Defesa está entre as pastas que mais recebem recursos do governo federal, situando-se normalmente entre as três ou quatro maiores despesas públicas. Em 2019, posicionou-se como o quarto maior orçamento, conforme a Tabela 6.2.

Tabela 6.2 – Ministérios com maior parcela do orçamento federal em 2019

Ano	Órgão	Pago	RAP	Pagamento Efetivo
2019	25000 - Ministério da Economia	701.022.804.485	2.384.805.854	703.407.610.339
2019	36000 - Ministério da Saúde	121.226.759.425	11.895.485.568	133.122.244.992
2019	55000 - Ministério da Cidadania	95.304.457.500	37.144.454.527	132.448.912.027
2019	**52000 - Ministério da Defesa**	**98.875.721.903**	**10.980.534.157**	**109.856.256.060**
2019	26000 - Ministério da Educação	94.300.888.360	10.647.039.138	104.947.927.498

Fonte: Portal SIOP (2021)

[238] MATOS, P. O. **Análise comparativa da evolução dos orçamentos de defesa e segurança no período de 2007-2018**. Relatório Técnico. Brasília: Ipea; CEPAL, 2020.

[239] ROSIÉRE, A. A. C. Alocação de recursos nas Forças Armadas. *In*: PINTO, J. R. A.; ROCHA, A. J. R.; SILVA, R. D. P. (org.). **Desafios na atuação das Forças Armadas**. Brasília: Ministério da Defesa, 2004.

Sobre as diversas análises do orçamento de defesa brasileiro há um ponto de convergência: a maior parte dos recursos se destina ao pagamento de pessoal e um volume bastante escasso é alocado para investimentos na capacidade combatente das Forças Armadas[240, 241, 242].

Estudos posteriores a 2008, contudo, apontavam para uma possível alteração nessa estrutura. Embora as despesas com pessoal ainda fossem a maior rubrica do orçamento do MD, haveria uma mudança de tendência devido ao aumento das despesas com investimento e custeio a partir de 2009[243, 244, 245]. Esse aumento dos investimentos estaria relacionado à necessidade de recompor os meios operativos das Forças Armadas e aos projetos estratégicos impulsionados pela Estratégia Nacional de Defesa (END) de 2008[246].

Considerando uma série temporal de 2000 a 2020, observa-se que houve uma tendência geral de elevação do orçamento de defesa no período, sendo que, de fato, os anos de 2009 e 2010 apresentaram uma elevação do patamar de investimentos vigente até então.

240 ROSIÉRE, A. A. C. Alocação de recursos nas Forças Armadas. *In*: PINTO, J. R. A.; ROCHA, A. J. R.; SILVA, R. D. P. (org.). **Desafios na atuação das Forças Armadas**. Ministério da Defesa: Brasília, 2004.

241 DANZIATO, I. Aspectos políticos do orçamento de defesa. *In:* ENCONTRO NACIONAL DE ESTUDOS ESTRATÉGICOS (ENEE), 8., 2008. Rio de Janeiro, 2008.

242 OLIVEIRA, E. R. **Democracia e defesa nacional**. São Paulo: Ed. Manole, 2005.

243 CORREA FILHO, S. L. S. *et al.* Panorama sobre a indústria de defesa e segurança no Brasil. **BNDES Setorial**, n. 38, p. 373-408, 2013.

244 BRUSTOLIN, V. M. Dimensões e aplicações do orçamento de defesa do Brasil. **Mural Internacional**, v. 5, n. 1, 2014.

245 MATOS, P.O.; FINGOLO, J. M.; SCHNEIDER, R. A. Orçamento público e defesa nacional: uma análise do orçamento de defesa brasileiro no período de 2000 a 2016. Revista da Escola de Guerra Naval, v. 23, n. 1, p. 211-238, 2017.

246 GIESTEIRA, L.F.; MATOS, P.O; FERREIRA, T.B. A defesa nacional e os programas estratégicos de defesa no PPA 2016-2019. Texto para discussão IPEA, n. 2672, Brasília, 2021.

Gráfico 6.4 – Evolução Orçamentária do Ministério da Defesa no Brasil (2000-2020)

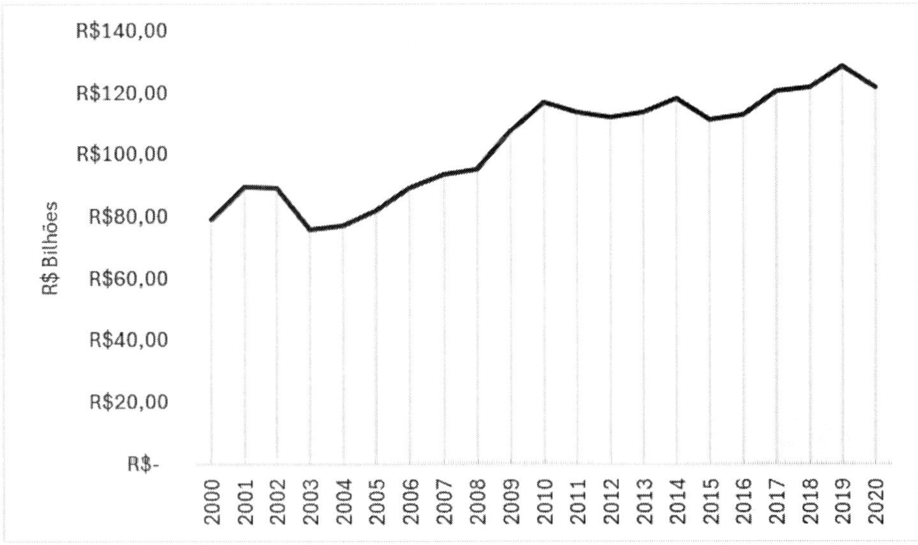

Valores atualizados pelo IPCA, ano base 2020
Fonte: Portal SIOP (2021)

Essa tendência ascendente do orçamento de defesa, em valores absolutos, contudo, não é verificada em relação ao percentual do PIB no período. Desde os primeiros anos da década de 2000, o orçamento do MD tem se mantido em patamares próximos a 1,5% do PIB. A estabilidade nesse indicador parece sugerir que a principal variável determinante do orçamento de defesa brasileiro nos últimos 20 anos tem sido a própria taxa de crescimento do PIB.

Considerando uma série mais ampla, de 1960 a 2020, o pico foi o ano de 1965, com 3,4% do PIB, seguido de uma diminuição constante até a década de 1980. Embora seja contraintuitivo compreender as reduções dos percentuais destinados à defesa, justamente durante o regime militar e o *milagre econômico*, pode-se considerar dois aspectos: 1º) ainda que fossem aumentados os gastos militares (em valores absolutos) nesse período, as elevadas taxas de crescimento econômico permitiam que, proporcionalmente, o indicador defesa/PIB fosse reduzido; 2º) o ideário "defesa e desenvolvimento" do regime militar continha uma visão ampliada da defesa, associando-a com a industrialização do país e com investimentos públicos em ciência e tecnologia, infraestrutura e setores estratégicos, não exclusivamente militares.

Já o outro pico do indicador, no ano de 1989, sugere uma explicação econômica diversa. Como a maior parcela do orçamento de defesa é despesa obrigatória com pagamentos de salários e aposentadorias, em períodos de recessão, a queda das despesas militares seria proporcionalmente menor que a redução do PIB, gerando um indicador defesa/PIB maior. Questões relacionadas à instabilidade política[247] do período também podem ter contribuído, embora, obviamente, esses aspectos demandem uma pesquisa mais acurada e análises econométricas específicas para o caso brasileiro.

Gráfico 6.5 – Orçamento de defesa como percentual do PIB no Brasil (1960 a 2020)

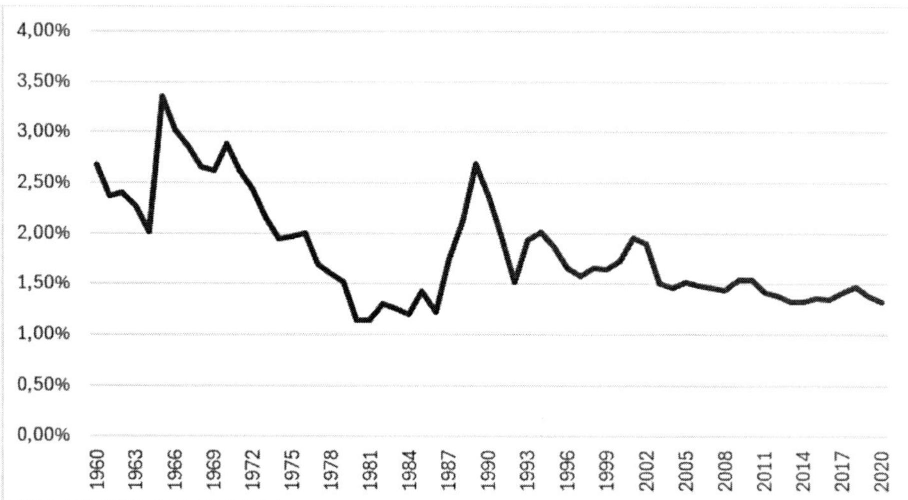

Fonte: SIPRI (2021)

A nova versão da Estratégia Nacional de Defesa (END)[248], na Ação Estratégica de Defesa (AED) nº 14, propõe que as despesas com a defesa nacional sejam fixadas em 2% do PIB na Lei Orçamentária Anual (LOA). O principal argumento para esse percentual seria a necessidade de aumentar os recursos para a aquisição de equipamentos e o financiamento da base industrial de defesa. Além disso, o documento utiliza como referência o padrão sugerido pela OTAN, que é de 2% do PIB, sendo 20% desse total voltado para aquisições de equipamentos[249].

247 Como a necessidade de angariar o apoio político dos militares.

248 Versão em tramitação no Congresso Federal desde 2020.

249 NATO. North Atlantic Treaty Organization. Defence Expenditure of NATO Countries. Disponível em: https://www.nato.int/cps/en/natohq/news_184844.htm. Acesso em: 7 jun. 2023.

Mas para se compreender como está estruturado o orçamento de defesa é necessário considerar a distribuição das despesas de acordo com sua *natureza* (pessoal, custeio e investimentos). Essa distribuição é classificada no SIAFI como Grupo de Natureza de Despesa (GND) e separa, além dos três tipos de despesas já mencionados, as inversões financeiras e as amortizações de dívidas. Considerando o período de 2010 a 2020, verifica-se uma distribuição relativamente estável entre as rubricas, mas com aumento dos gastos com pessoal (ao longo do período), conforme mostram os dados do Gráfico 6.6.

A elevação dos investimentos em 2009 e 2010 reflete o início e/ou intensificação de grandes projetos militares, denominados *projetos estratégicos da defesa* como o da aeronave KC-390 da Força Aérea e o Projeto Submarino de Propulsão Nuclear da Marinha do Brasil. Também o aumento das inversões financeiras em 2019 associa-se a projetos militares, cujos recursos estão vinculados à capitalização de empresas estatais do setor de defesa como a Emgepron e a Amazul, ambas controladas pela Marinha[250].

Gráfico 6.6 – Evolução do Orçamento do MD por GND - Brasil (2010-2020)

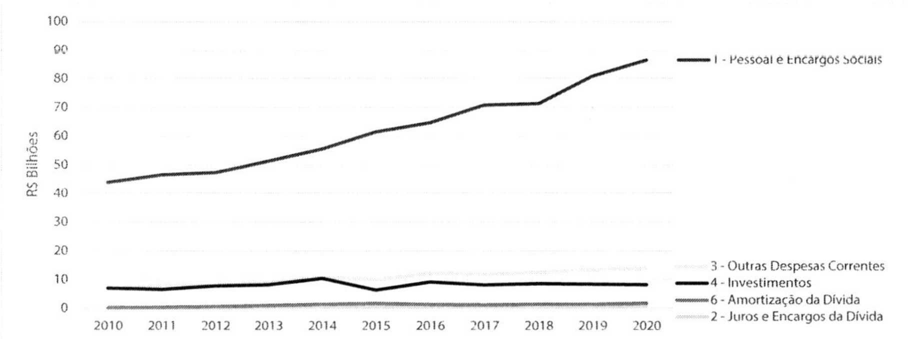

Valores correntes
Fonte: Portal SIOP (2021)

Em termos percentuais, os gastos com pessoal incorporaram a maior parte do orçamento, aproximadamente 80% ao longo do período, o que corrobora análises anteriores. Os investimentos atingiram seu nível máximo no ano de 2010, seguido pelo ano de 2012, com recuo nos anos seguintes, o que está relacionado ao fato de que investimentos são despesas discricio-

[250] GIESTEIRA, L.F.; MATOS, P.O; FERREIRA, T.B. A defesa nacional e os programas estratégicos de defesa no PPA 2016-2019. Texto para discussão IPEA, n. 2672, Brasília, 2021.

nárias e que, portanto, flutuam a partir da variação do orçamento total do MD que, por sua vez, apresenta volatilidade relacionada à taxa de variação do PIB e da arrecadação fiscal.

A instabilidade na taxa de investimentos do MD é apontada como um dos fatores limitadores para a consolidação da BID brasileira, embora elevações nos investimentos do MD, por si só, não necessariamente representem aquisições na indústria nacional, já que boa parte dos equipamentos utilizados pelas forças armadas, sobretudo componentes tecnologicamente mais sofisticados, é importada.

Gráfico 6.7 – Evolução do Orçamento do MD em valores percentuais por GND (2010-2020)

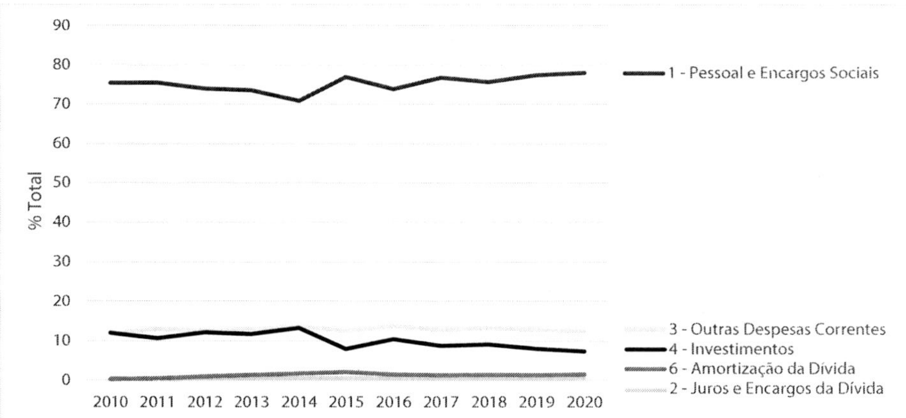

Fonte: Portal SIOP (2020)

Outro dado relevante da estrutura orçamentária da defesa é que a maior parte das despesas de pessoal é realizada com o pagamento de inativos, mais de 60%, segundo dados do Portal SIOP[251]. Mesmo com as reformas realizadas na década de 90 que reduziram alguns benefícios (como a aposentadoria vitalícia para filhas de militares ou a promoção para um posto superior após a passagem para a reserva remunerada), não foram observadas alterações significativas nessa estrutura[252]. Pagamentos com inativos são despesas obrigatórias e difíceis de serem reduzidas no curto prazo, dado o aspecto legal dos direitos adquiridos. Além disso, há a argumentação de que

[251] SISTEMA INTEGRADO DE ORÇAMENTO E PLANEJAMENTO – SIOP. **Painel do Orçamento**. Disponível em: https://www.siop.planejamento.gov.br/modulo/login/index.html#/. Acesso em: 12 fev. 2023.

[252] MATOS, P.O.; FINGOLO, J. M.; SCHNEIDER, R. A. Orçamento público e defesa nacional: uma análise do orçamento de defesa brasileiro no período de 2000 a 2016. **Revista da Escola de Guerra Naval**, v. 23, n. 1, p. 211-238, 2017.

militares não se "aposentam" e podem ser reconvocados para o serviço ativo em casos de emergência ou mobilização nacional, o que tem justificado a manutenção de um regime previdenciário diferenciado.

Tabela 6.3 – Percentual de despesas com pessoal ativo e inativo do MD (2007 a 2019)

	2007	**2008**	**2009**	**2010**	**2011**	**2012**	**2013**	**2014**	**2015**	**2016**	**2017**	**2018**	**2019**
Inativos MD	**61,97**	**63,87**	**61,49**	**61,46**	**61,48**	**61,64**	**61,61**	**62,4**	**62,07**	**62,27**	**62,64**	**62,12**	**62,44**
Ativos MD	36,26	34,07	36,66	36,45	36,71	36,96	36,99	36,28	36,64	36,48	36,14	36,72	36,45

Excluídos pagamentos de anistiados, sentenças judiciais e outras despesas
Fonte: Portal SIOP (2021)

No Brasil, essa estrutura orçamentária do Ministério da Defesa, concentrada em despesas com pessoal ativo e inativo, é peculiar quando comparada à de outros ministérios. Apenas o Ministério da Justiça e Segurança Pública (MJSP) apresenta perfil de gastos com pessoal semelhante. Considerando também o Ministério da Educação (MEC), o Ministério da Saúde (MS) e o Ministério da Ciência, Tecnologia e Inovação (MCTI), verifica-se que o MD é aquele que apresenta o maior percentual de despesas com pessoal, conforme o Gráfico 6.8, tendo sido ultrapassado pelo MJSP no ano de 2018[253]. É importante mencionar que os dados foram coletados considerando o orçamento fiscal e de seguridade social, que inclui as despesas previdenciárias (aposentadorias e pensões) de todos os ministérios.

[253] MATOS, P. O. **Análise comparativa da evolução dos orçamentos de defesa e segurança no período de 2007-2018**. Relatório Técnico, Brasília: Ipea; CEPAL, 2020.

Gráfico 6.8 – Encargos com pessoal como (%) das despesas totais de ministérios selecionados (2007 a 2018)

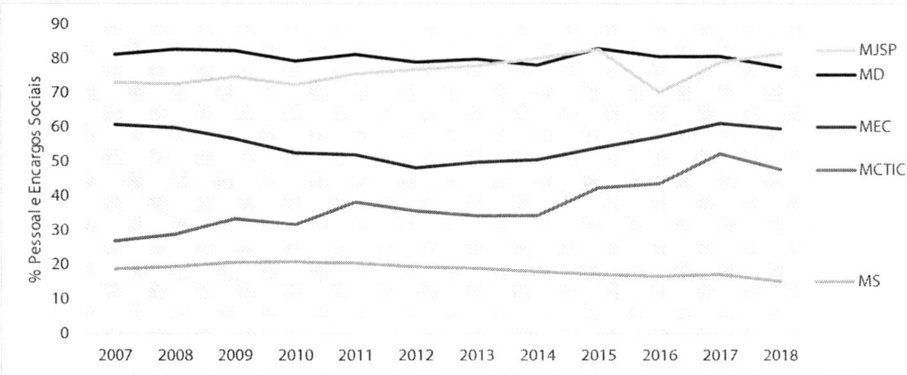

Fonte: Portal SIOP (2020)

Alguns aspectos usualmente empregados para explicar a dimensão dos gastos com pessoal do Ministério da Defesa são a extensão territorial do país e o tamanho da população brasileira, uma vez que haveria uma relação proporcional entre território, população e efetivos militares. Considerando Estados com grandes territórios, verifica-se que o país apresenta um efetivo militar bastante superior ao da Austrália e do Canadá, países com extensões territoriais e despesas de defesa próximas às do Brasil. Porém os efetivos estariam em volume proporcional se considerado o tamanho das populações, de acordo com as informações do anuário *The Military Balance 2021*, do IISS[254].

Conforme pode ser observado na Tabela 6.4, o que realmente diferencia o Brasil dos outros países grandes em território e em população é a taxa de militares da *reserva* em relação à população total, estando à frente dos EUA e abaixo apenas da Rússia.

Tabela 6.4 – População e efetivos militares em países selecionados

País	População	Efetivo (ativa)	Efetivo (reserva)	Ativa / População	Reserva / População
Austrália	25.466.459	58.600	30.100	0,23	0,12

[254] INTERNATIONAL INSTITUTE FOR STRATEGIC STUDIES – IISS. **The Military Balance 2021**. London: Routledge, 2021.

Brasil	**211.715.976**	**366.500**	**1.340.000**	**0,17**	**0,63**
Canadá	37.694.084	67.400	35.600	0,18	0,09
China	1.401.880.342	2.035.000	510.000	0,15	0,04
EUA	332.639.102	1.388.100	844.950	0,42	0,25
Índia	1.326.093.247	1.458.500	1.155.000	0,11	0,09
Rússia	144.722.205	900.000	2.000.000	0,62	1,38

Fonte: IISS (2021)

Novamente, é preciso salientar que outros fatores, econômicos, políticos e geopolíticos, interferem na dimensão dos efetivos militares e que os países podem ter metodologias distintas para a classificação dos militares da reserva, o que poderia gerar distorções nos dados do IISS.

6.5 Considerações finais

NesteW capítulo, abordamos as receitas públicas destinadas às Forças Armadas e ao Ministério da Defesa que configuram o orçamento de defesa nacional. A abordagem restringiu-se a aspectos do pensamento econômico clássico, neoclássico e keynesiano que fundamentam a utilização do orçamento público para fins militares, além de uma análise sobre o caso brasileiro.

A defesa nacional é um bem público e sua oferta pelo Estado leva a questionamentos sobre os fatores que a determinam e os impactos derivados para a economia e o bem-estar. A revisão bibliográfica sobre o tema revela a complexidade de se trabalhar com variáveis de difícil mensuração e avaliação, por vezes abstratas, como defesa, segurança, dissuasão, paz etc. Por um lado, os gastos militares são identificáveis e disponibilizados por diferentes instituições internacionais, apesar das limitações impostas pelo uso de metodologias distintas. Por outro, os benefícios gerados pela defesa nacional podem ser mais intangíveis, dificultando uma aferição precisa de seus resultados.

Em relação às variáveis que determinam a demanda por defesa, a literatura aponta desde aspectos geopolíticos e históricos a motivações econômicas embasadas em possíveis transbordamentos para a economia. Entretanto os modelos econômicos aplicados não resultaram em consenso, em um padrão estável de variáveis determinantes, mostrando que diferentes características estruturais e conjunturais interferem na demanda de defesa dos países. Da mesma forma, não há resultados padronizados para os impactos econômicos dos gastos militares em diferentes países.

Uma análise inicial do caso brasileiro revela que o país tem se inserido entre os 15 maiores orçamentos de defesa do mundo, sendo o principal ator regional, com cerca de 50% do gasto militar total da América do Sul em valores absolutos, o que é condizente com a estatura econômica do país na região. Em termos percentuais do PIB, entretanto, o país apresenta um indicador abaixo da média regional (1,7%) e que tem se mantido estável durante as duas últimas décadas em, aproximadamente, 1,5% do PIB.

Essa estabilidade sugere que a principal variável determinante dos gastos militares no Brasil tem sido o próprio ritmo do crescimento econômico, embora, em alguns anos, como no período imediato após o lançamento da Estratégia Nacional de Defesa (2009 a 2012), tenham sido verificados aumentos nos percentuais de investimentos em relação ao orçamento do MD. De qualquer forma, tais suposições carecem de análise econométrica elaborada que extrapola os objetivos propostos para este texto.

Finalmente, outro aspecto a ser considerado para o caso brasileiro, trata de sua estrutura concentrada em gastos com pessoal, principalmente em inativos, uma característica que difere o orçamento de defesa tanto de outras funções públicas no país, quanto de gastos militares de países com dimensões comparáveis em termos de renda, território e população.

Conceitos

Orçamento de Defesa: conjunto dos recursos públicos destinados ao provimento da defesa nacional pelo Estado. É definido a partir de metodologias distintas, em diferentes países, o que limita análises comparativas internacionais. No Brasil, o orçamento de defesa é mensurado oficialmente como o total dos recursos destinados ao Ministério da Defesa. O orçamento de defesa também pode ser estimado a partir da *função Defesa*, sendo ainda designado por *despesas de defesa* ou *gastos militares*, podendo incluir outros dispêndios externos aos ministérios da defesa, tais como fundos para pesquisa e desenvolvimento em áreas estratégicas.

Gastos militares: a designação "gastos militares" é a mais recorrente em análises comparativas internacionais. Segundo a OTAN, gastos militares incluem: o orçamento do ministério da defesa e das forças armadas, incluindo gastos com administração, forças de operações especiais, serviços médicos, comando logístico etc.; também podem incluir "outras forças", financiadas ou não pelos ministérios da defesa, treinadas e equipadas como força militar, como guarda-marinha, guarda-costeira etc.; pagamentos de aposentadorias e pensões a militares e civis funcionários de departamentos militares; despesas com operações de manutenção da paz e ajuda humanitária (pagas pelos ministérios da defesa ou outros ministérios); gastos com pesquisa e desenvolvimento (P&D) de defesa, mesmo aqueles projetos que não geram a produção de equipamentos militares. Para o SIPRI, são gastos militares: gastos com as forças armadas, incluídas as forças de operações de paz; os gastos com os ministérios da defesa e outros organismos governamentais que participam de projetos de defesa; as forças paramilitares, quando qualificadas, treinadas e equipadas para as operações militares; e as atividades espaciais militares. Também inclui os gastos correntes e de capital em: pessoal militar e civil, incluindo as aposentadorias, pensões e os serviços sociais relacionados; e a pesquisa e desenvolvimento no campo militar.

Demanda de Defesa: reflete a demanda da sociedade pelo *bem público defesa nacional* e é definida a partir de um conjunto de variáveis que envolvem questões políticas, estratégicas, econômicas e histórico-estruturais, entre outras. O grau em que uma sociedade demanda a defesa é refletido no volume de gastos militares, ao se considerar os Estados como agentes racionais e/ou democracias com representantes eleitos pelo voto. A demanda por defesa e suas variáveis determinantes podem ser estimadas a partir de diferentes modelos econométricos que consideram fatores como o crescimento econômico, a existência de ameaças, interesses geopolíticos e/ou comerciais etc., e geram resultados distintos para países com realidades diversas.

Bens Públicos: bens públicos possuem três características essenciais: a primeira é a *não rivalidade,* relacionada ao fato de que o consumo, utilização ou demanda por um indivíduo, não impede ou reduz a disponibilidade do bem para outros indivíduos. A segunda é a *não exclusividade,* uma vez que seu uso não pode ser impedido pelo provedor devido ao não pagamento, o que significa que o Estado não é capaz de impedir um ou outro cidadão de usufruir do bem. E a terceira característica de um bem público é ser ofertado pelo Estado, o que torna a defesa nacional, um *bem* *público perfeito*, uma vez que cumpre todos esses atributos. Esse tipo de bem tem ainda como característica o fato de que dificilmente o setor privado se interessaria em ofertar.

Keynesianismo Militar: o keynesianismo militar reflete uma corrente teórica derivada do Princípio da Demanda Efetiva de Keynes, no qual os gastos públicos com a defesa poderiam levar a impactos positivos no crescimento econômico dos países que efetuam tais despesas. Esses impactos positivos estariam, em geral, relacionados à formação de capital humano, capacitação industrial, transbordamentos tecnológicos e elevação na segurança, por meio do efeito multiplicador keynesiano sobre a demanda agregada.

Questões

Q.6.1. Em avaliações do tipo custo-benefício para o provimento de bens públicos, quais as dificuldades encontradas para o caso específico da defesa nacional?

Q.6.2. Como o Brasil está inserido no cenário global dos gastos militares e em seu aspecto regional?

Q.6.3. Considerando as despesas em defesa do Brasil, por Grupo de Natureza da Despesa (GND), quais peculiaridades caracterizam a estrutura orçamentária da defesa brasileira?

REFERÊNCIAS

ALMEIDA, C. W. L. Economia e orçamento para a defesa nacional. **Revista do Tribunal de Contas da União**, Brasília, v. 32, n. 90, p. 22-32, out./dez. 2001.

ARIDA, P. Gastos militares e segurança nacional. **Revista Brasileira de Economia**, Rio de Janeiro, v. 37, n. 3, p. 369-374, jul./set. 1983.

BRUSTOLIN, V. M. Dimensões e aplicações do orçamento de defesa do Brasil. **Mural Internacional**, v. 5, n. 38, n. 1, 2014.

BRZOSKA, M. World Military Expenditures. *In*: SANDLER, T.; HARTLEY, K. **The Handbook of Defense Economics**. Amsterdam: Elsevier, 1995. v. 1.

CORREA FILHO, S. L. S. *et al*. Panorama sobre a indústria de defesa e segurança no Brasil. **BNDES Setorial**, n. 38, p. 373-408, 2013.

DAGNINO, R. Em que a Economia de Defesa pode ajudar nas decisões sobre a revitalização da Indústria de Defesa brasileira? **Revista Oikos**, UFRJ, Rio de Janeiro, n. 9, ano VII, 2008, p. 113-137.

DANZIATO, I. Aspectos políticos do orçamento de defesa. *In*: VIII ENCONTRO NACIONAL DE ESTUDOS ESTRATÉGICOS (ENEE), 2008, Rio de Janeiro. **Anais** [...]. Rio de Janeiro: [*s. n.*], 2008.

DEGER, S.; SEN, S. Military expenditure and developing countries. *In*: SANDLER, T.; HARTLEY, K. **The Handbook of Defense Economics**. Amsterdam: Elsevier, 1995. v. 1.

DUNNE, J. P.; TIAN, N. Military expenditure and economic growth: 1960-2014. **The Economics of Peace and Security Journal**, v. 11, n. 2, 2016.

EARLE, E. M. Adam Smith, Alexander Hamilton, Friedrich List: fundamentos econômicos do poder militar. *In*: PARET, P. (org.). **Construtores da estratégia moderna**: de Maquiavel à era nuclear. Rio de Janeiro: Bibliex, 2001.

GIACOMONI, J. **Orçamento público**. São Paulo: Atlas, 1996.

GIESTEIRA, L. F.; MATOS, P. O; FERREIRA, T. B. A defesa nacional e os programas estratégicos de defesa no PPA 2016-2019. **Texto para discussão IPEA**, Brasília, n. 2672, 2021.

HARTLEY, K. Conflict and defence output: an economic perspective. **Dalloz Revue D'économie Politique**, v. 122, n. 2, p. 171-195, 2012.

HEYE, T. **Os determinantes políticos dos gastos militares no pós-guerra fria**. 2005. 181 f. Tese (Doutorado em Ciência Política) – Instituto de Pesquisas do Rio de Janeiro, Rio de Janeiro, 2005.

INTERNATIONAL INSTITUTE FOR STRATEGIC STUDIES – IISS. **The Military Balance 2021**. London: Routledge, 2021.

KEYNES, J. M. **A teoria geral do emprego, do juro e da moeda**. Tradução de Mário R. da Cruz. 14. ed. Reimpr. São Paulo: Atlas, 2009.

KOLLIAS, C.; PALEOLOGOU, S. M.; TZEREMES, P.; TZEREMES, N. Defence expenditure and economic growth in Latin American countries: evidence from linear and nonlinear causality tests. **Latin America Economics Review**, v. 2, n. 26, 2017.

LESKE, A. D. C. Uma revisão sobre a inovação em defesa: do spin-off ao spin-in. **Revista de Economia de Economia Política** (Online), v. 38, n. 2, 2018a.

LESKE, A. D. C. Economia de Defesa. *In*: SAINT-PIERRE, H. L.; VITELLI, M. G. (org.). **Dicionário de segurança e defesa**. São Paulo: Editora Unesp, 2018b.

MARKUSEN, A. Defence spending: a successful industrial policy? **Urban Praxis**, p. 105-122, 1986.

MATOS, P. O. Análise comparativa da evolução dos orçamentos de defesa e segurança no período de 2007-2018. **Relatório Técnico**. Brasília: Ipea; CEPAL, 2020.

MATOS, P. O.; FINGOLO, J. M.; SCHNEIDER, R. A. Orçamento público e defesa nacional: uma análise do orçamento de defesa brasileiro no período de 2000 a 2016. **Revista da Escola de Guerra Naval**, v. 23, n. 1, p. 211-238, 2017.

MAZZUCATO, M. **O Estado empreendedor**: desmascarando o mito do setor público vs. Setor privado. São Paulo: Portfolio-Penguin, 2014.

MEDEIROS, C. A. O desenvolvimento tecnológico americano no pós-guerra como um empreendimento militar. *In*: FIORI, J. L. (org.). **O poder Americano**. Petrópolis: Vozes, 2007.

NAVARRO, V. Welfare e "keynesianismo militarista" na era Reagan. **Lua Nova**, n. 24, set. 1991. Disponível em: https://doi.org/10.1590/S0102-64451991000200010. Acesso em: 7 jun. 2021.

NORTH ATLANTIC TREATY ORGANIZATION – NATO. **Defence Expenditure of NATO Countries**. 11 June 2021. Disponível em: https://www.nato.int/cps/en/natohq/news_184844.htm. Acesso em: 21 jun. 2021.

OLIVEIRA, E. R. **Democracia e defesa nacional**. São Paulo: Ed. Manole, 2005.

RIBEIRO, E. A.; NEGRETE, A. C. A.; RIBEIRO, F. S. Análise dos impactos dos transbordamentos de tecnologia em defesa e dos programas estratégicos sobre o crescimento e o desenvolvimento econômico. **Revista Brasileira de Estudos Estratégicos**, v. 12, n. 24, 2020.

ROSIÉRE, A. A. C. Alocação de recursos nas Forças Armadas. *In*: PINTO, J. R. A.; ROCHA, A. J. R.; SILVA, R. D. P. (org.). **Desafios na atuação das Forças Armadas**. Brasília: Ministério da Defesa, 2004.

SILVA FILHO, E. B.; MORAES, R. F. Dos "Dividendos da Paz" à guerra contra o terror: gastos militares mundiais nas duas décadas após o fim da Guerra Fria – 1991-2009. **Texto para Discussão IPEA**, Brasília, n. 1754, 2012.

SISTEMA INTEGRADO DE ORÇAMENTO E PLANEJAMENTO – SIOP. **Painel do Orçamento**. Disponível em: https://www.siop.planejamento.gov.br/modulo/login/index.html#/. Acesso em: 8 set. 2023.

SMITH, A. **Inquérito sobre a natureza e as causas da riqueza das nações**. Tradução de Luís Cristóvão de Aguiar. 4. ed. Coimbra: Fundação Calouste Gulbenkian, 2006. v. 2.

SMITH, R. The demand for military expenditure. *In*: SANDLER, T.; HARTLEY, K. **The Handbook of Defense Economics**. Amsterdam: Elsevier, v. 1, 1995.

STOCKHOLM INTERNATIONAL PEACE RESEARCH INSTITUTE – SIPRI. **SIPRI Military Expenditure Databases**. Disponível em: https://www.sipri.org/databases/milex. Acesso em: 2 nov. 2023.

SYED, A. A. The asymmetric relationship between military expenditure, economic growth and industrial productivity: an empirical analysis of India, China and Pakistan via the NARDL Approach. **Revista Finanzas y Política Económica**, v. 13, n. 1, p. 77-97, Jan.-Jun. 2021.

VILLA, R. D.; VIGGIANO J. Trends in South American weapons purchases at the beginning of the new millennium. **Revista Brasileira de Política Internacional**, v. 55, n. 2, p. 28-47, 2012.

7

PROGRAMAS ESTRATÉGICOS DE DEFESA E CAPACITAÇÃO TECNOLÓGICA

Gilberto Correa (ITA)
Josiane de Araújo Francelino (INPE)
Thiago Caliari (ITA)
Ligia M S Urbina (ITA)

7.1 Introdução

Historicamente, os programas de aquisição das Forças Armadas (FA) brasileiras têm sido norteados por uma estratégia que buscou promover no Brasil o desenvolvimento de setores e tecnologias críticas. Principalmente associados ao paradigma tecno-econômico do pós-guerra[255], programas estratégicos complexos transcenderam a mera obtenção de equipamentos e se voltaram para o desenvolvimento e a transferência de tecnologias para a Base Industrial de Defesa (BID) e seus contíguos setores produtivos civis.

Nesse sentido, os programas estratégicos da Força Aérea Brasileira (FAB) podem ser considerados como casos de sucesso, com relação ao seu papel para políticas industriais e de inovação orientadas à missão considerando o desafio específico de criar um fabricante de aeronaves global[256]. No contexto de um apoio político continuado ao longo de mais de cinco décadas à indústria aeronáutica brasileira, os projetos estratégicos de aeronaves militares foram essenciais para promover na Embraer o domínio das tecnologias requeridas para inovar e sustentar as vantagens competitivas em determinados períodos de transição tecnológica[257]. Analogamente, deve-se

[255] PÉREZ, C. Technological revolutions and techno-economic paradigms. **Working Papers in Technology Governance and Economic Dynamics**, n. 20, Jan. 2009; LOPES, H. C. Os determinantes do desenvolvimento (catching up) na abordagem neoschumpeteriana: integrando a teoria microeconômica evolucionária com conceito de revoluções tecnológicas. **Nexos Econômicos**, v. 8, n. 1, p. 59-80, 2014.

[256] CALIARI; T.; FERREIRA, M. The historical evolution of the Brazilian aeronautical sector: a combined approach based on mission-oriented innovation policy (MOIP) and sectoral innovation system (SIS). **Economics of Innovation and New Technology**, 2022.

[257] FRANCELINO, J.; URBINA, L.; FURTADO, A.; CHAGAS, M. How Public Policies Have Shaped the Technological Progress in the Brazilian Aeronautics Industry: Embraer Case. **Science and Public Policy**, v. 46, n. 6, p. 787-804, 2019.

reconhecer os esforços que foram empreendidos para o desenvolvimento de uma indústria naval, indústria nuclear e indústria de blindados, que, por variados motivos, não lograram atingir o mesmo êxito.

De qualquer forma, percebe-se que ao passo que investimentos de defesa na forma de programas de aquisição têm sido estratégicos para o cumprimento da missão de manter e defender a soberania nacional, o seu relevante papel histórico no desenvolvimento e capacitação tecnológica da BID torna esses investimentos estratégicos também como instrumentos de política industrial e de inovação[258].

Em meados dos anos 2000, já sob a vigência do novo paradigma da revolução da informação e de um diferente ambiente político, emerge o programa de "Reorganização da Base Industrial de Defesa", inicialmente a partir da Política Nacional da Indústria de Defesa (PNID) de 2005, e depois, com maior destaque, a partir da Estratégia Nacional de Defesa (END) de 2008. Em especial, a END de 2008 atrela o atendimento das necessidades de equipamentos das Forças Armadas com o domínio nacional de tecnologias e enfatiza o "condicionamento da compra de produtos de defesa no exterior à transferência substancial de tecnologia"[259]. É importante notar que essas proposições da END, feitas no espírito da época em que se buscava associar o fortalecimento da defesa nacional com o desenvolvimento do país, conseguiram acomodar os objetivos de aquisição de materiais, incluindo materiais estrangeiros, com a participação da indústria local na aquisição. Além disso, elas também garantiram uma maior visibilidade aos projetos estratégicos junto à opinião pública.

Desse ambiente surgem grandes projetos estratégicos como o PROSUB, H-XBR, F-X2, KC-390, GUARANI e SISFRON, que se tornam centrais na agenda política e se legitimam também pela expectativa de impacto tecnológico. Esses impactos são por vezes considerados como capazes de transcender o contexto da defesa e transbordar para o setor civil, um fenômeno geralmente nomeado de *spin-off*[260].

---

[258] Os programas públicos de aquisição do desenvolvimento de sistemas de defesa podem ser considerados como instrumentos de compras públicas para a inovação *public procurement for innovation* tendo efeito no processo de inovação e estimulando a criação de mercados.

[259] BRASIL. **Estratégia Nacional de Defesa**. Ministério da Defesa. Brasília, 2008.

[260] Muito embora os mecanismos pelos quais haveria tais transbordamentos na maioria das vezes não sejam explicitados. Conceitualmente essa opção encontra críticas por parte da literatura brasileira, que considera de uma maneira geral as possibilidades de sua ocorrência limitadas para o contexto brasileiro. LESKE, A. A Review on Defense Innovation: From spin-off to spin-in. **Brazilian Journal of Political Economy**, São Paulo, v. 38, n. 2, p. 377-391, June 2018.

Nesse contexto, com o propósito de trazer aportes conceituais à economia de defesa, este capítulo busca contribuir com a avaliação de impactos tecnológicos advindos de programas estratégicos, ao explorar a perspectiva teórica de acumulação de capacidades tecnológicas. Para alcançar esse objetivo, apresentam-se os principais conceitos teóricos relevantes e, em seguida, demonstra-se sua aplicação por meio de uma análise empírica de três programas estratégicos selecionados: o SISFRON, o PROSUB e o KC-390. Esses três programas estratégicos são escolhidos como uma representativa da geração e difusão tecnológica que ocorrem em iniciativas da defesa nacional.

Portanto, na próxima seção deste capítulo, é introduzida uma abordagem para analisar o contexto tecnológico sob a perspectiva das capacidades organizacionais e da acumulação de capacidades tecnológicas. Em seguida, de forma conceitual, são delineados diferentes tipos de aquisições de defesa e sua relação com os benefícios econômicos e tecnológicos, com foco especial na prática de solicitar compensações tecnológicas, industriais e comerciais, geralmente referidas como *offsets*. Assim, essa estrutura conceitual é posteriormente aplicada aos programas estratégicos SISFRON, PROSUB e KC-390, com o intuito de apresentar uma análise empírica que demonstra os impactos tecnológicos desses programas estratégicos de defesa.

7.2 Capacidades organizacionais e capacitação tecnológica

Para analisar o desenvolvimento e a utilização das tecnologias em escala e complexidade necessárias à defesa, é essencial examinar as formas de organização necessárias para conduzir e executar projetos tecnológicos. Nesse sentido, a perspectiva das capacidades organizacionais possibilita considerar as organizações da BID (empresas, organizações militares, institutos de pesquisa entre outras), envolvidas em projetos estratégicos como o nível principal de análise, classificando-as como repositórios de recursos humanos e materiais que podem ser coordenados, integrados e mobilizados na forma de capacidades. Isso permite que cada uma das organizações envolvidas no projeto, ou mesmo uma rede de organizações colaborativas, tenha a capacidade efetiva de manipular a tecnologia envolvida[261].

[261] DOSI, G.; NELSON, R.; WINTER, S. **The Nature and Dynamics of Organizational Capabilities**. Oxford: Oxford University Press, 2000. 389 p.

De uma maneira geral, a perspectiva das capacidades organizacionais tem afinidade com a conhecida Visão Baseada em Recursos (VBR)[262]. A VBR é um campo de pesquisa situado na interface da gestão estratégica e da economia que se originou nos anos 1960 e reemergiu no início dos anos 1990, cujo principal foco é pensar a estratégia de uma organização a partir de sua base de recursos.

Os recursos podem ser caracterizados como os ativos produtivos estão sob o controle de uma organização e são considerados a fonte de sua vantagem competitiva, pois constituem a base na qual seus produtos e serviços podem ser desenvolvidos, fabricados e entregues. A premissa subjacente à VBR é que a posse de recursos superiores, como a exclusividade no domínio de uma tecnologia de desempenho superior, resulta em custos mais baixos e produtos com um desempenho competitivo aprimorado. Em termos econômicos, recursos específicos de uma organização que não podem ser copiados e que apresentam um desempenho superior geram um fluxo de renda superior em comparação com a concorrência, um tipo de retorno também conhecido como renda Ricardiana.

Entretanto os pesquisadores que investigaram a competição em setores de alta tecnologia, como semicondutores, tecnologia da informação e software, perceberam a necessidade de uma estrutura mais abrangente para compreender como a vantagem competitiva e o sucesso empresarial são alcançados. Isso porque foram observadas organizações, como o caso icônico da Kodak, que, embora tenham acumulado um grande estoque de ativos tecnológicos, não conseguiram desenvolver capacidades competitivas úteis para o seu ambiente. Sob essa perspectiva, casos de sucesso no mercado global, como a empresa 3M, demonstraram que, além da capacidade de gestão para efetivamente desenvolver, coordenar e reutilizar as habilidades internas e externas à empresa, a capacidade de inovação rápida e flexível em produtos pode ser considerada como essencial para o desempenho competitivo[263].

Com base nessas observações, a perspectiva das capacidades organizacionais ganhou relevância nos estudos de gestão estratégica, principalmente a partir do final dos anos 1990. Essa abordagem vai além

---

[262] BARNEY, J. Firm Resources and Sustained Competitive Advantage. **Journal Of Management**, v. 17, n. 1, p. 99-120, 1 mar. 1991.

[263] TEECE, D.; PISANO, G.; SHUEN, A. Dynamic capabilities and strategic management. **Strategic Management Journal**, v. 18, n. 7, p. 509-533, ago. 1997.

da VBR e considera que, embora os recursos sejam considerados ativos produtivos em potencial, eles por si só, não têm a condição de serem produtivos. Para se adquirir essa condição, os recursos devem ser coordenados e integrados na forma de uma capacidade organizacional que possibilite a realização de uma tarefa que entrega valor, dentro de uma determinada estratégia.

Dessa forma, as capacidades organizacionais podem ser simplesmente definidas como o que as organizações podem fazer[264]. Nesse sentido, apesar da importância dos recursos, as capacidades são mais do que os recursos que elas mobilizam. Na abordagem da teoria econômica evolucionária e neoschumpeteriana, as capacidades organizacionais são baseadas principalmente em rotinas organizacionais: padrões regulares e previsíveis de comportamento e atividade, que determinam o que as empresas fazem, quem elas são e como elas se desenvolvem[265]. Assim como as habilidades individuais, as capacidades organizacionais são criadas e acumuladas a partir da experiência da organização. Nesse sentido, as capacidades organizacionais não simplesmente emergem, elas devem ser aprendidas.

Em termos de gestão estratégica, o foco em capacidades organizacionais se tornou uma lente muito eficaz em um mundo volátil, no qual as condições externas às organizações estão em constante mudança. Nesse contexto, a gestão estratégica que guiava a evolução da firma em condições externas menos turbulentas utilizava da análise de cenários e tecnologias para atingir os seus objetivos futuros, dado que não havia preocupações importantes com relação a mudanças drásticas nas condições internas e externas que balizavam os cenários e a evolução das tecnologias. Mas, no caso de mudança de ambiente, o planejamento poderia não fornecer a estabilidade e constância de direção necessárias para guiar a estratégia de longo prazo. Alternativamente, quando o ambiente externo está em um estado de fluxo, definir a própria organização em termos das capacidades que ela possui, fornece uma base mais estável, a partir da qual uma identidade pode ser definida e a estratégia de longo prazo pode ser formulada[266].

---

[264] DOSI, G.; NELSON, R.; WINTER, S. **The Nature and Dynamics of Organizational Capabilities**. Oxford: Oxford University Press, 2000. 389 p.

[265] NELSON, R.; WINTER, S. **An evolutionary theory of economic change**. Cambridge: Harvard University Press, 1982.

[266] GRANT, R. **Contemporary Strategy Analysis**. 10. ed. Hoboken, NJ: Wiley, 2018. p. 109.

7.2.1 Acumulação de capacidades tecnológicas

Dentre as várias linhas de pesquisa relacionadas à perspectiva das capacidades, como as capacidades dinâmicas[267] e as capacidades de absorção[268], a abordagem da acumulação de capacidades tecnológicas se mostra particularmente útil para analisar o contexto da defesa brasileira, dado o seu foco na diminuição do *gap* tecnológico entre os países avançados e os países de industrialização tardia.

Esse contexto é descrito pela literatura como relacionado ao distanciamento das principais fontes de tecnologia e dos mercados de ponta que estão nos países avançados. Essa condição, somada a uma baixa disponibilidade de infraestrutura tecnológica local, faz com que as empresas iniciem suas operações em uma situação inevitavelmente desfavorável para a geração de inovações. Nesse sentido, essas empresas devem realizar um *catching-up* tecnológico que consiste em acumular capacidades tecnológicas que as permitam diminuir a distância tecnológica com a fronteira tecnológica[269].

Uma premissa inicial colocada pela literatura é que o esforço para a realização do *catching-up* tecnológico tende a ser crescente com o aumento da especialização e da escala da produção. A explicação reside no fato de que as etapas de produção artesanais, baseadas na habilidade dos artesãos, cedem lugar à crescente mecanização dos processos de produção e ao crescimento da complexidade dos produtos. Portanto, o domínio que o artesão possuía sobre os meios de produção e do produto propiciava-lhe a capacidade de realizar mudanças tecnológicas que já não são mais possíveis. Essa condição possui a consequência de que as capacidades para conceber produtos deixam de ser parte intrínseca do processo de produção, tornando-se cada vez mais distantes. Assim, em geral, quanto mais tarde os países se engajam na industrialização, mais difícil se torna a acumulação de capacidades para inovar[270].

---

267 TEECE, D.; PISANO, G.; SHUEN, A. Dynamic capabilities and strategic management. **Strategic Management Journal**, [*s. l.*], v. 18, n. 7, p. 509-533, ago. 1997.

268 COHEN, W. M.; LEVINTHAL, D. A. Absorptive Capacity: A New Perspective on Learning and Innovation. **Administrative Science Quarterly**, v. 35, n. 1, p. 128-152, mar. 1990.

269 BELL, M.; FIGUEIREDO, P. N. Innovation capability building and learning mechanisms in latecomer firms: recent empirical contributions and implications for research. **Canadian Journal Of Development Studies/ revue Canadienne D'études Du Développement**, v. 33, n. 1, p. 14-40, mar. 2012. Informa UK Limited.

270 BELL, M.; PAVITT, K. Technological Accumulation and Industrial Growth: Contrasts Between Developed and Developing Countries. **Industrial And Corporate Change**, v. 2, n. 1, p. 157-210, 1993.

Conceitualmente, Bell e Pavitt[271] definem a capacidade tecnológica como o domínio sobre o uso dos recursos tecnológicos e também as capacidades necessárias para gerar e gerenciar a mudança tecnológica. Concretamente, a capacidade tecnológica pode ser descrita como composta por diversos elementos tanto na forma de sistemas físicos — como bens de capital e infraestrutura —, quanto na forma de sistemas organizacionais, conhecimento acumulado e habilidades que permitem que uma organização adquira, desenvolva e use tecnologia[272].

Um aspecto bastante relevante que confere poder analítico à abordagem da acumulação das capacidades tecnológicas é a definição de diferentes níveis de complexidade tecnológica dessas capacidades para expressar as atividades inovadoras que a organização é capaz de realizar. Nesse sentido, o tipo mais básico de capacidade tecnológica é a capacidade de produção, relativa ao processo de industrialização, responsável por incorporar os recursos usados para produzir bens industriais. Mais especificamente, a capacidade de produção envolve a capacidade para operar formas de tecnologia de processo dadas em condições organizacionais já existentes. As capacidades de inovação diferem substancialmente daquelas necessárias para somente operar sistemas técnicos existentes, mas envolvem a criação de novas configurações de tecnologia de produto e processo para implementar mudanças e melhorias nas tecnologias em uso[273].

A partir dessa discussão, emergem duas trajetórias de acumulação de capacidades distintas: 1) aumento de capacidades produtivas por meio do uso de gerações sucessivas de tecnologias; e 2) acumulação de capacidades que permitem mudar ou criar tecnologias. Na prática, portanto, a diminuição do *gap* de capacidades com relação aos líderes globais em termos de implementação de linhas produtivas sofisticadas não necessariamente implica na redução do *gap* com relação a capacidades de conceber novos produtos e inseri-los no mercado[274].

---

[271] BELL, M.; PAVITT, K. The Development of Technological Capabilities. *In*: HAQUE, I. U. *et al.* **Trade, Technology, and International Competitiveness**. Wahington, D. C.: World Bank, 1995. Cap. 4. p. 69-102.

[272] FIGUEIREDO, P. N. Learning, capability accumulation and firms differences: evidence from latecomer steel. **Industrial And Corporate Change**, v. 12, n. 3, p. 607-643, 1 jun. 2003. Oxford University Press (OUP).

[273] BELL, M. Innovation Capabilities and Directions of Development. **STEPS Working Paper 33**. Brighton: STEPS Centre, 2009.

[274] BELL, M.; PAVITT, K. Technological Accumulation and Industrial Growth: Contrasts Between Developed and Developing Countries. **Industrial And Corporate Change**, [*s. l.*], v. 2, n. 1, p.157-210, 1993.

Inspirados em trabalhos pioneiros sobre as capacidades tecnológicas, pesquisadores como Longo[275] e Moreira[276] notam a implicação que a diferença entre acumulação de capacidades de produção e de inovação tem sobre a defesa. Para destacar esse ponto, Longo propõe a diferenciação entre *know-how*, relacionado a capacidades de produção, e *know-why*, que guarda relação com as capacidades de inovação. Tanto Longo quanto Moreira enfatizam que a real transferência de tecnologia estaria relacionada ao *know-why*. Mais importante, esses autores enfatizam que a mera condição de usuário de uma tecnologia tem sérias implicações para uma nação, na medida em que essa passa a ser dependente de tecnologia exterior em termos de sua própria defesa e segurança, seja sob a forma de autonomia tecnológica limitada, dependência tecnológica, e até neocolonialismo tecnológico. Fazendo um paralelo entre os autores e a literatura de acumulação de capacidades tecnológicas, o real potencial de defesa de uma nação está intimamente relacionado à sua capacidade de inovação[277].

7.3 Modelos de avaliação de impactos tecnológicos dos programas estratégicos

A partir do arcabouço colocado pela perspectiva das capacidades, algumas opções metodológicas podem ser sugeridas para analisar os efeitos decorrentes da implementação de programas estratégicos para a Base Industrial de Defesa (BID) do Brasil. A perspectiva da acumulação das capacidades tecnológicas orienta a escolha metodológica, baseando-se em um instrumental analítico que foi refinado durante as décadas de 1990 e 2000. Esse instrumental tem como foco as matrizes de capacitação tecnológica, que são usadas para categorizar e avaliar as capacidades tecnológicas de uma empresa com base em diferentes níveis de complexidades indicativos (como básico, intermediário e avançado) e várias funções no processo de inovação que a empresa precisa dominar (como engenharia de processo, engenharia de produto, engenharia industrial, investimento e ligações com a economia)[278].

---

[275] LONGO, W. A. Tecnologia militar: conceituação, importância e cerceamento. **Tensões mundiais**, v. 3, n. 5, p. 111-143, 2007.

[276] MOREIRA, W. Obtenção de produtos de defesa no Brasil: o desafio da transferência de tecnologia. **Revista da Escola de Guerra Naval**, v. 17, p. 127-149, 2011.

[277] LONGO, W. A. 2007. Tecnologia militar: conceituação, importância e cerceamento. Tensões mundiais, Vol.3, n.5: 111-143, Fortaleza/Ceará.

[278] LALL, S. Technological capabilities and industrialization. **World Development**, Elsevier BV, v. 20, n. 2, p. 165-186, fev. 1992.

Nesse âmbito, no contexto da BID, a Matriz de Avaliação de Impactos em Capacidades Tecnológicas, denominada MAVITEC, foi desenvolvida por Francelino[279] para avaliar os impactos propiciados por programas de aquisição de aeronaves da FAB nas capacidades tecnológicas das empresas da cadeia aeronáutica brasileira. A MAVITEC foi customizada para contemplar as principais funções tecnológicas da cadeia produtiva aeronáutica, para vários tipos de complexidade. Assim, são propostas duas funções de natureza técnica (função desenvolvimento de produto e função engenharia de manufatura); três funções de sustentação (função gestão da acumulação de capacidades tecnológicas, função diversificação e função *networks* formais de desenvolvimento), e quatro funções organizacionais (gestão da produção, gestão de projetos, gestão da inovação e função gestão da cadeia de suprimentos). Além disso, são avaliados seis níveis de complexidade para cada função tecnológica (básico nível 1, 2 e 3; pré-intermediário; intermediário e avançado).

A aplicação da MAVITEC permitiu a visualização das capacidades tecnológicas específicas que foram efetivamente criadas ou aprimoradas pelos programas estratégicos e como essas geraram pré-condições técnicas e organizacionais que permitiram à Embraer desenvolver as inovações necessárias para manter a sua vantagem competitiva nos mercados globais[280].

O constructo da matriz de capacitação tecnológica também foi usado de maneira mais generalista para medir a transferência de tecnologia ocorrida por meio de *offsets* da Força Aérea Brasileira[281]. Nesse caso, as funções são agregadas em direção a uma medição unidimensional de domínio tecnológico da organização, que pode ser apresentada por meio de uma escala de níveis de capacidades tecnológicas. Esta abordagem, apresentada no Quadro 7.1, foca em um nível mais agregado para fornecer uma visão de alto nível sobre o domínio tecnológico das organizações, porém sem entrar em diferentes nichos de capacidades da organização.

[279] FRANCELINO, J.; URBINA, L., FURTADO; A. CHAGAS, M. "How Public Policies Have Shaped the Technological Progress in the Brazilian Aeronautics Industry: Embraer Case." **Science and Public Policy**, v. 46, n. 6, p. 787-804. 2019.

[280] FRANCELINO, J. de A.; URBINA, L. M. S.; FURTADO, A. T.; CHAGAS, M. de F. How public policies have shaped the technological progress in the Brazilian aeronautics industry: embraer case. **Science And Public Policy**, v. 46, n. 6, p. 787-804, 14 ago. 2019.

[281] CORREA, G. **Resultados da Política de Offset da Aeronáutica**: Incremento nas Capacidades Tecnológicas das Organizações do Setor Aeroespacial Brasileiro. 2017. 152 f. Dissertação (Mestrado em Ciências e Tecnologias Espaciais) – Curso de Ciências e Tecnologias Espaciais, Instituto Tecnológico de Aeronáutica, São José dos Campos, 2017.

Quadro 7.1 – Matriz de capacitação tecnológica

Níveis de capacidade	Exemplos ilustrativos destes níveis
Capacidade de produção básica	Implementação de sistemas de produção relativamente complexos que atendem a especificação de processos, produção e produtos: montagem, fabricação de componentes e peças de baixo valor agregado
Capacidade de produção avançada	Implementação de processos produtivos que incorporam características tecnológicas avançadas. Produtos e serviços que incorporam especificações técnicas e performance próximas aos dos mercados avançados: fabricação de subsistemas e sistemas complexos
Capacidade de Inovação básica	Capacidade para implementar pequenas adaptações e melhorias em tecnologias (produtos, processos, software, equipamentos, serviços)
Capacidade de Inovação Intermediária	Capacidade para implementar modificações relativamente complexas em tecnologias (produtos, processos, software, equipamentos, serviços) existente baseadas em engenharia e experimentações
Capacidade de inovação avançada	Capacidade para implementar atividades inovadoras próximas àquelas realizadas pelos líderes globais à base de P&D aplicado e engenharia

Fonte: Correa (2017)[282]

Ainda dentro da mesma perspectiva das capacidades, Bovo[283] analisa a capacidade de absorção (CA), uma capacidade fundamental relacionada à identificação, à aquisição, à assimilação e à transformação de novos conhecimentos. Nesse contexto, a pesquisa de Bovo traz implicações interessantes sobre a CA de pequenas e médias empresas que participaram dos programas de *offset* da FAB, voltados para a transferência de tecnologia. No plano conceitual, a autora apresenta um estudo que, combinando os constructos da teoria de capacidade de absorção e fatores contingentes, busca abordar, além das capacidades internas, mecanismos de relacionamento social — interno

[282] CORREA, G. **Resultados da Política de Offset da Aeronáutica**: Incremento nas Capacidades Tecnológicas das Organizações do Setor Aeroespacial Brasileiro. 2017. 152 f. Dissertação (Mestrado em Ciências e Tecnologias Espaciais) – Curso de Ciências e Tecnologias Espaciais, Instituto Tecnológico de Aeronáutica, São José dos Campos, 2017.

[283] BOVO, M. **Capacidade de Absorção das Empresas do Complexo Aeronáutico Brasileiro**: um Foco Sobre as Políticas de Compra da Força Aérea Brasileira (FB). 2020. 147f. Dissertação (Mestrado em Ciências e Tecnologias Espaciais) – Curso de Ciências e Tecnologias Espaciais, Instituto Tecnológico de Aeronáutica, São José dos Campos, 2020.

e externo —, as relações de poder entre as empresas envolvidas em *offsets*. Tal sugestão pode ser mimetizada para variadas análises em estudos para defesa nacional, com as devidas modificações metodológicas.

7.4 Tipos de programas estratégicos e benefícios tecnológicos

Dentre as opções que tipicamente se apresentam aos tomadores de decisão para suprir os meios materiais de defesa, encontram-se (i) um novo desenvolvimento, (ii) a possibilidade de aquisição de opções existentes no mercado, ou (iii) a possibilidade de revitalização, modernização ou melhoria de produtos já existentes.

A partir dessas possibilidades é possível imaginar um espectro entre dois extremos, com relação aos impactos econômicos e tecnológicos das aquisições de defesa. No primeiro extremo, a aquisição é realizada inteiramente a partir de fornecedores estrangeiros no exterior e o produto chega acabado ao país de destino, sem haver benefícios econômicos ou tecnológicos diretos para a economia local com a aquisição do produto[284]. O segundo extremo relaciona-se ao desenvolvimento e à produção local de um produto, com autossuficiência tecnológica em termos de integração de sistemas e alta retenção de empregos e benefícios econômicos no país, um feito considerável em um mercado intensivo em tecnologia como o de defesa.

Localizadas entre esses dois extremos estão uma série de estratégias de aquisição com níveis variáveis de benefícios tecnológicos e econômicos para o país comprador. Uma alternativa é a realização de pesquisa e desenvolvimento conjunto, geralmente ocorrendo na forma de cooperações estratégicas que envolvem acordos entre governos. Nesses arranjos de colaboração o compartilhamento de trabalho, de custos e da produção são estabelecidos de maneira que exista uma interação intensa entre os parceiros, gerando oportunidades significativas de aprendizado tecnológico[285].

Uma outra opção é a exigência de compensação tecnológica, industrial e comercial de fornecedores estrangeiros, uma prática comumente chamada de *offsets*. Dentre essa prática existe também um espectro considerável de alternativas que contempla desde políticas de *offset* restritivas e que exigem uma considerável participação de fornecedores locais no desenvolvimento

[284] Muito embora seu posterior uso — operação e manutenção — possa gerar impactos no país comprador.

[285] Nessa categoria é possível enquadrar o Projeto AMX, uma cooperação entre Brasil e Itália para o desenvolvimento de uma aeronave de ataque lançada nos anos 1980.

e produção dos produtos adquiridos, até práticas não mandatórias que somente estabelecem estímulos e visam melhores esforços de industrialização no país comprador[286].

No Brasil, a exigência de *offsets* ganhou um grande destaque dentro do paradigma colocado pela Estratégia Nacional de Defesa (END), sendo institucionalizada no âmbito do Ministério da Defesa sob a forma da Política de Compensação Tecnológica, Industrial e Comercial de Defesa (PComTIC DEFESA) colocada pela Portaria 3.662/GM-MD, de 21 de setembro de 2021, que atualiza a Política de Compensação do Ministério da Defesa vigente desde 2002.

Conceitualmente, o racional da exigência de *offsets* parte do argumento de que a economia local merece alguma compensação por ter de importar bens e serviços de fornecedores estrangeiros[287]. Essa compensação acontece na forma de benefícios adicionais ao contrato de fornecimento — critério da adicionalidade — que objetivam ao desenvolvimento tecnológico e industrial do país comprador.

Uma forma comum de categorização de benefícios se refere à relação entre os *offsets* e o produto comprado. Benefícios que são diretamente relacionados ao produto importado são referidos como *offsets* diretos, e *offsets* indiretos se referem a transações que não são diretamente relacionadas à compra de bens ou serviços. Para a compra de aeronaves, um exemplo de *offset* direto é a criação de capacidade no país comprador para o desenvolvimento e a atualização dos equipamentos importados. Nesse caso, um *offset* indireto seria a capacitação de uma instituição de pesquisa local em projeto conceitual de aeronaves.

Uma característica interessante dos pacotes de *offsets* é que eles tipicamente irão consistir da combinação de diferentes modalidades. Dentre diversas modalidades — como subcontratação, produção sob licença e transferência de tecnologia —, os incentivos fornecidos pelo *offset* atuam tanto do lado da demanda quanto do lado da oferta em termos de política industrial e de inovação. No caso brasileiro, principalmente a partir das condições históricas da participação dos *offsets* no desenvolvimento do setor aeronáutico, uma grande prioridade tem sido colocada para a obtenção de transferência de tecnologia nesses arranjos[288].

---

286 MATTHEWS, R. **The UK offset model**: from participation to engagement. London: RUSI, July 2014.

287 TAYLOR, T. **A New Institutional Economic Analysis of Offset Arrangements in Government Procurement**. 2001. 181 f. Tese (Doutorado em Fislosofia) – Curso de Filosofia, University Of Connecticut, Connecticut, 2001.

288 Nesse sentido, também existe na literatura uma hegemonia da posição de que os *offsets* falham em realmente transferir tecnologias críticas e avançadas conforme o geralmente anunciado.

Apesar de sua grande difusão no mercado global, os *offsets* estão longe de ser um tema consensual. No campo de instituições como a Organização Mundial do Comércio (OMC) e do governo dos Estados Unidos e da União Europeia existe a posição de considerar os *offsets* ineficientes economicamente a partir, principalmente, da alegação de que os *offsets* inibem a troca de bens por meio de dinheiro, impõem cláusulas restritivas e prejudicam o livre comércio internacional por meio de contratos bilaterais, trabalhando contra os preceitos de otimização de recursos no livre mercado[289]. Entretanto, na literatura acadêmica, predomina a ponderação de que os *offsets* podem ser eficientes economicamente em situações específicas de mercados imperfeitos, protecionismo e informação limitada, como o mercado internacional de defesa.

Por fim, é importante enfatizar a importância que os *offsets* assumem como uma ferramenta de convencimento para justificar gastos públicos massivos em empreendimentos impopulares como as compras de armamento. Nesse sentido, a literatura aponta para o fato de que os benefícios anunciados antes da sua implementação excedem em muito a prestação de contas após a sua implementação e a percepção de custo incorrido[290]. Uma controvérsia que tem o potencial de ser resolvida com o aprofundamento de estudos de avaliação dos impactos tecnológicos dos referidos programas.

7.5 Programas estratégicos e capacitação tecnológica: os casos do SISFRON, PROSUB e KC-390

Para abordar empiricamente a capacitação tecnológica promovida pelos projetos estratégicos de defesa no Brasil, a presente seção apresenta um estudo de múltiplos casos a partir dos casos mais significativos de cada Força Armada com relação ao impacto tecnológico, os programas PROSUB, SISFRON e KC-390. Os casos podem ser tomados como subunidades[291]

[289] Essa alegação é formalmente utilizada pela Organização Mundial do Comércio para inibir a prática de *offsets*. CORREA, G. **Resultados da Política de Offset da Aeronáutica:** Incremento nas Capacidades Tecnológicas das Organizações do Setor Aeroespacial Brasileiro. 2017. 152 f. Dissertação (Mestrado em Ciências e Tecnologias Espaciais) – Curso de Ciências e Tecnologias Espaciais, Instituto Tecnológico de Aeronáutica, São José dos Campos, 2017.

[290] Nesse contexto, a famosa anedota de que não existe almoço grátis é frequentemente utilizada no contexto dos *offsets* para lembrar que alguém deve pagar pelos custos gerados com o aumento dos benefícios com a exigência de *offsets*. Apesar da difícil definição dos custos envolvidos e da particularidade de cada aquisição, estudos abrangentes situam os *offsets* na faixa de 5 a 10% do custo total da aquisição. ERIKSSON, A. *et al.* **Study on the effects of offsets on the Development of a European Defence Industry and Market**. Brussels: European Defence Agency, 2007.

[291] YIN, R. K. **Case study research**: Design and methods. 3. ed. Thousand Oaks, CA: SAGE Publications, 2003.

de análise do que poderia ser considerada como uma política industrial e de inovação relacionada a aquisições de defesa no Brasil, mesmo que não explicitamente colocada.

O objetivo não é comparar os programas, que variam com relação à complexidade, aos objetivos específicos e ao setor produtivo, mas apresentá-los individualmente, dentro do seu contexto específico, e de forma preliminar identificar o nível de complexidade tecnológica, conforme a estrutura sugerida no Quadro 7.1. Essa estrutura pode ser aplicada para medir resultados de projetos estratégicos a partir da medição dos conhecimentos tecnológicos gerados ou transferidos, que por sua vez são incorporados na forma de incrementos em capacidades tecnológicas das organizações envolvidas. Considera-se que esses incrementos ao longo de um período maior de tempo podem levar à acumulação de níveis mais altos de capacidade tecnológica nas organizações recebedoras[292].

7.5.1 Programa de Desenvolvimento de Submarinos (PROSUB)

O Programa de Desenvolvimento de Submarinos (PROSUB), assinado junto ao Naval Group — anteriormente chamado *Direction dês Constructions Navales et Services* (DCNS) —, possui como objeto três empreendimentos modulares: (i) a infraestrutura, construção e manutenção de submarinos; (ii) a construção de submarino de propulsão nuclear; e (iii) a construção de submarinos convencionais. De maneira geral, o PROSUB apresenta elementos de desenvolvimento endógeno com relação ao projeto de submarino à propulsão nuclear, mas também ocorre na presença de uma cooperação em defesa com a França, possuindo vários mecanismos de *offsets*.

Dentre os contratos associados, o Contrato 8 trata especificamente de 21 projetos chamados de Operações de Compensação que somam um valor total de 4.345,17 milhões de euros[293]. Muito embora o Contrato 8 busque descrever toda a compensação, segundo a auditoria conduzida pelo Tribunal de Contas da União[294], existe certa sobreposição entre

[292] CORREA, G. **Resultados da Política de Offset da Aeronáutica**: Incremento nas Capacidades Tecnológicas das Organizações do Setor Aeroespacial Brasileiro. 2017. 152 f. Dissertação (Mestrado em Ciências e Tecnologias Espaciais) – Curso de Ciências e Tecnologias Espaciais, Instituto Tecnológico de Aeronáutica, São José dos Campos, 2017.

[293] BRASIL. Marinha do Brasil. Estado-maior da Armada. **Relatório de Gestão do Exercício de 2017.** Brasília, DF, 2018.

[294] TRIBUNAL DE CONTAS DA UNIÃO – TCU. **Relatório de Auditoria de Natureza Operacional**: Processos de Transferência de Tecnologia existentes no Programa de Desenvolvimento de Submarinos (Prosub) e no Projeto H-XBR. Brasília, DF, 2013.

os contratos associados ao PROSUB, de maneira que quatro contratos podem ser considerados como relacionados à transferência de tecnologia (contratos 1, 2, 6 e 8).

Para além de duas Operações de Compensação indiretas relacionadas à assistência técnica voltada à manutenção de equipamentos e sistemas do Navio-Aeródromo São Paulo e para a modernização de setores do Arsenal de Marinha no Rio de Janeiro, os demais projetos se relacionam a três empreendimentos modulares. Com relação ao Empreendimento Modular 18, que compreende a infraestrutura da Unidade de Fabricação de Estruturas Metálicas (UFEM) e do Estaleiro de Manutenção e da Base Naval (EBN), é incluída a transferência de tecnologia relacionada à definição da infraestrutura técnica e fornecimento de documentação que possibilite a sua construção.

O Empreendimento Modular 19, relacionado à construção do submarino de propulsão nuclear, também possui um escopo relacionado à transferência de tecnologia. Ao passo que a transferência de tecnologia não contempla a tecnologia nuclear, que deve ser desenvolvida exclusivamente pelo Brasil, existe a assistência técnica com relação a estudos de hidrodinâmica, concepção do casco, projeto do módulo de propulsão e estabelecimento de laboratórios específicos para apoiar o desenvolvimento do submarino nuclear[295].

O Empreendimento Modular 20 diz respeito à construção dos quatro submarinos franceses convencionais adquiridos pelo Brasil. Nesse empreendimento, situa-se a maior parte dos benefícios relacionados à capacitação tecnológica implementados até hoje. Dentre os benefícios, está o Programa de Nacionalização da Produção (PNP) que objetiva nacionalizar o máximo possível da produção dos submarinos no Brasil a partir de 68 projetos candidatos à nacionalização (em 2020) que constituem sistemas, equipamentos e itens que compõem o pacote de material dos submarinos de propulsão convencional. O PNP é viabilizado a partir de 100 milhões de euros para custear os projetos previstos. Em 2020, mais de 35 empresas já haviam sido envolvidas na produção de itens para os submarinos, como a empresa Omnisys (fabricação de consoles e equipamentos específicos), a Micromazza (adaptação e fabricação das válvulas de casco) e a WEG (fornecimento de motores elétricos)[296]. Nesse pacote, pode-se destacar a

[295] MARTINS, C. **A Prática de Offset como instrumento capaz de unificar o poder de compra do Estado**: Aplicação na MB e perspectivas futuras. 2013. 91 f. Monografia (Trabalho de Conclusão de Curso) – Política e Estratégia Marítimas, Escola de Guerra Naval, Rio de Janeiro, 2013.

[296] DUTRA, R.; FIRMINO, R. Programa de Nacionalização de Materiais para os Novos Submarinos da MB. **Revista Marítima Brasileira**, v. 140, n. 4/6, p. 113-124, 2020.

transferência de tecnologia para a ATECH e para a própria MB, relacionada ao sistema de gerenciamento de combate, com a absorção de tecnologia relacionada à arquitetura, ao software e ao hardware por meio de treinamento *on-the-job* (OJT), voltado à construção (desde projeto a testes) de módulos de seu software[297].

Além do PNP, existe uma ampla transferência de *know-how* sobre a construção dos submarinos convencionais, que envolve a transferência de pacotes de dados e capacitação realizada na modalidade de treinamento *on-the-job* (OJT) na França, com a participação de 259 brasileiros até 2016 das organizações brasileiras Nuclebrás Equipamentos Pesados (NUCLEP), e Itaguaí Construções Navais (ICN) e da própria Marinha do Brasil e a posterior assistência técnica no Brasil, para a qual 194 pessoas já haviam contribuído em 2020[298]. Cabe destacar que o design do submarino não faz parte da transferência de tecnologia, sendo que somente o fornecimento de suas especificações está previsto[299]. Diversas outras iniciativas de transferência de tecnologia ainda estão relacionadas a esse Empreendimento Modular, como a capacitação para serviços de engenharia, apoio logístico, compatibilidade eletromagnética e interferência eletromagnética, engenharia de sistema e manutenção do sistema de combate, assim como manutenções em vários sistemas, para a qual a principal beneficiária é a Marinha do Brasil.

De uma maneira geral, pode-se situar o PROSUB como heterogêneo com relação ao nível de capacitação tecnológica. Observa-se que a grande maioria dos seus esforços está na industrialização no Brasil de produtos estrangeiros e no estabelecimento da infraestrutura necessária que, mesmo se relacionando a produtos de fabricação sofisticada, está voltada a capacidades de produção. Em menor escala, entretanto, está a capacitação relacionada à modificação de produtos, como a relacionada ao sistema de gerenciamento de combate, assim como em engenharia básica para o desenvolvimento do submarino com propulsão nuclear. Nesses casos, observa-se acumulação de capacidades tecnológicas por meio de transferência de tecnologia prin-

[297] OLIVEIRA, G. **Uma avaliação dos processos de transferência de tecnologia do PROSUB, Guarani e H-XBR.** 2016. 314 f. Dissertação (Mestrado em Estudos Estratégicos) – Curso de Estudos Estratégicos da Defesa e da Segurança, Universidade Federal Fluminense, Instituto de Estudos Estratégicos, 2016.

[298] MARTINS, C. **A Prática de Offset como instrumento capaz de unificar o poder de compra do Estado**: Aplicação na MB e perspectivas futuras. 2013. 91 f. Monografia (Trabalho de Conclusão de Curso) – Política e Estratégia Marítimas, Escola de Guerra Naval, Rio de Janeiro, 2013.

[299] DUTRA, R.; FIRMINO, R. Programa de Nacionalização de Materiais para os Novos Submarinos da MB. **Revista Marítima Brasileira**, v. 140, n. 04/06, p. 113-124, 2020.

cipalmente no nível de capacidades de inovação básica (e pontualmente intermediária) à medida que os esforços de engenharia se intensificam. Além disso, o desafio colocado pela propulsão nuclear tem impulsionado a acumulação de capacidades tecnológicas no nível avançado e de liderança mundial em algumas áreas relacionadas ao programa.

7.5.2 Programa Estratégico Sistema Integrado de Monitoramento de Fronteiras (SISFRON)

O SISFRON contempla o desenvolvimento de um sistema de monitoramento e controle da extensa faixa de fronteira terrestre brasileira, com apoio de sensores, operadores e de outros meios tecnológicos. Com início de sua implementação em 2010, o Projeto-Piloto SISFRON possui um valor contratado de USD 403 milhões de dólares americanos e é executado a partir da contratação do Consórcio TEPRO, composto por empresas do Grupo Embraer. O Consórcio é responsável pela integração dos vários subsistemas que o compõem: subsistema de sensoriamento, subsistema de apoio à decisão, subsistema de atuação, subsistema de comunicações, subsistema de segurança de informações e comunicação, subsistema de simulação e capacitação e subsistema logístico[300].

Para além dos contratados nacionais, no que diz respeito aos subcontratados estrangeiros que fornecem produtos, são realizadas exigências de *offsets*. Nesse âmbito, foram firmados, no total, quatro acordos de compensação com diferentes empresas estrangeiras, que somam 19 projetos de compensação e um valor total de USD 193,2 milhões[301].

O acordo de compensação 001-CCOMGEX/2013, firmado com a ELOP, conta com sete projetos e possui como principal beneficiária a AEL Sistemas, mas também as empresas BRADAR e Harpia, cujo principal objeto são sistemas e materiais ópticos eletrônicos. A capacitação está relacionada principalmente à montagem final, aos testes, à certificação, à manutenção e à integração desses equipamentos no Brasil, especificamente o binóculo de imagem termal CORAL CR, câmera de imagem

[300] MEDEIROS, F. **SISFRON**: contribuições para a Estratégia Nacional de Defesa no tocante ao aumento da autonomia da Base Industrial de Defesa Brasileira em Tecnologias Sensíveis. 2018. 67 f. Monografia (Trabalho de Conclusão de Curso) – Direção para Engenheiros Militares, Escola de Comando e Estado-Maior do Exército, Rio de Janeiro, 2018.

[301] EXÉRCITO BRASILEIRO. Relatório de Gestão do Exército Brasileiro do Exercício de 2017. Brasília, DF, 2018.; DIÁRIO OFICIAL DA UNIÃO, Edição: 2; Seção: 3; Página: 20. 03/02/2020.; e DIÁRIO OFICIAL DA UNIÃO; Edição: 37, Seção: 3, Página: 22, 21/02/2019.

termal LIZ-M e monóculo LORIS. A capacitação é realizada por meio de assistência técnica, treinamentos e transferência de equipamentos fornecidos pela ELOP aos beneficiários.

O acordo de compensação 002-CCOMGEX/2013, por sua vez, assinado com a empresa canadense ADVANTECH WIRELESS, está relacionado a sistemas de sensores de sinais eletromagnéticos, com dois projetos de compensação possuindo as empresas beneficiárias IBRASAT e VISIONBYTE. A capacitação foi obtida por meio de treinamento de pessoal técnico, com objetivo de realizar produção, testes, certificação e manutenção do módulo de comunicação DVB RCS (na Visionbyte) e do Terminal Manpack (na Ibrasat)[302].

O acordo de compensação 003-CCOMGEX/2013, firmado com a empresa alemã MEOAV, tem a empresa BRADAR como principal beneficiária, mas contou também com benefícios para o próprio EB a partir de sete projetos relacionados aos rádios adquiridos da empresa alemã. O foco do acordo esteve relacionado à fabricação e à manutenção dos equipamentos, com treinamento e doação de ferramentas à BRADAR. Além disso, a BRADAR foi capacitada para desenvolver uma criptografia personalizada dos rádios, a partir da modificação do algoritmo, além de estar desenvolvendo juntamente com a MEOAV um receptor nacional. O EB também recebeu benefícios relacionados ao estabelecimento de um centro de treinamento e a realização de doutorado na área de guerra eletrônica.

Por fim, o acordo de compensação nº 004-CComGEx/2013 foi assinado com a empresa americana Harris e é relacionado a tecnologias de comunicação. O pacote de compensação visa estabelecer capacidade de manutenção local no próprio EB, além da capacitação da empresa SAVIS para desenvolvimento de criptografia nacional e capacitação da empresa BRADAR para suportar parte do sistema[303].

À medida que o SISFRON se configura como um projeto de desenvolvimento nacional, o projeto impulsiona capacidades de inovação intermediárias intensivas em engenharia no que diz respeito ao desenvolvimento e à integração de sistemas, à estruturação e à gestão de projetos complexos, além de viabilizar parcerias dentro do Grupo Embraer e do próprio Exér-

---

[302] FEREIRA, E. **O Programa Estratégico do Exército Brasileiro "Sistema Integrado de Monitoramento de Fronteiras" e a Aquisição de Novas Tecnologias**. 2020. 35 f. Monografia (Trabalho de Conclusão de Curso) – Altos Estudos em Defesa, Escola Superior de Guerra, Brasília, 2020.

[303] *Ibidem.*

cito Brasileiro. Especificamente, é possível observar o desenvolvimento das empresas BRADAR e SAVIS, que fazem parte do Grupo Embraer, atingindo um nível que lhes permite começar a dominar a tecnologia de criptografia e sensoriamento remoto na condição de desenvolvedoras. Além dessas capacidades, a capacitação das empresas nacionais para realizar atividades de fabricação final, suporte e manutenção de alguns equipamentos está relacionada à capacitação no nível de usuário da tecnologia.

7.5.3 O Projeto KC-390

O Projeto KC-390 foi formalmente iniciado a partir da contratação do desenvolvimento de uma nova aeronave, em 2009, com um valor total de USD 2,5 bilhões[304], com base nos requisitos do Comando da Aeronáutica, depois de uma extensa avaliação comparativa entre a compra de aeronave existente no mercado ou desenvolvimento de uma nova aeronave.

Cabe destacar que os requisitos colocados pela Força Aérea Brasileira (FAB) apresentaram o desafio de substituir praticamente todo o envelope de voo do C-130J (Hércules), mas em uma classe de maior velocidade, altitude e peso. A partir da combinação das capacidades tecnológicas da Embraer e dos requisitos exigidos pela FAB, o projeto apresentou-se como um instrumento de verdadeira política industrial e de inovação orientada à missão, com a colocação de desafios amplos e problemas concretos em uma estrutura de trabalho sinérgica entre Estado e empresa. O resultado final não se trata somente da maior aeronave já desenvolvida e produzida pela Embraer, mas de uma configuração potencialmente revolucionária para o segmento de transporte aéreo tático, com a decisão de incluir dois motores *turbofan* modernos em um projeto de asa alta, com sistemas avançados de alta sustentação e um novo conceito de junção da asa à fuselagem.

Com relação aos sistemas embarcados, o KC-390 permitiu à Embraer acumular capacidades a partir da evolução da arquitetura do sistema de aviônicos e melhoria no processo de desenvolvimento de software, atendendo à norma DO-178. A empresa também assumiu atividades críticas que vinham sendo terceirizadas, como a integração de sistema de controle de voo, consolidando internamente na Embraer, de fato, as capacidades relacionadas a *fly-by-wire*.

---

[304] COMANDO DA AERONÁUTICA. Departamento de Ciência e Tecnologia Aeroespacial. Comissão Coordenadora do Programa Aeronave de Combate. **Relatório de Dados de Gestão - 2021**. Brasilia, DF, 2022.

Em termos de sistemas gerais da aeronave, a Embraer teve que enfrentar diversos desafios, como o desenvolvimento de um sistema de manuseio de carga altamente demandante e que se constitui hoje como um dos mais avançados do mundo. O sistema de combustível também é extremamente complexo, incluindo as capacidades de recebedor e abastecedor, inclusive para reabastecimento de helicópteros a baixa velocidade. Outras empresas brasileiras também foram contratadas pela Embraer, com destaque para a ELEB, que desenvolveu uma nova classe de trem de pouso que suporta 84 toneladas, representando uma conquista tecnológica para o segmento, e para a Akaer, que realizou parte do projeto de estruturas, gerando transbordamentos desse programa no país.

Em termos de testes em voo, a Embraer também pôde acumular experiências em missões complexas novas para a empresa. Por fim, as soluções de fabricação para construir o KC-390 foram diferentes das usuais, como o nível de automação em aeronaves desse porte, que também geram capacidades específicas na Embraer e seus subcontratados brasileiros, que incluem diversas pequenas e médias empresas do segmento de usinagem.

Apesar do KC-390 ser um projeto de desenvolvimento nacional, a Força Aérea Brasileira exigiu *offset* de fornecedores de sistemas estrangeiros considerados estratégicos. Nesse âmbito, foram assinados cinco acordos de compensação entre a FAB e os fornecedores IAE AG, Collins Aerospace, BAE Systems, Thales e Rohde & Schwarz. A maioria dos benefícios adicionais que foram negociados por meio de *offsets* tem relação direta com a aeronave e está relacionada a todo o seu ciclo de vida. Tematicamente, a maior parte do escopo relacionado aos *offsets* do KC-390 esteve associada a manutenções mais avançadas a serem realizadas no Brasil. Em menor intensidade também foram negociadas a capacitação em desenvolvimento de software, assim como o aumento do conteúdo nacional por meio de montagens de componentes no Brasil.

Com relação a todo o programa, pode-se afirmar que os desafios tecnológicos colocados pelo Projeto KC-390, levaram à acumulação de capacidades de inovação avançadas em desenvolvimento e integração de sistemas, em níveis de complexidade condizentes com a fronteira tecnológica.

7.6 Conclusão

Este capítulo partiu do objetivo de entender os programas das Forças Armadas além de sua função como meios materiais de defesa da soberania nacional, observando também a sua natureza estratégica com relação aos impactos econômicos e tecnológicos para o Brasil.

Como já discutido por pesquisadores que se dedicam ao estudo da tecnologia e defesa no Brasil, essa compreensão implica em superar a abordagem superficial da posse de Produtos de Defesa (PRODE) e Produtos Estratégicos de Defesa (PED), avançando em direção a uma perspectiva mais aprofundada sobre a mudança tecnológica. Essa mudança é o cerne da verdadeira questão estratégica associada à tecnologia, pois dela depende a capacidade de uma nação assegurar independência em termos de sua própria defesa e segurança.

A ênfase recente das Forças Armadas brasileiras no Planejamento Baseado em Capacidades (PBC) representa uma progressão conceitual que vai ao encontro dos princípios da perspectiva das capacidades organizacionais. Essa perspectiva, uma corrente teórica que se situa teórica na interface da gestão estratégica e da economia, busca explicar como ocorre o processo de inovação e a mudança tecnológica discutido neste capítulo.

Inserida nessa corrente, a abordagem da acumulação de capacidades tecnológicas tem sido aplicada com sucesso desde os anos 1980 para entender a mudança tecnológica no contexto de países de industrialização tardia. Nesse sentido, essa abordagem se mostra particularmente útil para o contexto específico de defesa brasileiro, tendo o potencial de responder muitas questões relacionadas ao mapeamento das capacidades da base industrial de defesa e à identificação dos impactos dos programas estratégicos.

Do ponto de vista empírico, procurou-se ilustrar a utilidade desse arcabouço a partir da análise dos casos PROSUB, SISFRON e KC-390, que representam os maiores expoentes da atualidade de cada Força Singular em termos de programas estratégicos, não só do ponto de vista material para a defesa, mas também como instrumentos de uma política industrial com impactos econômicos e tecnológicos para o país.

Nesse sentido, a análise realizada se configurou como uma primeira aproximação a esses projetos que se caracterizam por implementação complexa e, na prática, assumem a forma de arranjos híbridos com relação a modelos tradicionais de aquisições de defesa. Apesar da análise não aprofundada, é evidente que os projetos estratégicos desempenham um papel sistêmico como instrumentos de política industrial e de inovação. Do lado da oferta, ampliam o acesso a conhecimento, a infraestruturas tecnológicas e a formação de redes; do lado da demanda, colocam desafios de desenvolvimento e oportunidades de inserção na cadeia global de valor.

Em todos os casos abordados, observa-se uma ênfase na exigência de compensações (*offsets*) em aquisições de defesa, muitas vezes relacionadas a capacidades de produção e à condição de usuário da tecnologia. Por outro lado, a capacitação tecnológica no nível de inovação está mais relacionada a desafios de desenvolvimento e integração, por parte das Forças Armadas, a empresas e organizações nacionais.

Esses desafios se caracterizam como um importante impulso ao desenvolvimento industrial e atuam efetivamente na forma de uma política orientada à missão, levando à necessidade de aprendizado que, por sua vez, pode levar à acumulação de capacidades de inovação de alto valor agregado. A implementação contínua dessa abordagem visa alcançar um progresso contínuo no desenvolvimento do conhecimento até que a Base Industrial de Defesa alcance os níveis de fronteira tecnológica.

O principal objetivo delineado neste capítulo foi contribuir para qualificar o debate em torno da tecnologia de defesa no Brasil e auxiliar na tomada de decisão acerca de temas tão caros para a defesa nacional. No entanto, é importante ressaltar que as análises dos programas estratégicos são preliminares, baseadas na observação dos programas através de documentos oficiais, informações de mídia eletrônica, consulta a especialistas, entre outras fontes. É desejável realizar análises mais aprofundadas das capacidades geradas por esses programas, possivelmente utilizando matrizes de avaliação de capacidades aplicadas aos programas estratégicos analisados, bem como demais programas estratégicos das Forças Armadas.

Conceitos

Programas Estratégicos de Defesa: projetos e iniciativas empreendidos por um país com o objetivo de adquirir ou desenvolver sistemas e tecnologias de defesa. Além de proverem os equipamentos que asseguram a soberania nacional, esses programas possuem uma dimensão estratégica adicional, funcionando como instrumentos de política industrial e de inovação. Eles impulsionam a Base industrial de Defesa e contribuem para a acumulação de capacidades tecnológicas.

Acumulação de capacidades tecnológicas: processo de aprendizado por meio do qual uma organização adquire domínio dos recursos tecnológicos necessários para gerar e gerenciar a mudança tecnológica. Esse processo geralmente ocorre de forma progressiva e cumulativa, à medida que a organização ganha experiência e passa sucessivamente por vários níveis de capacitação tecnológica. Quando sustentada ao longo do tempo, essa acumulação pode permitir que organizações de países de industrialização tardia diminuam sua defasagem em relação às de países avançados e cheguem próximos à fronteira tecnológica.

Offsets: arranjos contratuais que estipulam que fornecedores estrangeiros de equipamentos de defesa devem fornecer compensações, como a transferência de tecnologia, a aquisição de bens ou serviços locais e investimentos industriais, como parte do processo de aquisição. Essas compensações desempenham um papel importante de política industrial e de inovação no contexto da defesa.

Questões

Q.7.1. O que são programas estratégicos de defesa e por que são importantes para um país?

Q.7.2. Como ocorre o processo de acumulação de capacidades tecnológicas?

Q.7.3. Por que a análise das capacidades tecnológicas é importante ao avaliar o impacto dos programas estratégicos de defesa?

REFERÊNCIAS

BARNEY, J. Firm Resources and Sustained Competitive Advantage. **Journal Of Management**, v. 17, n. 1, p. 99-120, 1 mar. 1991.

BELL, M.; FIGUEIREDO, P. N. Innovation capability building and learning mechanisms in latecomer firms: recent empirical contributions and implications for research. **Canadian Journal Of Development Studies/revue Canadienne D'études Du Développement**, v. 33, n. 1, p. 14-40, mar. 2012. Informa UK Limited.

BELL, M. **Innovation Capabilities and Directions of Development**. STEPS Working Paper 33. Brighton: STEPS Centre, 2009.

BELL, M.; PAVITT, K. Technological Accumulation and Industrial Growth: Contrasts Between Developed and Developing Countries. **Industrial And Corporate Change**, v. 2, n. 1, p. 157-210, 1993.

BELL, M.; PAVITT, K. The Development of Technological Capabilities. *In*: HAQUE, I. U. *et al*. **Trade, Technology, and International Competitiveness**. Wahington, D. C.: World Bank, 1995. Cap. 4. p. 69-102.

BOVO, M. 2020. **Capacidade de Absorção das Empresas do Complexo Aeronáutico Brasileiro**: um Foco Sobre as Políticas de Compra da Força Aérea Brasileira (FB).2020. 147 f. Dissertação (Mestrado em Ciências e Tecnologias Espaciais) - Curso de Ciências e Tecnologias Espaciais, Instituto Tecnológico de Aeronáutica, São José dos Campos.

BRASIL. Marinha do Brasil. Estado-maior da Armada. **Relatório de Gestão do Exercício de 2017**. Brasília, DF, 2018.

CALIARI; T.; FERREIRA, M. The historical evolution of the Brazilian aeronautical sector: a combined approach based on mission-oriented innovation policy (MOIP) and sectoral innovation system (SIS). **Economics of Innovation and New Technology**, v. 32, n. 5, p. 682-699. https://doi.org/10.1080/10438599.2021.2011258.

COHEN, W. M.; LEVINTHAL, D. A. Absorptive Capacity: A New Perspective on Learning and Innovation. **Administrative Science Quarterly**, v. 35, n. 1, p. 128-152, mar. 1990.

COMANDO DA AERONÁUTICA. Departamento de Ciência e Tecnologia Aeroespacial. Comissão Coordenadora do Programa Aeronave de Combate. **Relatório de Dados de Gestão - 2021**. Brasilia, DF, 2022.

CORREA, G. **Resultados da Política de Offset da Aeronáutica**: Incremento nas Capacidades Tecnológicas das Organizações do Setor Aeroespacial Brasileiro. 2017. 152 f. Dissertação (Mestrado em Ciências e Tecnologias Espaciais,) – Curso de Ciências e Tecnologias Espaciais, Instituto Tecnológico de Aeronáutica, São José dos Campos, 2017.

DOSI, G.; NELSON, R.; WINTER, S. **The Nature and Dynamics of Organizational Capabilities**. Oxford: Oxford University Press, 2000. 389 p.

DUTRA, R.; FIRMINO, R. Programa de Nacionalização de Materiais para os Novos Submarinos da MB. **Revista Marítima Brasileira**, v. 140, n. 4/6, p. 113-124, 2020.

ERIKSSON, A. *et al.* **Study on the effects of offsets on the Development of a European Defence Industry and Market**. Brussels: European Defence Agency, 2007.

FERREIRA, E. **O Programa Estratégico do Exército Brasileiro "Sistema Integrado de Monitoramento de Fronteiras" e a Aquisição de Novas Tecnologias**. 35 f. Monografia (Trabalho de Conclusão de Curso) – Altos Estudos em Defesa, Escola Superior de Guerra, Brasília, 2020.

FIGUEIREDO, P. N. Learning, capability accumulation and firms differences: evidence from latecomer steel. **Industrial And Corporate Change**, v. 12, n. 3, p. 607-643, 1 jun. 2003. Oxford University Press (OUP).

FRANCELINO, J. de A.; URBINA, L. M. S.; FURTADO, A. T.; CHAGAS, M. de F. How public policies have shaped the technological progress in the Brazilian aeronautics industry: Ambraer Case. **Science And Public Policy**, v. 46, n. 6, p. 787-804, 14 ago. 2019.

GRANT, R. **Contemporary Strategy Analysis**. 10. ed. Hoboken, NJ: Wiley, 2018.

LALL, S. Technological capabilities and industrialization. **World Development**, v. 20, n. 2, p. 165-186, fev. 1992. Elsevier BV.

LESKE, A. A Review on Defense Innovation: From spin-off to spin-in. **Brazilian Journal of Political Economy**, São Paulo, v. 38, n. 2, p. 377-391, June 2018.

LONGO, W. A. Tecnologia militar: conceituação, importância e cerceamento. **Tensões Mundiais**, v. 3, n. 5, p. 111-143, 2007.

LOPES, H. C. Os determinantes do desenvolvimento (catching up) na abordagem neoschumpeteriana: integrando a teoria microeconômica evolucionária com conceito de revoluções tecnológicas. **Nexos Econômicos**, v. 8, n. 1, p. 59-80, 2014.

MARTINS, C. **A Prática de Offset como instrumento capaz de unificar o poder de compra do Estado**: Aplicação na MB e perspectivas futuras. 2013. 91 f. Monografia (Trabalho de Conclusão de Curso Política e Estratégia Marítimas) – Política e Estratégia Marítimas, Escola de Guerra Naval, Rio de Janeiro, 2013.

MATTHEWS, R. **The UK offset model**: from participation to engagement. London: RUSI, July 2014.

MEDEIROS, F. **SISFRON**: contribuições para a Estratégia Nacional de Defesa no tocante ao aumento da autonomia da Base Industrial de Defesa Brasileira em Tecnologias Sensíveis. 67 f. Monografia (Trabalho de Conclusão de Curso) – Direção para Engenheiros Militares, Escola de Comando e Estado-Maior do Exército, Rio de Janeiro, 2018.

MOREIRA, W. Obtenção de produtos de defesa no Brasil: o desafio da transferência de tecnologia. **Revista da Escola de Guerra Naval**, v. 17, p. 127-149, 2011.

NELSON, R.; WINTER, S. **An evolutionary theory of economic change**. Cambridge: Harvard University Press, 1982.

OLIVEIRA, G. **Uma avaliação dos processos de transferência de tecnologia do PROSUB, Guarani e H-XBR**. Dissertação (Mestrado em Estudos Estratégicos) – Curso de Estudos Estratégicos da Defesa e da Segurança, Universidade Federal Fluminense, Instituto de Estudos Estratégicos, Niterói, 2016.

PÉREZ, C. Technological revolutions and techno-economic paradigms. **Working Papers in Technology Governance and Economic Dynamics**, n. 20, Jan. 2009.

TAYLOR, T. **A New Institutional Economic Analysis of Offset Arrangements in Government Procurement**. 2001. 181 f. Tese (Doutorado em Filosofia) – Curso de Filosofia, University Of Connecticut, Connecticut, 2001.

TEECE, D.; PISANO, G.; SHUEN, A. Dynamic capabilities and strategic management. **Strategic Management Journal**, v. 18, n. 7, p. 509-533, ago. 1997.

TRIBUNAL DE CONTAS DA UNIÃO – TCU. **Relatório de Auditoria de Natureza Operacional**: Processos de Transferência de Tecnologia existentes no Programa de Desenvolvimento de Submarinos (Prosub) e no Projeto H-XBR. Brasília, DF, 2013.

YIN, R. K. **Case study research**: Design and methods. 3. ed. Thousand Oaks, CA: SAGE Publications, 2003.

8

A CONTRADITÓRIA INDÚSTRIA AEROESPACIAL BRASILEIRA: UM ESTUDO A PARTIR DAS *MISSION-ORIENTED INNOVATION POLICIES*

Marcos José Barbieri Ferreira (UNICAMP)
Patrícia de Oliveira Matos (UNIFA)
Thiago Caliari (ITA)
Peterson Ferreira da Silva (ESD)

"Aliás, o professor Smith me dizia uma coisa: ´Coronel – eu era coronel naquele tempo –, o país que não possui escola superior de alto nível viverá sempre na dependência da escola, da pesquisa, do desenvolvimento dos países mais adiantados´".
(Casimiro Montenegro Filho [Depoimento, 1988]. Rio de Janeiro, CPDOC-FGV, 2006).

8.1 Introdução

A indústria aeroespacial é a que apresenta a maior participação na Base Industrial de Defesa (BID) no Brasil — alcançando cerca de 40% do total de empresas e 25% de funcionários —, fornecendo uma ampla gama de produtos e serviços de elevada sofisticação tecnológica para as Forças Armadas[305]. No entanto, essa destacada posição na BID não reflete a realidade de toda a indústria aeroespacial.

Curiosamente, quando visualizamos separadamente os setores aeronáutico e espacial, observam-se grandes contrastes, embora tenham se originado do mesmo centro de pesquisa, no caso, o Centro Técnico de Aeronáutica (CTA) da Força Aérea Brasileira (FAB). O setor aeronáutico brasileiro tem se mostrado um sinônimo da competência nacional, não apenas no âmbito da BID, mas também no conjunto da estrutura

[305] IPEA; ABDI. **Mapeamento da Base Industrial de Defesa**. Brasília: IPEA/ABDI, 2016. Disponível em: https://www.ipea.gov.br/portal/images/stories/PDFs/livros/livros/160706_livro_mapeamento_defesa.pdf. Acesso em: 15 set. 2021.

produtiva nacional, sendo o único setor industrial de alta tecnologia no qual o Brasil possui uma ativa inserção no mercado internacional[306]. Como resultado, a FAB é uma das poucas forças aéreas do mundo cujas principais aeronaves foram produzidas pela indústria local, destacando as recentes entregas das aeronaves de caça multimissão Gripen NG e do cargueiro militar KC-390.

Por outro lado, o setor espacial é marcado por uma trajetória de sucessos parciais e diversos fracassos. Por conseguinte, o Brasil continua significativamente dependente das aquisições de equipamentos e tecnologias estrangeiros em um setor de tão elevada importância estratégica para a defesa nacional[307], reforçando uma relação de dependência externa.

Por que esses dois setores da indústria aeroespacial brasileira apresentam trajetórias tão distintas? Esta é a questão que este capítulo busca responder. Dado que ambos os setores possuem uma base técnica similar, a investigação caminhou em direção às políticas públicas adotadas em cada setor, particularmente aquelas que visam ao desenvolvimento produtivo e tecnológico — também denominadas de políticas industriais e de inovação, doravante denominada amplamente como política industrial[308]. Dessa maneira, o objetivo deste capítulo é explorar de que maneira as políticas industriais contribuíram para a contraditória evolução desses dois setores que compõem a indústria aeroespacial brasileira.

O estudo utiliza como referência principal o arcabouço teórico das *Mission-oriented innovation policies* (MOIP). Cabe esclarecer que o enfoque metodológico e analítico utilizado neste capítulo é derivado do artigo de Caliari e Ferreira sobre o setor aeronáutico[309]. A segunda seção busca demonstrar a adequação dessa teoria para o estudo de uma indústria de alta intensidade tecnológica e de elevados vínculos com o Estado, como a aeroespacial. Na sequência, a terceira e a quarta seções descrevem a evolução da política industrial, respectivamente para os setores aeronáutico e espacial, evidenciando as diferenças dos resultados obtidos ao longo do tempo. Por

306 FERREIRA, M. J. B. **Dinâmica da Inovação e Mudanças Estruturais**: Um Estudo de Caso da Indústria Aeronáutica Mundial e a Inserção Brasileira. Tese (Doutorado em Teoria Econômica) – IE/UNICAMP, Campinas, 2009.

307 MATOS, P. O. Sistemas espaciais voltados para a Defesa. *In*: IPEA; ABDI (org.). **Mapeamento da Base Industrial de Defesa**. Brasília: IPEA/ABDI, 2016.

308 CHANG, H.-J. **The Political Economy of Industrial Policy**. London: Macmillan, 1994.

309 CALIARI, T.; FERREIRA, M. J. B. The Historical Evolution of the Brazilian Aeronautical Sector: A Combined ApproachBased on Mission-Oriented Innovation Policy (MOIP) and Sectoral Innovation System (SIS). **Economics of Innovation and New Technology**, v. 31, p. 1-16, 2022.

sua vez, a quinta seção realiza uma análise desses resultados à luz da teoria MOIP ressaltando o progressivo distanciamento entre as políticas adotadas por esses setores, seguida de considerações finais e referências.

8.2 Arcabouço teórico: *Mission-oriented innovation policies*

O estudo da indústria aeroespacial requer a utilização de um arcabouço teórico que possibilite analisar seu processo evolutivo. O padrão de concorrência dessa indústria — elemento basilar de sua evolução — está assentado na contínua incorporação de inovações tecnológicas[310]. A capacidade de inovar é o elemento fundamental para construção e manutenção de vantagens competitivas na indústria aeroespacial[311]. No entanto, o processo inovativo em indústrias de alta intensidade tecnológica, como a aeroespacial, envolve elevada cumulatividade e incerteza, — além da necessidade de combinar as ações de diversos agentes econômicos — que somente podem ser superados com a decisiva atuação do Estado Nacional, por meio de políticas públicas dirigidas essencialmente ao desenvolvimento produtivo e tecnológico[312].

Isto posto, considera-se que o arcabouço teórico das Políticas de Inovação Orientadas à Missão (*Mission-oriented Innovation Policies* – MOIP) é o mais adequado para se compreender as diferentes trajetórias de evolução dos setores aeronáutico e espacial, constituintes da indústria aeroespacial brasileira. No trabalho seminal de Ergas, a MOIP é definida como "políticas públicas sistêmicas que se baseiam no conhecimento de fronteira para atingir objetivos específicos ou *big science* implantada para atender a grandes problemas"[313], como o programa espacial Apollo, descrito por Nelson, no clássico texto *The Moon and the Ghetto revisited*[314].

A primeira característica a ser observada na MOIP é que a "missão" deve ser bem definida, de maneira que o detalhamento do desafio tecnológico facilite o estabelecimento de metas e resultados intermediários e

310 MOWERY, D. C.; ROSENBERG, N. **Paths of Innovation**: Technological Change in 20th-Century America. [*S. l.*]: Cambridge University Press, 2012.

311 FERREIRA, M. J. B. **Dinâmica da Inovação e Mudanças Estruturais: Um Estudo de Caso da Indústria Aeronáutica Mundial e a Inserção Brasileira**. 2009. Tese (Doutorado em Teoria Econômica) – IE/UNICAMP, Campinas, 2009.

312 MAZZUCATO, M.; PENNA, C. **The Brazilian Innovation System**: A Mission-Oriented Policy Proposal. Brasília: [*s. n.*], 2016.

313 ERGAS, H. **Does technology policy matter**. Technology and global industry: Companies and nations in the world economy. Washington, D. C.: The National Academies Press, 1978. p. 191-245.

314 NELSON, R. R. The Moon and the Ghetto revisited. **Science and Public Policy**, v. 38, n. 9, p. 681-690, 2011.

processos de monitoramento e prestação de contas[315]. A MOIP também requer uma compreensão dos seguintes conceitos: (1) setores, definidos como os limites dentro dos quais as empresas operam; (2) desafio, identificado como uma prioridade, em geral ampla; e (3) problemas concretos, que diferentes setores podem enfrentar para sobrepor um desafio[316]. Essa abordagem está intimamente relacionada à construção de capacidades por meio de um sistema de inovação, mas vai além ao enfatizar a importância de uma visão sistêmica voltada para o desafio específico ao invés de um setor industrial ou de uma política horizontal de desenvolvimento institucional.

Nessa perspectiva, a MOIP requer uma forte atuação do Estado por meio da formulação de políticas direcionadas a objetivos determinados (*picking directions*), traduzidas em prioridades e ações a serem realizadas por todos os agentes e instituições envolvidas, sob sua efetiva coordenação e monitoramento. A atuação do Estado envolve instrumentos financeiros e não financeiros e deve abranger todas as áreas relacionadas à inovação, mas "será particularmente importante nas áreas de alto risco de capital intensivo, das quais o setor privado tende a se esquivar. De forma mais geral, há um papel catalítico para o governo na criação e na formação de mercados por meio de parcerias público-privadas dinâmicas"[317]. Em suma, a MOIP necessita de um Estado Empreendedor, cujas ações permitam superar as incertezas inerentes ao processo de inovação[318].

O desenvolvimento produtivo e tecnológico é um processo evolutivo, de forma que a MOIP deve ser estabelecida em diferentes estágios a serem alcançados ao longo do tempo por intermédio de políticas industriais sistêmicas, mas direcionadas para objetivos específicos[319]. Consequentemente, a intensidade e o papel do Estado mudam ao longo do tempo. Portanto, espera-se encontrar formatos variantes de políticas industriais à medida que

---

315 MAZZUCATO, M.; PENNA, C. **The Brazilian Innovation System**: A Mission-Oriented Policy Proposal. Brasília: [*s. n.*], 2016.

316 MAZZUCATO, M. **Mission-Oriented Innovation Policy**: Challenges and Opportunities. WP 2017-1. London: [*s. n.*], 2017. Disponível em: https://www.ucl.ac.uk/bartlett/public-purpose/sites/public-purpose/files/moip-challenges-and-opportunities-working-paper-2017-1.pdf. Acesso em: 20 abr. 2021.

317 MAZZUCATO, M.; PENNA, C. **The Brazilian Innovation System**: A Mission-Oriented Policy Proposal. Brasília: [*s. n.*], 2016. p. 6.

318 MAZZUCATO, M. **The Entrepreneurial State**: Debunking Public vs. Private Sector Myths. [*S. l.*]: Penguin, 2018.

319 MAZZUCATO, M. **Mission-Oriented Innovation Policy**: Challenges and Opportunities. WP 2017-1. London: [*s. n.*], 2017. Disponível em: https://www.ucl.ac.uk/bartlett/public-purpose/sites/public-purpose/files/moip-challenges-and-opportunities-working-paper-2017-1.pdf. Acesso em: abr. 2021.

os desafios são superados. Em vista disso, a MOIP deve ser vista como um processo dinâmico de experimentação e aprendizagem, do qual o próprio processo de inovação se realimenta[320, 321].

De acordo com Robinson e Mazzucato, as MOIPs vêm apresentando grandes mudanças ao longo do tempo[322]. A missão histórica arquetípica foi a *National Aeronautics and Space Administration* (NASA) colocar um homem na Lua. Esse modelo de MOIP mais centralizado, restrito a poucos atores e focado em uma política industrial estruturada de cima para baixo (*top-down*) continua existindo, particularmente em setores considerados estratégicos como o aeroespacial, o nuclear e o de defesa. No entanto, ao longo das últimas décadas, vem se observando a adoção de um modelo de MOIP mais inclusivo e cooperativo entre os diferentes agentes públicos e privados, em que as decisões são descentralizadas e em rede, e que funciona mutuamente de cima para baixo (*top-down*) e de baixo para cima (*bottom-up*). Esse novo modelo apresenta uma análise mais ampla baseada na visão de um ecossistema de inovação. Com base no Memorando de Maastricht[323], define-se como MOIP Tipo-1 (direcionadas) e MOIP Tipo-2 (cooperativas). O Quadro 8.1 apresenta as principais características de cada tipo de MOIP, à luz de Robinson e Mazzucato[324].

Quadro 8.1 – Principais características da MOIP Tipo-1 (direcionada) e MOIP Tipo-2 (cooperativa)

Características	Tipo-1 (MOIP Direcionada)	Tipo-2 (MOIP Cooperativa)
Desafios	Focados	Amplos / Combinados
Controle / Governança	Centralizado pelo governo	Ecossistema de inovação
Definição de objetivos	Pequeno grupo de especialistas	Amplo espectro de atores

320 MAZZUCATO, M. **Mission-Oriented Innovation Policy**: Challenges and Opportunities. WP 2017-1. London: [*s. n.*], 2017. Disponível em: https://www.ucl.ac.uk/bartlett/public-purpose/sites/public-purpose/files/moip-challenges-and-opportunities-working-paper-2017-1.pdf. Acesso em: abr. 2021.

321 HIRSCHMAN, A. O. **Development Projects Observed.** [*S. l.*]: Brookings Institution Press, 1967.

322 ROBINSON, D. K. R.; MAZZUCATO, M. The evolution of mission-oriented policies: Exploring changing market creating policies in the US and European space sector. **Research Policy**, v. 48, p. 936-948, 2019.

323 SOETE, L.; ARUNDEL, A. **An Integrated Approach to European Innovation and Technology Diffusion Policy**: A Maastricht Memorandum. Commission of the European Communities, SPRINT Programme. Luxembourg, 1993.

324 ROBINSON, D.K.R.; MAZZUCATO, M. The evolution of mission-oriented policies: Exploring changing market creating policies in the US and European space sector. **Research Policy**, v. 48, p. 936–948, 2019.

Características	Tipo-1 (MOIP Direcionada)	Tipo-2 (MOIP Cooperativa)
Objetivo da missão	Capacitação técnica	Viabilidade econômica
Recursos / Financiamento	Fonte única / Centralizado	Fontes múltiplas / Pulverizado
Organização da Produção	Pequeno grupo de firmas	Grande grupo de firmas
Difusão dos resultados	Baixa difusão tecnológica	Difusão é um objetivo central
Políticas complementares	Não	Sim

Fonte: adaptado de Caliari e Ferreira[325] (*apud* Robinson e Mazzucato)[326]

Diante do exposto, considera-se que o arcabouço teórico da MOIP é adequado para se analisar a importância das políticas públicas direcionadas à inovação, particularmente em uma indústria como a aeroespacial, cuja soberania nacional aliada à visão de um setor com alta intensidade tecnológica e fortes vínculos entre os agentes, faz com que o papel do Estado seja considerado essencial. Nesse sentido, buscamos realizar uma análise histórica onde o referencial teórico é considerado para explicar a evolução das políticas e os resultados alcançados[327]. O objetivo é melhorar a compreensão de como as políticas industriais evoluem ao longo do tempo, com uma abordagem qualitativa que permite explorar as características do fenômeno. A análise da perspectiva da trajetória histórica é relevante na literatura, conforme observado em diversos estudos de política industrial e mudança estrutural[328, 329, 330], que é precisamente o objetivo deste trabalho.

---

[325] CALIARI, T.; FERREIRA, M. J. B. The Historical Evolution of the Brazilian Aeronautical Sector: A Combined ApproachBased on Mission-Oriented Innovation Policy (MOIP) and Sectoral Innovation System (SIS). **Economics of Innovation and New Technology**, v. 31, p. 1-16, 2022.

[326] ROBINSON, D.K.R.; MAZZUCATO, M. The evolution of mission-oriented policies: Exploring changing market creating policies in the US and European space sector. **Research Policy**, v. 48, p. 936–948, 2019.

[327] YIN, R. K. **Case Study Research**: Design and Methods. [*S. l.*]: Sage Publications, 1994.

[328] LANDONI, M.; OGILVIE, D. T. Convergence of innovation policies in the European aerospace industry (1960–2000). **Technological Forecasting and Social Change**, v. 147, p. 174-184, June 2019.

[329] SU, Y. S.; HUNG, L. C. Spontaneous vs. policy-driven: The origin and evolution of the biotechnology cluster. **Technological Forecasting and Social Change**, v. 76, n. 5, p. 608-619, 2009.

[330] TSAI, F. S. *et al.* The co-evolution of business incubation and national innovation systems in Taiwan. **Technological Forecasting and Social Change**, v. 76, n. 5, p. 629-643, 2009.

Para isso, utiliza-se o método descritivo-analítico qualitativo[331,332]. Fontes diversas foram utilizadas: livros, artigos científicos, trabalhos acadêmicos, documentos institucionais, informações publicadas na imprensa e opiniões de especialistas e formuladores de políticas da indústria aeroespacial brasileira ao longo do período analisado. As informações foram sistematizadas de acordo com a ordem cronológica dos eventos, posteriormente realizando a interlocução com o arcabouço teórico. Acreditamos que essa metodologia permitiu uma melhor compreensão sobre a evolução dos dois setores constituintes da indústria aeroespacial brasileira — aeronáutico e espacial — conforme apresentado nas próximas seções.

8.3 Política industrial para o setor aeronáutico

A moderna indústria aeronáutica brasileira surge da iniciativa do tenente coronel Casimiro Montenegro Filho, voltada para criação do Centro Técnico de Aeronáutica (CTA), em 1947[333]. Esse novo centro tecnológico passou a incorporar o Instituto Tecnológico de Aeronáutica (ITA), uma escola de engenharia marcada pela excelência, e o Instituto de Pesquisas e Desenvolvimento (IPD), orientado à capacitação em tecnologias aeronáuticas, particularmente de projetos. Ainda no âmbito do CTA, foi instituído, em 1967, o Instituto de Fomento e Coordenação Industrial (IFI), como organismo homologador e certificador. Porém, logo se tornaria uma estrutura de fomento da base produtiva da indústria aeronáutica[334, 335].

8.3.1 A capacitação tecnológica (1968-1994)

Como resultado do florescimento dessa base técnico-científica no âmbito do CTA, tem-se o desenvolvimento de alguns modelos de aeronaves experimentais, culminando, em 1968, na apresentação de um protótipo de avião bimotor, denominado Bandeirante. Para viabilizar a

331 BOWEN, G. A. Document analysis as a qualitative research method. **Qualitative Research Journal**, v. 9, n. 2, p. 27-40, 2009.

332 CORBIN, J.; STRAUSS, A. **Basics of qualitative research**: Techniques and procedures for developing grounded theory. 3. ed. Thousand Oaks, CA: Sage, 2008.

333 MORAIS, F. **Montenegro** – As aventuras do marechal que fez uma revolução nos céus do Brasil. São Paulo: Editora Planeta do Brasil, 2006.

334 DRUMOND, C. D. **Asas do Brasil**: Uma história que voa pelo mundo. São Paulo: Mirian Paglia Editora de Cultura, 2004.

335 BOTELHO, A. J. J. Da utopia tecnológica aos desafios da política científica e tecnológica: o Instituto Tecnológico de Aeronáutica (1947-1967). **Revista Brasileira de Ciências Sociais**, v. 14, n. 39, p. 139-154, 1999.

produção em escala dessa nova aeronave e avançar no processo de capacitação industrial e tecnológica, o governo federal constituiu, em 1969, a empresa estatal Embraer — a qual passou a concentrar os esforços de política industrial do setor[336].

Para viabilizar a nova empresa, o Estado utilizou o poder de compra da FAB, ao garantir uma demanda inicial de aproximadamente US$ 2 bilhões (em valores atualizados), composta por aeronaves EMB-110 Bandeirante, em sua versão de transporte militar, e jatos de treinamento avançado EMB-326 Xavante, produzido sob licença da empresa italiana Aermacchi. Ademais, também agregou a produção da aeronave agrícola EMB-200 Ipanema, com uma expressiva encomenda do Ministério da Agricultura. Ainda pelo lado da demanda, o governo federal promoveu uma ampla reestruturação do segmento de aviação regional brasileiro resultando em significativas encomendas do EMB-110 Bandeirantes[337, 338]. Destaca-se, ainda, o suporte operacional, diplomático e financeiro às exportações de aeronaves, que conquistaram uma destacada participação no mercado internacional. "Três anos após o início das vendas [no mercado internacional], o Bandeirante respondia por quase um terço da frota norte americana de 10 a 20 lugares"[339].

A missão da política industrial para o setor aeronáutico era capacitar a Embraer no desenvolvimento e produção de aeronaves, direcionando os esforços da empresa para as áreas de projeto, montagem e integração de sistemas[340]. Como resultado, ao longo da década de 1970, a Embraer logrou se capacitar nas principais tecnologias aeronáuticas e passou a desenvolver suas próprias aeronaves. Cabe enfatizar que todas as aeronaves — civis e militares — desenvolvidas pela empresa visavam a ocupar não apenas o mercado brasileiro, mas também uma parcela do mercado internacional. Para isso, o governo federal e a Embraer construíram consideráveis competências na gestão de negócios internacionais e em certificação aeronáutica. Por outro lado, a política industrial não objetivava verticalizar a produção

---

336 ERREIRA, M. J. B. **Dinâmica da Inovação e Mudanças Estruturais**: Um Estudo de Caso da Indústria Aeronáutica Mundial e a Inserção Brasileira. 2009. Tese (Doutorado em Teoria Econômica) – IE/UNICAMP, Campinas, 2009.

337 GOLDSTEIN, A. EMBRAER: From national champion to global player. **CEPAL Review**, n. 77, p. 97-115, Aug. 2002.

338 BERNARDES, R. C. **Embraer**: elos entre o Estado e Mercado. São Paulo: Hucitec/FAPESP, 2000.

339 MIRANDA, Z. **O vôo da Embraer**: a competitividade brasileira na indústria de alta tecnologia. São Paulo: Papagaio, 2007.

340 SARTI, F.; FERREIRA, M. J. B. Evolução da indústria aeronáutica brasileira entre as décadas de 1930 e 1980: Estrutura de mercado e capacitação tecnológica. **Revista da UNIFA**, v. 25, p. 101-110, 2012.

aeronáutica no Brasil, não promovendo iniciativas nem direcionando esforços para produzir localmente os componentes e sistemas embarcados, particularmente os mais sofisticados[341, 342].

As escalas mínimas necessárias para amortizar os elevados custos envolvidos no desenvolvimento fazem com que a concorrência do setor aeronáutico — tanto em aeronaves como em sistemas embarcados — se dê em escala global[343]. No caso brasileiro, como apresentado, a política industrial para o setor aeronáutico foi direcionada para construir capacidade competitiva no desenvolvimento e na produção de aeronaves pela empresa líder, praticamente ignorando o desenvolvimento de uma cadeia produtiva local. Em razão disso, constata-se uma dupla inserção do setor aeronáutico brasileiro na cadeia global de valor. De um lado, importando a maior parte das matérias-primas, peças, componentes e sistemas utilizados na produção das aeronaves e, de outro, exportando a maior parte dos aviões produzidos no país.

Constata-se, dessa maneira, que o poder de compra do Estado, concentrado na Embraer, foi fundamental para a rápida capacitação da empresa e, na sequência, para sua ativa inserção no mercado internacional. Além do EMB-110 Bandeirante, anteriormente mencionado, vale ressaltar o sucesso do avião de transporte turboélice regional EMB-120 Brasília, o qual se tornou o segundo mais vendido no mundo na sua categoria. No mercado militar, o destaque foi o avião de treinamento EMB-312 Tucano, exportado para as forças aéreas de vários países, incluindo França e Reino Unido[344, 345].

O processo de capacitação tecnológica da indústria aeronáutica brasileira deu um importante salto na década de 1980 com a participação da Embraer — em conjunto com as empresas italianas Aeritalia e Aermacchi — no desenvolvimento e produção da aeronave militar de ataque

341 MIRANDA, Z. **O vôo da Embraer**: a competitividade brasileira na indústria de alta tecnologia. São Paulo: Papagaio, 2007.

342 BERNARDES, R. C. **Embraer**: elos entre o Estado e Mercado. São Paulo: Hucitec/FAPESP, 2000.

343 ERREIRA, M. J. B. **Dinâmica da Inovação e Mudanças Estruturais**: Um Estudo de Caso da Indústria Aeronáutica Mundial e a Inserção Brasileira. 2009. Tese (Doutorado em Teoria Econômica) – IE/UNICAMP, Campinas, 2009.

344 FERREIRA, M. J. B. **Dinâmica da Inovação e Mudanças Estruturais**: Um Estudo de Caso da Indústria Aeronáutica Mundial e a Inserção Brasileira. 2009. Tese (Doutorado em Teoria Econômica) – IE/UNICAMP, Campinas, 2009.

345 DRUMOND, C. D. **Asas do Brasil**: Uma história que voa pelo mundo. São Paulo: Mirian Paglia Editora de Cultura, 2004.

AMX. A dualidade tecnológica possibilitou a aquisição de competências posteriormente utilizadas no desenvolvimento de aeronaves comerciais mais sofisticadas. Esse programa também capacitou a empresa a coordenar complexos projetos internacionais de alta tecnologia[346].

A participação do setor público também foi fundamental para financiar as atividades de pesquisa e desenvolvimento (P&D) e dos investimentos em bens de capital do setor aeronáutico, respondendo pela quase totalidade desses recursos por meio da Financiadora de Estudos e Projetos (FINEP) e do Banco Nacional de Desenvolvimento Econômico e Social (BNDES), respectivamente[347].

Apesar dos grandes avanços tecnológicos e conquistas comerciais, a crise fiscal do Estado brasileiro nos anos 1980 repercutiu de forma direta na queda dos investimentos, financiamentos e demanda da Embraer. A isto se associam o fim do ciclo de vendas das duas principais aeronaves da empresa e o insucesso comercial dos novos projetos[348, 349]. Consequentemente, o governo brasileiro — que estava implantando uma política econômica neoliberal — privatizou a Embraer em 1994, encerrando o ciclo estatal da empresa.

8.3.2 O catch-up do setor aeronáutico (1994-2018)

A privatização da Embraer não significou a retirada do Estado do setor aeronáutico, mas o estabelecimento de um novo e abrangente modelo de relação entre o Estado e as empresas aeronáuticas, particularmente a Embraer[350, 351]. A política industrial continuou direcionada para capacitação tecnológica e conquista do mercado internacional; não obstante, o relacionamento com a Embraer se mostrou bem mais complexo. Apesar disso, a Embraer continuou sendo o destino primordial da política industrial

[346] FRANCELINO, J. A.; URBINA, L. M. S.; FURTADO, A. T.; CHAGAS JUNIOR, M. F. How Public Policies have shaped the Technological Progress in the Brazilian Aeronautics Industry: Embraer Case. **Science and Public Policy**, 2019.

[347] BERNARDES, R. C. **Embraer**: elos entre o Estado e Mercado. São Paulo: Hucitec/FAPESP, 2000.

[348] FERREIRA, M. J. B. **Dinâmica da Inovação e Mudanças Estruturais**: Um Estudo de Caso da Indústria Aeronáutica Mundial e a Inserção Brasileira. 2009. Tese (Doutorado em Teoria Econômica) – IE/UNICAMP, Campinas, 2009.

[349] BERNARDES, R. C. **Embraer**: elos entre o Estado e Mercado. São Paulo: Hucitec/FAPESP, 2000.

[350] FERREIRA, M. J. B.; CALIARI, T. Brazilian Aeronautical Industry: An Approach to Public Policies, IV Encontro Nacional de Economia Industrial e Inovação. **Blucher Engineering Proceedings**, v. 6, p. 19-36, 2019.

[351] MONTE-CARDOSO, A. **A Embraer e a questão nacional**. Tese (Doutorado em Teoria Econômica), IE-UNICAMP, Campinas, 2018.

do setor aeronáutico brasileiro, tanto que o governo federal preservou o direito de influenciar decisões estratégicas da empresa por meio de uma *golden share* [352, 353].

A privatização promoveu uma ampla reestruturação na Embraer, com a implementação de uma gestão administrativa e financeira eficiente, além de manter e aprimorar a excelência tecnológica que caracterizou a empresa até então[354, 355]. Ademais, a privatização permitiu o saneamento da empresa, dado que o governo federal assumiu uma parcela significativa dos passivos financeiros, além de também possibilitar o acesso aos recursos dos bancos públicos. Nesse sentido, destaca-se a estruturação de linhas de crédito específicas — BNDES-Exim (BNDES) e PROEX-Equalização (Banco do Brasil) — que viabilizaram o financiamento das exportações de aeronaves em condições equivalentes às praticadas no mercado internacional[356]. A combinação dessa bem elaborada política comercial com o aprimoramento tecnológico e de governança empresarial alavancou a Embraer para uma posição de destaque entre as principais fabricantes de aeronaves do mundo.

Nos anos 1990, a Embraer conquistou a segunda posição no mercado mundial de aeronaves regionais a jato com o modelo ERJ-145, atrás apenas da empresa canadense Bombardier. A intensa concorrência com a empresa canadense resultou em contenciosos comerciais que chegaram no âmbito da Organização Mundial do Comércio (OMC), exigindo um intenso suporte da diplomacia brasileira, que foi muito bem-sucedida[357]. No início do século XXI, a Embraer ultrapassou sua concorrente canadense e conquistou a terceira posição entre as maiores fabricantes de jatos comerciais do mundo — com a nova família de jatos E-Jets — atrás apenas da europeia Airbus e da estadunidense Boeing[358].

---

[352] A *golden share* é uma ação ordinária de classe especial que, no caso da Embraer, confere à União poder de veto nas seguintes matérias: mudança de denominação da empresa ou de seu objeto social; alteração e/ou aplicação da logomarca; criação e/ou alteração de programas militares, que envolvam ou não o Estado brasileiro; capacitação de terceiros em tecnologia para programas militares; interrupção de fornecimento de peças de manutenção e reposição de aeronaves militares; e transferência do controle acionário da empresa.

[353] MORAES, L. C. G. Nas Asas do Capital: Embraer, financeirização e implicações sobre os trabalhadores. **Cad. CRH** [on-line], v. 30, n. 79, p. 13-31, 2017.

[354] GOLDSTEIN, A. EMBRAER: From national champion to global player. **CEPAL Review**, n. 77, p. 97-115, Aug. 2002.

[355] BERNARDES, R. C. **Embraer**: elos entre o Estado e Mercado. São Paulo: Hucitec/FAPESP, 2000.

[356] FONSECA, P. V. R. Embraer: um caso de sucesso com o apoio do BNDES. **Revista do BNDES**, n. 37, jun. 2012.

[357] SERRADOR NETO, J. O contencioso comercial Embraer-Bombardier. *In*: BENJAMIN, D. A. (org.). **O Sistema de Solução de Controvérsias da OMC**: uma perspectiva brasileira. Brasília: Fundação Alexandre de Gusmão, 2013.

[358] MONTE-CARDOSO, A. **A Embraer e a questão nacional**. 2018. Tese (Doutorado em Teoria Econômica) – IE-UNICAMP, Campinas, 2018.

Para desenvolver o jato ERJ-145 nos anos 1990, período de severas restrições financeiras, a Embraer passou a adotar o modelo de parcerias de risco com alguns grandes fornecedores estrangeiros, repartindo com esses os esforços técnicos e financeiros, e também os lucros advindos das vendas das novas aeronaves. Dado o sucesso, essa estratégia foi intensificada no desenvolvimento da família E-Jet, no início dos anos 2000[359].

A Embraer também adotou uma estratégia de progressiva diversificação, avançando para os segmentos de aeronaves executivas e militares. Em 2001, entrou no segmento de jatos executivos com o modelo Legacy, uma versão derivada do ERJ-145 e, posteriormente, conquistou uma posição entre as cinco maiores do mundo com o lançamento de novos modelos exclusivos, no caso as famílias Phenom e Praetor[360]. A Embraer também ampliou sua posição no segmento militar em resposta à crescente demanda das Forças Armadas no Brasil decorrentes da implantação da Estratégia Nacional de Defesa (END), a partir de 2008[361]. Destaque para os programas aeronáuticos KC-390 e Gripen NG, que contabilizaram encomendas de aproximadamente R$ 20 bilhões[362, 363]. No primeiro caso, a Embraer foi contratada para desenvolver e produzir um avançado avião de transporte militar. No segundo, a Embraer atuou como parceira estratégica da empresa sueca Saab na etapa final de desenvolvimento e produção do avião de caça Gripen NG.

Em consequência dessas e de outras encomendas militares, a Embraer tornou-se a maior e mais importante empresa da BID brasileira, sendo a única empresa nacional a se posicionar entre as 100 maiores fabricantes de armamentos do mundo[364]. Nos últimos anos, a Embraer vem mantendo a estratégia de contínua capacitação tecnológica, avançando em direção

---

359 GOMES, S. B. V. A indústria aeronáutica no Brasil: evolução recente e perspectivas. *In*: **BNDES 60 Anos**: Perspectivas Setoriais. Rio de Janeiro: BNDES, 2012. Disponível em: http://www.bndes.gov.br/SiteBNDES/bndes/bndes_pt/Galerias/Convivencia/Publicacoes/Consulta_Expressa/Tipo/BNDES_Setorial/201210_4.html. Acesso em: 22 fev. 2021.

360 MONTE-CARDOSO, A. **A Embraer e a questão nacional.** Tese (Doutorado em Teoria Econômica) – IE-UNICAMP, Campinas, 2018.

361 BRASIL. Ministério da Defesa. **Estratégia Nacional de Defesa**. Brasília, 2008. Disponível em: https://www.defesa.gov.br/estado-e-defesa/estrategia-nacional-de-defesa. Acesso em: 22 fev. 2021.

362 FERREIRA, M. J. B. Plataforma Aeronáutica Militar. *In*: ABDI; IPEA. **Mapeamento da Base Industrial de Defesa**. Brasília: ABDI; IPEA, 2016.

363 SILVA, P. F. **A política industrial de defesa no Brasil (1999-2014)**: intersetorialidade e dinâmica de seus principais atores. 2015. Tese (Doutorado em Relações Internacionais), IRI-USP, São Paulo, 2015.

364 STOCKHOLM INTERNATIONAL PEACE RESEARCH INSTITUTE – SIPRI. SIPRI Arms Industry Database. Oxford. Disponível em: https://www.sipri.org/databases/armsindustry. Acesso em: 22 fev. 2021.

às inovações disruptivas. Nesse contexto, em 2022 solicitou patente de duas aeronaves comerciais movidas a combustíveis limpos, posicionando a empresa na fronteira tecnológica[365].

Nas últimas duas décadas, também se observa um razoável desenvolvimento da cadeia local de fornecedores da Embraer, com a instalação de algumas subsidiárias estrangeiras (nível 1) e a modernização de pequenos e médios fornecedores nacionais (níveis 2 e 3)[366]. Ambos os casos são resultados de políticas públicas do governo federal em parceria com a Embraer, respectivamente, o Programa de Expansão da Indústria Aeronáutica Brasileira (PEIAB) e o Programa de Desenvolvimento da Cadeia Aeronáutica (PDCA)[367]. No entanto, os avanços na cadeia de suprimentos da indústria aeronáutica brasileira, apesar de significativos, foram pontuais, uma vez que a quase totalidade dos fornecedores locais continua dependente da Embraer e restrita a segmentos de baixo valor adicionado, como a produção de peças e componentes metálicos. Entre as exceções, destacam-se a Akaer — em engenharia e aeroestrutura — e a AEL Sistemas/Elbit, em aviônicos. Ambas as empresas foram beneficiadas pelas contrapartidas de transferência de tecnologias críticas do programa Gripen NG[368, 369].

Cabe ressaltar, ainda, a ampliação de duas empresas aeronáuticas não relacionadas à Embraer, nomeadamente, a Helibras/Airbus, na montagem de helicópteros, e a GE Celma, na manutenção de turbinas aeronáuticas, as duas subsidiárias de empresas estrangeiras. A primeira foi favorecida pelas crescentes encomendas militares, particularmente do helicóptero H225M[370]; enquanto a segunda se beneficiou de um elevado e contínuo volume de isenções fiscais[371].

[365] BIANCHIN, V. Embraer entra com pedido de patente para aviões elétricos e híbridos. **Automotive Business**, 19 jan. 2022. Disponível em: https://www.automotivebusiness.com.br/pt/posts/mobility-now/embraer-solicita-nos-eua-patente-de-avioes-energia-com-eletricos-e-hibridos/. Acesso em: 16 jan. 2023.

[366] De maneira sintética, o nível 1 engloba os fornecedores finais dos principais sistemas aeronáuticos, como: propulsão, aviônicos, trem de pouso, seções de fuselagens e asas. O nível 2 reúne fabricantes de subsistemas e componentes que possuem significativo grau de complexidade tecnológica e que são incorporados diretamente pelos fabricantes de aeronaves ou pelos fornecedores de nível 1, como por exemplo, aeroestruturas, sistemas de freios e pneus. Nível 3, temos as empresas fornecedoras de peças e componentes simples.

[367] FERREIRA, M. J. B.; CALIARI, T. Brazilian Aeronautical Industry: An Approach to Public Policies. *In:* ENCONTRO NACIONAL DE ECONOMIA INDUSTRIAL E INOVAÇÃO, 4. Blucher Engineering Proceedings, 2019. v. 6, p. 19-36.

[368] FRANCELINO, J. A.; URBINA, L. M. S.; FURTADO, A.T.; CHAGAS JUNIOR, M. F. How Public Policies have shaped the Technological Progress in the Brazilian Aeronautics Industry: Embraer Case. **Science and Public Policy**, 2019.

[369] GROWTH ANALYSIS. Nurturing spillover from the Industrial Partnership between Sweden and Brazil – a case study of the Gripen project. **Swedish Agency for Growth Analysis**. Report, 2017.

[370] SILVA, P. F. Programas de equipamento das Forças Armadas e transferência de tecnologia: os casos H-XBR e AH-X, no período 2008-2016. **Política Hoje**, v. 26, p. 107-128, 2017.

[371] BARCELOS, D. R.; SANTOS, L. B. Política de isenção fiscal e dinâmica econômica no Estado do Rio de Janeiro nos anos 2010. **Revista Cerrados**, v. 16, n. 2, p. 189-212, 2018.

A política industrial para o setor aeronáutico também foi marcada por elevados investimentos públicos em centros de pesquisa. Além do Departamento de Ciência e Tecnologia Aeroespacial (DCTA, antigo CTA), destaca-se a criação, em 2009, do Parque Tecnológico de São José dos Campos (ParqTec-SJC), que incorpora a Incubadora de Base Tecnológica Aeronáutica (Incubaero), além de sediar o Centro de Desenvolvimento Tecnológico de Aeronáutica (CDTA). Cabe, ainda, mencionar o Parque Tecnológico da Universidade do Vale do Paraíba (UNIVAP), criado em 2005, englobando diversas empresas e uma incubadora[372].

Nesse período pós-privatização, constata-se a construção de uma estrutura produtiva e tecnológica, com maior número de atores, mais complexa, integrada e interativa. O papel do governo passou de uma ação mais direta e impositiva para uma ação mais indireta e participativa de apoio à atividade privada, além de ampliar a presença em atividades-chave para o setor aeronáutico, como formação de recursos humanos, certificação e regulação, além do imprescindível "poder de compra do Estado" exercido por meio da FAB.

8.4 Política industrial para o setor espacial

As origens do setor espacial brasileiro também estão profundamente relacionadas à criação do Centro Técnico de Aeronáutica (CTA) e seus institutos. O Brasil foi, ao lado da Índia e após a França, um dos primeiros países no mundo a organizar formalmente um arranjo institucional dedicado às atividades espaciais, ainda no início da década de 1960[373]. Observam-se duas iniciativas em paralelo. De um lado, uma iniciativa civil, que levou à constituição do Instituto Nacional de Pesquisas Espaciais (INPE) em 1971, sendo a instituição responsável pelo desenvolvimento, produção e operação dos satélites — inclusive fornecendo serviços derivados, como meteorologia e monitoramento ambiental. De outro lado, no âmbito militar, resultou na criação, em 1969, do Instituto de Atividades Espaciais (IAE), dentro da estrutura do CTA, com atividades direcionadas ao desenvolvimento de foguetes de sondagem e veículos lançadores de satélites. Ainda sob responsabilidade dos militares foram desenvolvidos, em 1965, o Centro de Lançamento da

[372] FERREIRA, M. J. B.; CALIARI, T. Brazilian Aeronautical Industry: An Approach to Public Policies. *In:* **Encontro nacional de economia industrial e inovação**, 4. Blucher Engineering Proceedings, 2019. v. 6, p. 19-36.

[373] TERACINE, E. B. Os Benefícios Sócio-Econômicos das Atividades Espaciais no Brasil. **Parcerias Estratégicas**, n. 7, out. 1999.

Barreira do Inferno (CLBI) e o primeiro foguete de sondagem brasileiro, o Sonda I, dando origem a uma bem-sucedida família de foguetes de sondagem produzidos ao longo das décadas de 1970 e 1980[374,375,376].

8.4.1 A missão completa (1970-1980)

Criada em 1971, a Comissão Brasileira de Atividades Espaciais (COBAE) tinha como finalidade assessorar o Presidente da República na consecução das políticas públicas relacionadas ao setor espacial brasileiro. No final da década de 1970, a COBAE elaborou e o governo estabeleceu pela primeira vez uma política única para o setor espacial, visando coordenar as atividades das diferentes agências e direcioná-las a um objetivo comum. Como resultado, em 1979 foi apresentado o primeiro programa espacial integrado de grande porte e longo prazo, a Missão Espacial Completa Brasileira (MECB). Essa missão era denominada como "completa" porque previa o lançamento de um satélite brasileiro, por meio de um veículo lançador de satélite (VLS) brasileiro, a partir de uma base de lançamentos brasileira[377]. A MECB foi planejada para durar nove anos e a sua conclusão significaria para o país o domínio de tecnologias sensíveis e a capacitação na produção de pequenos satélites (de coleta de dados e sensoriamento) e dos seus veículos lançadores. O principal resultado da MECB seria o ingresso do Brasil no restrito grupo de atores do setor espacial[378].

A MECB avançou muito lentamente a partir de meados dos anos 1980, em razão de diversos fatores. A divisão institucional do programa resultou não apenas em problemas de coordenação, mas, principalmente, num descompasso entre as áreas de satélites, foguetes e bases de lançamento no Brasil. Enquanto o amplo e moderno Centro de Lançamento de Alcântara (CLA) se tornou operacional em 1989 e o Satélite de Coleta de

[374] Os primeiros foguetes de sondagem foram desenvolvidos e produzidos pelo CTA em conjunto com a Avibras Indústria Aeroespacial, empresa fundada em 1961 por engenheiros formados pelo ITA.

[375] MATOS, P. O. Sistemas espaciais voltados para a Defesa. *In*: IPEA; ABDI (org.). **Mapeamento da Base Industrial de Defesa**. Brasília: IPEA/ABDI, 2016.

[376] VELOSO, E. M. (org.). A política espacial brasileira. **Cadernos de altos estudos, n.** 7. Brasília: Câmara dos Deputados, Edições Câmara, 2009.

[377] DOLINSKY, M. M. Instituto de Atividades Espaciais: presença brasileira no espaço. **Relatório Técnico**. São José dos Campos: CTA, 1989.

[378] COSTA FILHO, E. J. **A política científica e tecnológica do setor aeroespacial brasileiro**: da institucionalização das atividades ao fim da gestão militar: uma análise do período 1961-1993. Dissertação (Mestrado em Política Científica e Tecnológica) – IG/UNICAMP, Campinas, 2000.

Dados (SCD-1) foi lançado em 1993, o VLS ainda se encontrava em fase de projeto[379]. Outrossim, constata-se uma considerável redução dos investimentos governamentais destinados ao setor espacial a partir do final da década de 1980 em função do agravamento da crise financeira do Estado brasileiro[380]. Nesse período, também aumentaram as restrições à importação de materiais e componentes que envolvessem tecnologias críticas, particularmente as necessárias ao desenvolvimento do VLS, tendo em vista os crescentes embargos realizados por parte de países desenvolvidos, capitaneados pelos EUA[381]. Os fatores anteriormente elencados, juntamente com a adoção de uma política econômica neoliberal — conforme as diretrizes do Consenso de Washington — resultou em uma grande crise do setor espacial na década de 1990.

8.4.2 Uma trajetória errática (1990-2020)

Nos anos 1990, o setor espacial brasileiro reduziu sua força de trabalho para praticamente a metade, com reflexos muito negativos para a continuidade da MECB e, consequentemente, para as trajetórias de desenvolvimento tecnológico das empresas do setor. Nesse contexto, houve um esforço do governo federal em reorganizar o quadro institucional, com a criação, em 1994, da Agência Espacial Brasileira (AEB). A nova instituição, vinculada à Presidência da República, surgiu com o objetivo de unificar a gestão do programa espacial brasileiro, além de evidenciar os propósitos civis desse programa. No entanto, a divisão operacional entre INPE (civil) e IAE/DCTA (militar) se manteve inalterada, enquanto a AEB se constituiu em uma instituição a mais dentro da complexa estrutura de governança do setor espacial brasileiro, sem a efetiva capacidade de realizar a coordenação desse setor[382].

Nesse mesmo ano (1994), a MECB foi substituída pela Política Nacional de Desenvolvimento das Atividades Espaciais (PNDAE), que possuía um objetivo muito mais genérico, que era o de "promover a capacitação do país para desenvolver e utilizar os recursos e técnicas espaciais na solução de

---

379 CARLEIAL, A. B. Uma breve história da conquista espacial. **Parcerias Estratégicas**, v. 4, n. 7, 1999.

380 TERACINE, E. B. Os Benefícios Sócio-Econômicos das Atividades Espaciais no Brasil. **Parcerias Estratégicas**, n. 7, 1999.

381 CARLEIAL, A .B. Uma breve história da conquista espacial. **Parcerias Estratégicas**, v. 4, n. 7, 1999.

382 COSTA FILHO, E. J. **A política científica e tecnológica do setor aeroespacial brasileiro**: da institucionalização das atividades ao fim da gestão militar: uma análise do período 1961-1993. Dissertação (Mestrado em Política Científica e Tecnológica) – IG/UNICAMP, Campinas, 2000.

problemas nacionais e em benefício da sociedade brasileira"[383]. A PNDAE direcionou a elaboração do Programa Nacional de Atividades Espaciais (PNAE) que fixou metas e projetos a serem priorizados. No entanto, essa priorização foi pouco efetiva dada a estrutura institucional existente. Além do mais, ao longo do tempo, as novas edições do PNAE foram incorporando um amplo e desconexo conjunto de objetivos[384].

A partir de meados da década de 2000, o robusto crescimento econômico, a busca por uma inserção mais ativa no cenário internacional e a ampliação dos investimentos militares decorrentes da Estratégia Nacional de Defesa (END) levaram a uma expansão dos recursos destinados às atividades espaciais. Nesse contexto, houve a retomada de vários projetos e novos se iniciaram. Contudo, mesmo com a significativa expansão de recursos, o orçamento público destinado ao setor espacial apresentou grande volatilidade e, após 2015, os valores retornaram aos patamares anteriores à END, resultando num efeito deletério, tanto para evolução do programa espacial brasileiro, como para a capacitação das empresas do setor[385].

Essa situação se agravou a partir de 2013, com o início da crise econômica brasileira e consequente redução do orçamento destinado ao setor espacial. Conforme o Relatório IPEA/CEPAL "Anatomia da BID", durante o período de 2000 a 2020, o orçamento público espacial apresentou valores muito reduzidos quando comparado aos orçamentos dos demais setores considerados estratégicos, no caso defesa e nuclear. Em 2022, o total de recursos públicos alocados para o setor espacial brasileiro foi de apenas US$ 46 milhões[386]. Esse valor é expressivamente menor que o realizado pelas agências espaciais de países pertencentes ao grupo dos BRICS, que investiram, individualmente, valores no patamar dos bilhões de dólares (com exceção da África do Sul)[387, 388].

---

383 BRASIL. **Programa Nacional de Atividades Espaciais**: 2012-2021, 2013. Disponível em: http://www.aeb.gov.br/wp-content/uploads/2013/01/Pnae-Portugues.pdf. Acesso em: 25 fev. 2021.

384 MATOS, P. O. Sistemas espaciais voltados para a Defesa. *In*: IPEA; ABDI (org.). **Mapeamento da Base Industrial de Defesa.** Brasília: IPEA/ABDI, 2016.

385 GIESTEIRA, L. F; CALIARI, T.; MATOS, P. O. **Base Industrial e Sistema Setorial de Defesa**: elementos conceituais e proposta de mensuração. Relatório de Pesquisa Anatomia da BID. Brasília: IPEA/CEPAL, 2022.

386 EUROCONSULT. **Government Space Programs**. Annual Edition, Dec. 2022. Disponível em: https://www.euroconsult-ec.com/press-release/new-record-in-government-space-defense-spendings-driven-by-investments-in-space-security-and-early-warning/. Acesso em: 2 mar. 2023.

387 O relatório do ano de 2022 da Euroconsult aponta investimentos públicos em programas espaciais de US$ 10,2 bilhões na China, US$ 3,5 bilhões na Rússia e US$ 1,9 bilhão na Índia.

388 EUROCONSULT. **Government Space Programs**. Annual Edition, dec. 2022. Disponível em: https://www.euroconsult-ec.com/press-release/new-record-in-government-space-defense-spendings-driven-by-investments-in-space-security-and-early-warning/. Acesso em mar. 2023.

O Relatório de Gestão da AEB[389], por sua vez, compara a situação do Brasil com a da Argentina, cujo investimento público destinado ao setor espacial saltou de US$ 100 milhões em 2008 para US$ 1,2 bilhão em 2013. Em 2022, os investimentos públicos espaciais na Argentina alcançaram US$ 208 milhões[390] . Como resultado, a Argentina foi o primeiro país da América Latina a lançar um satélite geoestacionário desenvolvido localmente, operando atualmente os modelos da série ARSAT[391].

O baixo nível de investimento público tem gerado a incapacidade de o setor espacial nacional manter um parque industrial sólido e competitivo e de se inserir na economia do espaço. Além disso, as restrições orçamentárias também impediram a recomposição do quadro de especialistas da AEB, do INPE e do IEA/DCTA, com um impacto muito negativo sobre a competência tecnológica desenvolvida no setor[392].

Além das questões orçamentárias, explicitadas pelos próprios documentos públicos, cabe enfatizar o crescente abandono, a partir da década de 1990, de uma política espacial que coordenasse e orientasse os diferentes esforços no sentido da capacitação tecnológica nacional[393, 394, 395]. Essa ausência de objetivos claros e, consequentemente, de prioridades, resultou em diversos projetos desconexos que promoveram poucos avanços efetivos do Brasil na área espacial[396].

---

389 BRASIL . Ministério da Ciência, Tecnologia, Inovação e Comunicações. Agência Espacial Brasileira. **Relatório de Gestão do Exercício de 2017**. AEB: Brasília, 2018. Disponível em: http://www.aeb.gov.br/wp-content/uploads/2018/06/RG-2017_AEB-Final_TCU_Processo_01350.000058-2018-83.pdf. Acesso em: 25 fev. 2021.

390 EUROCONSULT. **Government Space Programs**. Annual Edition, dec. 2022. Disponível em: https://www.euroconsult-ec.com/press-release/new-record-in-government-space-defense-spendings-driven-by-investments-in-space-security-and-early-warning/. Acesso em mar. 2023.

391 LÓPEZ, A.; PASCUINI, P. D.; ALVAREZ, V. **Integración local y derrames tecnológicos en el sector espacial argentino**: situación y potencialidades. Documentos de Trabajo del CCE N° 8, mayo, Consejo para el Cambio Estructural - Ministerio de Desarrollo Productivo de la Nación, 2021.

392 BRASIL. Ministério da Ciência, Tecnologia, Inovação e Comunicações. **Agência Espacial Brasileira.** Relatório de Gestão do Exercício de 2017. AEB: Brasília, 2018. Disponível em: http://www.aeb.gov.br/wp-content/uploads/2018/06/RG-2017_AEB-Final_TCU_Processo_01350.000058-2018-83.pdf. Acesso em: fev. 2021.

393 MATOS, P. O. Geopolítica e programa espacial brasileiro: da busca pela autonomia ao Acordo de Salvaguardas Tecnológicas. **Revista Brasileira de Estudos Estratégicos**, v. 13, p. 129-145, 2021. Disponível em: http://www.rest.uff.br/index.php/rest/article/view/243/pdf. Acesso em: 14 set. 2021.

394 COSTA FILHO, E. J. **A política científica e tecnológica do setor aeroespacial brasileiro**: da institucionalização das atividades ao fim da gestão militar: uma análise do período 1961-1993. 2000. Dissertação (Mestrado em Política Científica e Tecnológica) – IG/UNICAMP, Campinas, 2000.

395 CARLEIAL, A. B. Uma breve história da conquista espacial. **Parcerias Estratégicas**, v. 4, n. 7, 1999.

396 GIESTEIRA, L. F.; MATOS, P. O.; BORNE, T. A defesa nacional e os programas estratégicos de defesa no PPA 2016-2019. **Texto para discussão (TD) 2672**. Brasília: IPEA, 2021. Disponível em: https://repositorio.ipea.gov.br/handle/11058/10790?mode=simple. Acesso em: 20 jan. 2022.

O projeto espacial em que o Brasil mais avançou a partir dos anos 1990 foi o *China-Brazil Earth Resources Satellite* (CBERS), uma parceria com a China que tinha por objetivo o desenvolvimento de satélites de sensoriamento remoto. Esse projeto teve como resultado positivo a produção de cinco satélites, lançados entre 1999 e 2014[397]. No entanto, a parceria com a China estava assentada na divisão de tarefas e não no desenvolvimento conjunto de todo o satélite, de maneira que o setor espacial brasileiro avançou significativamente no desenvolvimento de algumas tecnologias críticas, mas não no projeto completo. Ainda na área de satélites, cabe destacar o programa do Satélite Geoestacionário de Defesa e Comunicações Estratégicas (SGCD-1), lançado em 2017. No entanto, esse satélite foi produzido na França, praticamente não havendo participação nacional no seu desenvolvimento, apenas no gerenciamento do projeto, por meio de uma empresa criada para esse fim, a Visiona Tecnologia Espacial[398, 399].

Constata-se que os projetos CBERS e SGCD passaram a mobilizar a maior parte dos recursos técnicos, empresariais e financeiros do setor espacial brasileiro no final do século XX e início do século XXI. Contudo esses dois projetos não estavam inseridos nos objetivos iniciais da MECB, que visava à completa capacitação no desenvolvimento de satélites. Essa capacitação somente foi atingida em 2021, com o lançamento do Amazônia-1, um satélite de sensoriamento elaborado dentro do programa de Plataforma Multimissão (PMM)[400]. De acordo com o responsável pelo projeto no INPE, Adenilson Roberto da Silva, "passamos a dominar o ciclo completo de desenvolvimento de satélites dessa complexidade e dimensões"[401].

No segmento de veículos lançadores, o principal programa, o VLS apresentou uma série de atrasos e fracassos. Os dois primeiros lançamentos (1997 e 1999) fracassaram e o terceiro teve um acidente fatal na plataforma

397 RIBEIRO, R. C. **Aliança tecnológica com a China na área espacial**: os 30 anos do programa CBERS (1988-2018). Tese (Doutorado em Relações Internacionais) – UNB, Brasília, 2019.

398 A Visiona Tecnologia Espacial é uma *joint-venture* entre a Embraer (51%) e a estatal Telebras (49%), criada em 2012.

399 PEDONE, L.; SILVA, L. P. P.; GUIMARÃES, V. V. S. Avaliação de Políticas Públicas para Defesa: Uma análise dos principais programas governamentais para o setor aeroespacial brasileiro entre 2012-2018. **Revista Brasileira de Estudos Estratégicos**, v. 10, n. 20, 2019.

400 Desenvolvida pelo INPE, a PMM é uma plataforma genérica para satélites na classe de 500 kg a 700 kg que provê todos os equipamentos que desempenham funções necessárias à sobrevivência de um satélite, independentemente do tipo de órbita ou de missão: controle de altitude, geração de energia, propulsão, gerenciamento de dados e telecomunicação.

401 VASCONCELOS, Y. Amazônia no espaço: Satélite de observação da Terra totalmente construído no Brasil é colocado em órbita. **Pesquisa FAPESP**, 4 mar. 2021. Disponível em: https://revistapesquisa.fapesp.br/amazonia-no-espaco/. Acesso em: set. 2021.

de lançamentos, em 2003. Desde então, o programa foi paralisado, depois reestruturado, mas pouco avançou, sendo definitivamente cancelado em 2016. Dentro desse contexto de indefinições, em 2008 o IAE lançou o programa Veículo Lançador de Microssatélite (VSM), uma versão simplificada do VLS que está sendo desenvolvida em conjunto com o Centro Aeroespacial Alemão (DLR)[402, 403]. Nessa área de veículos lançadores, os poucos avanços estiveram restritos aos pequenos foguetes de sondagem, particularmente com o modelo VSB-30, que chegou a ser exportado para outros países.

Com relação às bases de lançamentos, foi constituída, em 2006, a Alcântara Cyclone Space (ACS), uma empresa pública binacional de capital brasileiro e ucraniano com o objetivo de comercialização e lançamento de satélites utilizando o foguete ucraniano Cyclone-4 a partir do CLA no Brasil. Depois de investir um significativo volume de recursos, o governo brasileiro decidiu pela extinção da empresa em 2015, ao se constatar sua baixa viabilidade econômica. Ademais, o projeto não envolvia a transferência de tecnologia dos veículos lançadores, apesar do interesse brasileiro[404].

Em 2019, o Congresso Nacional aprovou o Acordo de Salvaguardas Tecnológicas (AST) que regula o uso do CLA para qualquer país parceiro do Brasil cujos equipamentos contenham insumos ou tecnologias de origem dos EUA, além de impedir o ingresso de equipamentos, tecnologias, mão de obra ou recursos financeiros no CLA, oriundos de países que não sejam membros do Regime de Controle de Tecnologia de Mísseis (MTCR)[405]. Além de obstaculizar a transferência de tecnologias críticas, o acordo impede que o Brasil invista os recursos obtidos do aluguel do CLA no desenvolvimento de veículos lançadores próprios[406].

---

402 FALCÃO, D. Dois Foguetes para o Programa Espacial Brasileiro: VS-43 e VS-50. **Tecnodefesa**, 2018. Disponível em: https://tecnodefesa.com.br/dois-foguetes-para-o-programa-espacial-brasileiro-vs-43-e-vs-50/. Acesso em: set. 2021.

403 DEFESANET. EDITORIAL – O Fim do VLS. **DefesaNet**, 29 dez. 2016. Disponível em: https://www.defesanet.com.br/space/noticia/24408/EDITORIAL---O-Fim-do-VLS/. Acesso em: set. 2021.

404 OBSERVA MUNDO. Base de Alcântara: entenda os pontos polêmicos do acordo com os EUA. **Carta Capital**, 15 jun. 2019. Disponível em: https://www.cartacapital.com.br/blogs/observamundo/base-de-alcantara-entenda-os-pontos-polemicos-do-acordo-com-os-eua/. Acesso em: set. 2021.

405 MATOS, P. O. Geopolítica e programa espacial brasileiro: da busca pela autonomia ao Acordo de Salvaguardas Tecnológicas. **Revista Brasileira de Estudos Estratégicos**, v. 13, p. 129-145, 2021. Disponível em: http://www.rest.uff.br/index.php/rest/article/view/243/pdf. Acesso em: set. 2021.

406 BRASIL. Decreto nº 10.220, de 5 de fevereiro de 2020. Promulga o Acordo entre o Governo da República Federativa do Brasil e o Governo dos Estados Unidos da América sobre Salvaguardas Tecnológicas Relacionadas à Participação dos Estados Unidos da América em Lançamentos a partir do Centro Espacial de Alcântara, firmado em Washington, D.C., em 18 de março de 2019. **Diário Oficial da União**, Brasília, DF, 2020. Disponível em: https://www.in.gov.br/web/dou/-/decreto-n-10.220-de-5-de-fevereiro-de-2020-241828310. Acesso em: set. 2021.

Como resultado do AST, foi lançado no ano de 2021, um edital com objetivo de atrair empresas com interesse em promover operações a partir do CLA, sendo quatro empresas selecionadas, três estadunidenses e uma canadense[407, 408].

A partir das diretrizes estabelecidas pela END apresentada em 2008, em que destaca o setor espacial como um dos prioritários, o Ministério da Defesa (MD), em conjunto com o Comando da Aeronáutica, elaborou o Programa Estratégico de Sistemas Espaciais (PESE), que propunha ações integradas de curto, médio e longo prazos, num horizonte de 20 anos, e apontava as premissas técnicas e operacionais necessárias ao emprego de sistemas espaciais pelas Forças Armadas[409, 410]. Apesar de sua importância estratégica, o PESE foi organizado em paralelo ao PNAE, ampliando ainda mais a dificuldade de se estabelecer um programa único que realmente viabilizasse o desenvolvimento do setor espacial brasileiro. Ademais, apesar da incorporação do projeto "Fortalecimento da Indústria Aeroespacial", ao Plano de Articulação e Equipamento da Defesa (PAED), divulgado em 2012, é possível afirmar que poucas ações efetivas nesse sentido foram concretizadas na última década[411, 412].

Nesse contexto, é possível afirmar que o setor espacial brasileiro ainda é composto, em sua grande maioria, por empresas de pequeno e médio porte que atuam como subcontratadas, fornecendo componentes e subsistemas aos programas de satélites e veículos lançadores nacionais, enquanto o INPE e o IAE funcionam como *prime contractors*. O modelo brasileiro ainda atua no *Traditional Space*, com os grandes projetos definidos e conduzidos pelo Estado por meio dos institutos de pesquisa e autarquias[413].

---

[407] BRASIL. Presidência da República. **Anunciadas empresas para participar de operações do Centro de Alcântara**. Brasília, 2021. Disponível em: https://www.gov.br/planalto/pt-br/acompanhe-o-planalto/noticias/2021/04/anunciadas-empresas-para-participar-de-operacoes-do-centro-de-alcantara. Acesso em: 4 nov. 2021.

[408] NOGUEIRA, S. Governo brasileiro anuncia seleção de 4 empresas para exploração comercial de Alcântara. **Folha de São Paulo**, 28 abr. 2021. Disponível em: https://mensageirosideral.blogfolha.uol.com.br/2021/04/28/governo-brasileiro-anuncia-selecao-de-4-empresas-para-exploracao-comercial-de-alca%E2%80%A6. Acesso em: set. 2021.

[409] MATOS, P. O. Sistemas espaciais voltados para a Defesa. *In*: IPEA; ABDI (org.). **Mapeamento da Base Industrial de Defesa**. Brasília: IPEA/ABDI, 2016.

[410] BRASIL. Comando da Aeronáutica. Estado Maior da Aeronáutica. Portaria nº 184/GC3. Estabelece as atribuições à Comissão de Coordenação e Implantação de Sistemas Espaciais (CCISE). Brasília, 2021b.

[411] O projeto "Fortalecimento da Indústria Aeroespacial", previsto inicialmente para ser desenvolvido entre 2009 e 2030, com valor global estimado em cerca de R$ 11,3 bilhões até 2031, sofreu expressivas instabilidades orçamentárias, assim como a quase totalidade de projetos elencados no PAED.

[412] SILVA, P. F.; TEIXEIRA JUNIOR, A. W. M. The relationship between defence policy, defence budget and force structure in contemporary Brazil. **Brasiliana**: Journal for Brazilian Studies, v. 10, n. 2, 2022.

[413] MELO, M. C. S.; FREITAS, L. H. M. Uma tentativa de mensurar o retorno do investimento público no setor espacial brasileiro. **Caderno de Finanças Públicas**, Brasília, v. 21, n. 2, p. 1-33, 2021. Disponível em: https://publicacoes.tesouro.gov.br/index.php/cadernos/article/download/138/130/#:~:text=Nesse%20sentido%2C%20o%20objetivo%20desse,o%20sat%C3%A9lite%20CBERS%2D4A%3B%20o. Acesso em: fev. 2023.

8.5 Análise dos resultados: evolução da indústria aeroespacial e a MOIP

Esta seção tem como objetivo analisar a evolução em subperíodos dos setores aeronáutico e espacial à luz da teoria MOIP — sintetizada na Figura 8.1 e no Quadro 8.2 a seguir. Por um lado, esses dois setores são resultados das políticas públicas voltadas para capacitação tecnológica. Por outro, as mudanças na forma e intensidade das políticas industriais estão estreitamente relacionadas à evolução dos respectivos setores.

Figura 8.1 – Linha do tempo dos setores aeronáutico e espacial brasileiros indicando: missões das políticas públicas e instituições científicas e tecnológicas (ICTs), 1950-2020

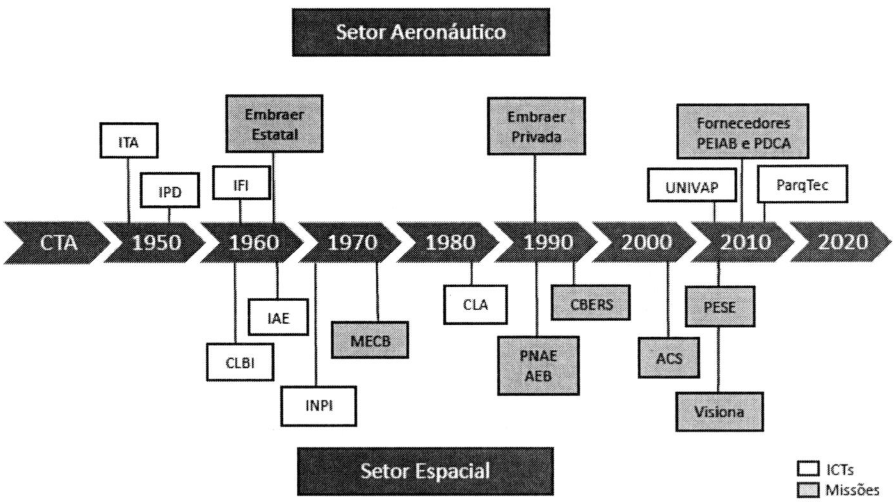

Fonte: elaboração própria

Ao longo dos anos 1950 e 1960, a iniciativa do tenente coronel Casimiro Montenegro Filho, a partir da criação do CTA, foi se transformando na missão das políticas públicas adotadas pelo governo federal para o setor aeronáutico, isto é, realizar um contínuo processo de capacitação tecnológica que permitisse a construção de um setor aeronáutico competitivo em âmbito internacional. Inicialmente, a missão definida e executada pelo governo federal foi a de conquistar as tecnologias-chave que possibilitam o desenvolvimento e a produção de aeronaves. Para fazer frente aos custos e às incertezas inerentes a esse processo de capacitação tecnológica, o governo constituiu uma empresa estatal, a Embraer, na qual concentrou grandes esforços em políticas públicas. Nesse sentido, foi fundamental a presença combinada de formação de recursos humanos qualificados e investimentos em P&D, aliada às compras públicas (por meio da FAB) e à disponibilização dos recursos financeiros necessários à implantação e à expansão da empresa. Dessa maneira, a política industrial concentrou os esforços de capacitação setorial na Embraer, empresa que atua no vértice superior da cadeia produtiva, adquirindo no mercado internacional grande parte das matérias-primas, componentes e sistemas embarcados.

Como resultado dessa política, a moderna indústria aeronáutica brasileira nasceu concentrada em uma única grande empresa nacional, a Embraer, que logrou se capacitar nas principais tecnologias aeronáuticas e passou a desenvolver aeronaves cada vez maiores e mais sofisticadas. A partir disso, a Embraer inseriu-se de forma ativa na cadeia global de valor, exportando a maior parte da sua produção, mas importando a maioria dos componentes e sistemas utilizados em suas aeronaves. Como resultado, o desenvolvimento de uma rede local de fornecedores ficou muito restrito.

A partir da década de 1990, no período pós-privatização da Embraer, houve uma mudança na relação do Estado com o setor aeronáutico, de maneira que esta foi se tornando cada vez mais complexa e abrangente. As estratégias da política governamental transitaram de uma postura mais direcionada (MOIP Tipo-1) para uma mais cooperativa (MOIP Tipo-2), como apresentado por Caliari e Ferreira[414]. O processo de construção de um setor aeronáutico competitivo em âmbito internacional continuou sendo o norte da política governamental — mas, além da capacitação tecnológica, a missão passou a objetivar a viabilidade econômica, particularmente da Embraer. Constata-se, também, que a governança da política industrial para o setor passou a ser realizada de forma compartilhada entre o Estado e a Embraer. De maneira geral, esta última define as capacitações necessárias para enfrentar a concorrência internacional; por sua vez, o Estado ajusta os instrumentos de política industrial nessa direção. Em suma, nesse período as políticas industriais do setor aeronáutico brasileiro se voltaram para a construção de novas competências por parte da Embraer.

[414] CALIARI, T.; FERREIRA, M. J. B. The Historical Evolution of the Brazilian Aeronautical Sector: A Combined ApproachBased on Mission-Oriented Innovation Policy (MOIP) and Sectoral Innovation System (SIS). **Economics of Innovation and New Technology**, v. 31, p. 1-16, 2022.

Apesar de o Estado continuar priorizando a Embraer, as políticas industriais passaram a abranger, cada vez mais, o conjunto do setor aeronáutico. Observa-se que o adensamento da cadeia de fornecedores locais foi o objetivo da PEIAB e do PDCA, enquanto empresas não vinculadas à Embraer, no caso Helibras e GE Celma, beneficiaram-se das políticas de defesa nacional e de incentivo à exportação, respectivamente.

Quadro 8.2 – Principais características dos setores aeronáutico e espacial brasileiros de acordo com a MOIP, 1960-2020

Características	Primeiro Período (1970-1980)	Segundo Período (1990-2020)
Setor Aeronáutico		
Desafios	Focado na consolidação da estatal Embraer	Maior competitividade da empresa privada Embraer e, secundariamente, da cadeia produtiva
Controle / Governança	Centralizado pelo governo federal	Coordenação compartilhada entre o governo federal e a empresa líder
Objetivo da missão	Capacitação tecnológica	Capacitação tecnológica e viabilidade econômica
Recursos / Financiamento	Suficientes / Recursos centralizados no governo federal: compras públicas, bancos públicos, subsídios e garantias	Suficiente / Combinação de fontes públicas e privadas: mercado de capitais, *venture capital*, compras públicas, bancos públicos, subsídios e garantias
Organização da Produção	Concentrada na Embraer	Baseada na Embraer, com poucos fornecedores locais, além da GE Celma e Helibras
Difusão dos resultados	Concentrada na Embraer, com pequena difusão para cadeia de suprimentos	Concentrada na Embraer, mas expandido para a cadeia de suprimentos (parceiros estrangeiros de risco), além dos programas militares que envolvem compensações
Políticas complementares	Projetos civis e militares visando ao aproveitamento da dualidade tecnológica	Avanço para tecnologias disruptivas. Projetos civis e militares visando ao aproveitamento da dualidade tecnológica

Características	Primeiro Período (1970-1980)	Segundo Período (1990-2020)
Setor Espacial		
Desafios	Missão Espacial Completa Brasileira (MECB): Focado	Programa Nacional de Atividades Espaciais (PNAE): Diversos e dispersos
Controle / Governança	Dividia entre duas instituições: INPE e IAE/CTA	Dispersa entre diferentes instituições e empresa: AEB, INPE, IAE/DCTA, MD e Visiona
Objetivo da missão	Capacitação tecnológica	Diversos e desconexos: capacitação tecnológica, operação de satélites e locação do CLA
Recursos / Financiamento	Suficiente / Recursos orçamentários do governo federal	Insuficientes / Recursos orçamentários do governo federal
Organização da Produção	ICTs públicos (INPE e IEA/CTA), além de poucos e pequenos fornecedores locais	ICTs públicos (INPE e IEA/CTA), Visiona, além de poucos e pequenos fornecedores locais
Difusão dos resultados	Concentrada em poucas empresas da cadeia produtiva	Concentrada em poucas empresas da cadeia produtiva
Políticas complementares	Serviços derivados: meteorologia e monitoramento ambiental	Serviços derivados: Brasil Banda Larga (BBL), meteorologia e monitoramento ambiental

Fonte: elaboração própria

Nesse contexto mais amplo, a crescente demanda por recursos financeiros de longo prazo foi suprida, tanto por uma ampliação dos orçamentos e fundos públicos, como pela participação de capitais privados. No primeiro caso, evidenciam-se as compras públicas, particularmente as encomendas tecnológicas que visaram ao desenvolvimento de aeronaves que incorporassem tecnologias críticas, até então não dominadas pelas empresas nacionais. Outro importante instrumento de política pública foi a sofisticada engenharia financeira elaborada pelo BNDES e pelo Banco do Brasil para financiar as exportações de aeronaves civis. Com relação ao capital privado, destaca-se a captação de recursos no mercado de capitais pela Embraer para financiar parte do desenvolvimento da família de jatos comerciais E-Jets[415]. Por fim,

[415] FERREIRA, M. J. B. **Dinâmica da Inovação e Mudanças Estruturais**: Um Estudo de Caso da Indústria Aeronáutica Mundial e a Inserção Brasileira. 2009. Tese (Doutorado em Teoria Econômica) – IE/UNICAMP, Campinas, 2009.

cabe ressaltar os investimentos diretos realizados por empresas estrangeiras, por meio da instalação no Brasil de fornecedores de primeiro nível; além de investirem na expansão de empresas de outros segmentos do setor aeronáutico, como montagem de helicópteros e manutenção em turbinas.

Como resultado, desde o início do século XXI, a Embraer vem ocupando uma posição de destaque na cadeia global de valor do setor aeronáutico, posicionando-se como a terceira maior fabricante de aeronaves comerciais do mundo, além de realizar importantes investimentos em segmentos que incorporam tecnologias disruptivas. Apesar do proeminente papel da Embraer na estrutura produtiva, constata-se que a difusão dos resultados de políticas públicas mais abrangentes também beneficiou — ainda que marginalmente — outros agentes que compõem o setor aeronáutico brasileiro. De qualquer forma, entendemos que a concentração dos resultados na empresa líder não deve ser considerada uma deficiência; pelo contrário, foi essa concentração que permitiu o avanço tecnológico e comercial do Brasil na indústria aeronáutica.

O setor espacial brasileiro também se origina do CTA, mais especificamente do IAE, criado em 1969, mas o segmento de satélites foi criado sob responsabilidade de outro instituto, o INPE, que está fora da estrutura organizacional do CTA. Essa divisão institucional, que vem da gênese do setor espacial brasileiro, marca a evolução desse setor.

Apesar dessa limitação, foi estabelecida, no final dos anos 1970, uma política pública conduzida pela COBAE e focada na MECB, um programa espacial integrado com um objetivo claro e bem definido. No caso, alcançar um nível de capacitação tecnológica que permitisse ao Brasil lançar um satélite nacional, por meio de um foguete também nacional, a partir de uma base de lançamento brasileira. Essa missão exigia o desenvolvimento conjunto e integrado dos três segmentos constituintes do setor espacial.

Os elevados custos e as incertezas do processo de inovação — agravados pelo fato de os equipamentos espaciais serem exclusivos e, consequentemente, produzidos sob encomenda — fizeram com que a política de capacitação tecnológica para o setor espacial se concentrasse em duas ICTs públicas, o INPE e o IAE/CTA. Além de centros de pesquisa, essas duas instituições atuaram como desenvolvedoras e integradoras dos sistemas espaciais — satélites e foguetes —, comandando as respectivas cadeias de suprimentos. Sendo assim, a organização da produção estava estruturada nessas duas ICTs, além de um limitado número de pequenas empresas fornecedoras, que possuíam competências tecnológicas em áreas muito específicas, mas careciam de capacidade administrativa e, principalmente, financeira.

Os recursos destinados ao setor espacial vieram do orçamento federal e, apesar de limitados, permitiram um significativo avanço da MECB. No entanto, a difusão de resultados não foi uniforme entre as diferentes áreas. O Brasil logrou avançar na construção de um moderno centro de lançamentos (CLA), e no desenvolvimento de um satélite (SCD-1), lançado com sucesso por um foguete estrangeiro em 1993. No entanto, o desenvolvimento do VLS brasileiro apresentou sucessivos atrasos e as primeiras tentativas de lançamento ocorreram apenas no final dos anos 1990 e, ainda assim, fracassaram.

A MECB apresentou as principais características de uma política governamental direcionada (MOIP Tipo-1). No entanto, ao longo dos anos 1990, ao invés de se buscar completar a missão espacial brasileira, reforçando a área de foguetes — que apresentava os maiores embargos internacionais e deficiências de capacitação tecnológica —, caminha-se no sentido oposto. Isto é, há um desmonte da "missão" espacial brasileira.

A severa restrição orçamentária a partir dos anos 1990 — decorrente da crise financeira do Estado e da política econômica neoliberal — foi um fator importante, mas não o único a explicar as conquistas limitadas e os significativos fracassos do programa espacial brasileiro. O fim do direcionamento das políticas públicas estabelecido na MECB levou o país a avançar em diversas iniciativas paralelas, sobrepostas e desconexas. Cabe destacar que a maioria desses novos projetos foi incorporada pelas edições subsequentes do PNAE. No entanto, é importante destacar que muitas dessas iniciativas não tinham entre seus objetivos a capacitação nas tecnologias críticas necessárias para o Brasil avançar no setor espacial de forma autônoma.

Por exemplo, a recente política de locação do CLA vai na contramão do desenvolvimento tecnológico, já que o AST impede inclusive a utilização dos recursos advindos dessa locação para o desenvolvimento de tecnologia espacial. Por sua vez, o programa SGDC-1 praticamente não envolveu os fornecedores brasileiros, nem a instituição que era responsável pelos programas de integração dos satélites, no caso o INPE[416]. Mesmo o programa CBERS, que possibilitou o domínio de importantes tecnologias críticas, não envolveu o desenvolvimento completo do satélite. Isto somente foi

[416] PEDONE, L.; SILVA, L. P. P.; GUIMARÃES, V. V. S. Avaliação de Políticas Públicas para Defesa: Uma análise dos principais programas governamentais para o setor aeroespacial brasileiro entre 2012-2018. **Revista Brasileira de Estudos Estratégicos**, v. 10, n. 20, 2019.

alcançado em 2021, com o lançamento do Amazônia-1. Ainda assim, o Brasil carece se capacitar no desenvolvimento de satélites maiores e mais sofisticados, como os grandes satélites geoestacionários de comunicação.

Na área de foguetes, a defasagem tecnológica é ainda maior, dado que o Brasil não conseguiu implementar o programa VLS — apesar de duas décadas de esforços dos técnicos do IAE/DCTA. Apenas recentemente foi substituído por um programa mais modesto, o VLM, ainda em fase de implantação. Convém esclarecer que o volume de recursos destinado ao programa VLS esteve muito aquém das necessidades requeridas, além de ter de enfrentar um nível de cerceamento tecnológico muito superior ao observado no segmento de satélites[417]. Para agravar a situação, o Brasil investiu um significativo volume de recursos na *joint venture* Alcântara Cyclone Space (ACS), sem que esta envolvesse algum nível de transferência de tecnologia. Por fim, cabe mais uma vez ressaltar que o AST, aprovado em 2019, reforçou as restrições de acesso às tecnologias críticas da área espacial.

A elevada dispersão de projetos reflete não apenas a perda de foco na missão espacial brasileira a partir da década de 1990, mas também a uma maior fragmentação na estrutura de governança do programa espacial. Dividido inicialmente entre o INPE e o IAE/DCTA, a governança do programa espacial brasileiro passou a englobar a AEB, o MD e a empresa Visiona.

Observa-se, dessa maneira, trajetórias opostas entre os dois setores constituintes da indústria aeroespacial brasileira. Enquanto as políticas públicas do setor aeronáutico avançaram de um modelo direcionado (MOIP Tipo-1) para um mais cooperativo (MOIP Tipo-2); no setor espacial, constata-se a regressão de uma política direcionada (MOIP Tipo-1) para a inexistência de uma política industrial com objetivos claros que sejam perseguidos ao longo do tempo, com repercussões negativas para a defesa nacional.

8.6. Conclusão

As políticas industriais de ambos os setores almejavam realizar um processo de *catching-up*, mas apenas o setor aeronáutico atingiu esse objetivo. A política industrial implementada no setor aeronáutico vem mantendo a missão de atingir patamares de desenvolvimento cada vez mais elevados, por mais de cinco décadas. Para isso, vem concentrando os principais esforços

[417] MATOS, P. O. Sistemas espaciais voltados para a Defesa. *In*: IPEA; ABDI (org.). **Mapeamento da Base Industrial de Defesa**. Brasília: IPEA/ABDI, 2016.

de capacitação tecnológica, comercial e financeira em praticamente uma única empresa, a Embraer, e em um único segmento, o de projeto, desenvolvimento e fabricação de aeronaves. Este claro direcionamento da política industrial, juntamente com o sucessivo aprimoramento dos instrumentos utilizados e das metas a serem atingidas, possibilitou que o setor aeronáutico brasileiro — na figura da sua empresa líder — construísse as competências necessárias para se inserir de maneira ativa nas cadeias globais de valor, alcançando uma posição entre as líderes mundiais.

No setor espacial, a política industrial direcionou-se, inicialmente, para uma missão clara e objetiva, todavia o processo de coordenação sempre esteve dividido entre duas instituições que apresentavam um baixo nível de integração entre si. Ainda assim, alguns resultados restritos, mas positivos, foram atingidos. Não obstante, a partir dos anos 1990, a missão de atingir a autonomia tecnológica por meio de um contínuo processo de construção de capacitações passou a ser crescentemente obstaculizada por novos projetos que se sobrepuseram à missão original, oferecendo atalhos incompletos ou alternativas questionáveis. Dessa maneira, é possível concluir que os contraditórios caminhos trilhados pelos setores aeronáutico e espacial brasileiros decorrem, fundamentalmente, das diferentes políticas industriais empregadas em cada um deles.

Conceitos

Estruturas de Mercado: a estrutura de mercado indica como a oferta e a demanda de um determinado mercado estão organizadas, tendo como principais variáveis o número e porte de empresas, o número e poder dos consumidores e as relações existentes entre esses agentes. A teoria neoclássica formulou o conceito de concorrência perfeita, uma estrutura de mercado em que a oferta é dada por elevado número de empresas, com porte similar e insignificantes, na qual as ações de uma empresa não afetem suas concorrentes. Pelo lado da demanda, na concorrência perfeita há uma infinidade de consumidores que não possuem capacidade individual de influenciar o mercado. Ademais, todas as empresas e consumidores possuem acesso irrestrito às informações, resultando, necessariamente, em uma estratégia de racionalidade maximizadora de curto prazo, efetivada por meio do ajuste no volume de produção e nos preços. No extremo oposto existem outras duas estruturas de mercado, o monopólio, em que há uma única empresa ofertante, e o monopsônio, em que há um único demandante. A teoria das organizações industriais constatou que, na realidade, as estruturas de mercado estão situadas entre o monopólio/monopsônio e a concorrência perfeita, além de não observarem nenhum dos pressupostos irrealistas anteriormente apresentados. Pelo lado da oferta, a estrutura de mercado predominante é o oligopólio, sendo este caracterizado como um mercado de poucas empresas. No entanto, há uma grande variedade de oligopólios, com destaque para: oligopólios concentrados, formados por poucas e grandes empresas, e produtos homogêneos; oligopólios diferenciados, formados por um pequeno conjunto de empresas que possuem elevado grau de diferenciação dos produtos e serviços; oligopólios mistos, que combinam as características de elevada concentração e diferenciação dos dois tipos anteriores; mercados concorrenciais, formados por um amplo conjunto de empresas de pequeno porte, com baixo nível de diferenciação, mas com interdependência entre elas. Pelo lado da demanda, tem-se o oligopsônio, isto é, uma estrutura de mercado com poucos compradores, observado em geral nas etapas intermediárias das cadeias produtivas. Por fim, outra importante característica das estruturas de mercados está relacionada com a abrangência territorial destas, podendo partir do âmbito local, até o global.

Inovação: a inovação envolve a criação não apenas de novos produtos, mas também abrange a criação de novos processos produtivos, novas formas de comercialização e distribuição, novas estruturas administrativas, novas matérias-primas e novas formas de organizar a cadeia produtiva. Ao contrário das invenções, que também envolvem novidades, as inovações necessariamente têm por objetivo a criação de diferencial competitivo que permita a empresa — que implementa a inovação — estar à frente aos seus reais ou potenciais competidores. Cabe esclarecer que as inovações podem ser disruptivas, quando envolvem uma mudança estrutural ou, na maioria das vezes, incrementais, quando envolvem melhorias. Dessa maneira, o processo de evolução tecnológica não é aleatório, pois segue as melhorias acumuladas nas etapas anteriores e, assim, consecutivamente. Nesse sentido, o processo de inovação segue uma dependência de trajetória (*path dependence*), até que surja uma ruptura trazida por uma inovação disruptiva, a partir da qual se inicia uma nova trajetória.

Política Industrial: a política industrial reúne um amplo e ativo conjunto de políticas públicas, isto é, realizadas pelo Estado, para promover o desenvolvimento da estrutura industrial de um país, podendo também incluir setores do agronegócio e de serviços que apresentem proximidade tecnológica com o setor industrial, como a biotecnologia e os softwares, respectivamente. De maneira geral, observam-se dois grandes blocos de instrumentos de política industrial, muitos dos quais desenvolvidos ao longo do próprio processo de implementação dessas políticas. O primeiro conjunto de instrumentos está voltado para políticas horizontais que visam fornecer condições econômicas favoráveis para o conjunto da estrutura produtiva, por meio da ampliação da taxa de investimento, da incorporação de inovações tecnológicas e do aumento das exportações. Por sua vez, o segundo conjunto de instrumentos está concentrado em políticas verticais, isto é, que visam à promoção de setores, produtos ou tecnologias previamente selecionados, por meio da criação de empresas estatais ou da promoção, proteção e orientação de empresas privadas, em alguns casos chegando a direcionar os incentivos para empresas específicas (*picking winners*). Na maioria dos casos, as políticas industriais buscam combinar elementos da política horizontal com a vertical. No entanto, a diferença mais relevante entre as políticas industriais está no direcionamento desses instrumentos, enquanto algumas políticas visam otimizar as operações de mercado (*market oriented*), outras buscam promover mudanças estruturais na indústria. Portanto, as políticas industriais desempenham um papel essencial na transformação estrutural, tanto das economias emergentes que objetivam um *catch-up* que permita incorporar setores produtivos mais avançados e, assim, alcançar um maior nível de desenvolvimento econômico; quanto para países desenvolvidos que pretendam manter a liderança tecnológica, além de recuperar a competitividade perdida em alguns setores mais sofisticados.

Questões

Q.8.1. Explique de maneira sucinta as principais diferenças entre as políticas de inovação orientadas à missão do Tipo I e do Tipo II.

Q.8.2. De que forma a evolução do arranjo institucional do setor espacial brasileiro prejudicou a implantação de uma política de inovação orientada à missão?

Q.8.3. Demonstre como a privatização da Embraer contribuiu para o aumento de competitividade da empresa dentro da lógica de uma política de inovação orientada à missão do Tipo II.

Q.8.4. Por que o projeto CBERS impactou negativamente na política de inovação orientada à missão, apesar de ser tecnologicamente e operacionalmente bem-sucedido? Desenvolva.

REFERÊNCIAS

BARCELOS, D. R.; SANTOS, L. B. Política de isenção fiscal e dinâmica econômica no Estado do Rio de Janeiro nos anos 2010. **Revista Cerrados**, v. 16, n. 2, p. 189-212, 2018.

BERNARDES, R. C. **Embraer**: elos entre o Estado e Mercado. São Paulo: Hucitec/FAPESP, 2000.

BIANCHIN, V. Embraer entra com pedido de patente para aviões elétricos e híbridos. **Automotive Business**, 19 jan. 2022. Disponível em: https://www.automotivebusiness.com.br/pt/posts/mobility-now/embraer-solicita-nos-eua-patente-de-avioes-energia-com-eletricos-e-hibridos/. Acesso em: 16 jan. 2023.

BOTELHO, A. J. J. Da utopia tecnológica aos desafios da política científica e tecnológica: o Instituto Tecnológico de Aeronáutica (1947-1967). **Revista Brasileira de Ciências Sociais**, v. 14, n. 39, p. 139-154, 1999.

BOWEN, G. A. Document analysis as a qualitative research method. **Qualitative Research Journal**, v. 9, n. 2, p. 27-40, 2009.

BRASIL. Presidência da República. **Anunciadas empresas para participar de operações do Centro de Alcântara**. Brasília, 2021. Disponível em: https://www.gov.br/planalto/pt-br/acompanhe-o-planalto/noticias/2021/04/anunciadas-empresas-para-participar-de-operacoes-do-centro-de-alcantara. Acesso em: 4 nov. 2021.

BRASIL. Comando da Aeronáutica. Estado Maior da Aeronáutica. **Portaria nº 184/GC3**. Estabelece as atribuições à Comissão de Coordenação e Implantação de Sistemas Espaciais (CCISE). Brasília, 2021b.

BRASIL. Decreto nº 10.220, de 5 de fevereiro de 2020. Promulga o Acordo entre o Governo da República Federativa do Brasil e o Governo dos Estados Unidos da América sobre Salvaguardas Tecnológicas Relacionadas à Participação dos Estados Unidos da América em Lançamentos a partir do Centro Espacial de Alcântara, firmado em Washington, D.C., em 18 de março de 2019. **Diário Oficial da União**, Brasília, DF, 2020. Disponível em: https://www.in.gov.br/web/dou/-/decreto-n-10.220-de-5-de-fevereiro-de-2020-241828310. Acesso em: set. 2021.

BRASIL. Ministério da Ciência, Tecnologia, Inovação e Comunicações. Agência Espacial Brasileira. **Relatório de Gestão do Exercício de 2017**. AEB: Brasília, 2018. Disponível em: http://www.aeb.gov.br/wp-content/uploads/2018/06/

RG-2017_AEB-Final_TCU_Processo_01350.000058-2018-83.pdf. Acesso em: fev. 2021.

BRASIL. Ministério da Defesa. **Estratégia Nacional de Defesa**, 2008. Disponível em: https://www.defesa.gov.br/estado-e-defesa/estrategia-nacional-de-defesa. Acesso em: fev. 2021.

BRASIL. **Programa Nacional de Atividades Espaciais**: 2012-2021, 2013. Disponível em: http://www.aeb.gov.br/wp-content/uploads/2013/01/Pnae-Portugues.pdf. Acesso em: fev. 2021.

CALIARI, T.; FERREIRA, M. J. B. The Historical Evolution of the Brazilian Aeronautical Sector: A Combined ApproachBased on Mission-Oriented Innovation Policy (MOIP) and Sectoral Innovation System (SIS). **Economics of Innovation and New Technology**, v. 31, p. 1-16, 2022.

CARLEIAL, A. B. Uma breve história da conquista espacial. **Parcerias Estratégicas**, v. 4, n. 7, 1999.

CHANG, H.-J. **The Political Economy of Industrial Policy**. London: Macmillan, 1994.

CORBIN, J.; STRAUSS, A. **Basics of qualitative research**: Techniques and procedures for developing grounded theory. 3. ed. Thousand Oaks, CA: Sage, 2008.

COSTA FILHO, E. J. **A política científica e tecnológica do setor aeroespacial brasileiro**: da institucionalização das atividades ao fim da gestão militar: uma análise do período 1961-1993. Dissertação (Mestrado em Política Científica e Tecnológica) – IG/UNICAMP, Campinas, 2000.

DEFESANET. EDITORIAL – O Fim do VLS. 29 dez. 2016. Disponível em: https://www.defesanet.com.br/space/noticia/24408/EDITORIAL---O-Fim-do-VLS/. Acesso em: set. 2021.

DOLINSKY, M. M. Instituto de Atividades Espaciais: presença brasileira no espaço. **Relatório Técnico**. São José dos Campos: CTA, 1989.

DRUMOND, C. D. **Asas do Brasil**: Uma história que voa pelo mundo. São Paulo: Mirian Paglia Editora de Cultura, 2004.

ERGAS, H. **Does technology policy matter**. Technology and global industry: Companies and nations in the world economy. Washington, D. C.: The National Academies Press, 1978. p. 191-245.

EUROCONSULT. Government Space Programs. Annual Edition, Dec. 2022. Disponível em: https://www.euroconsult-ec.com/press-release/new-record-in-government-space-defense-spendings-driven-by-investments-in-space-security-and-early-warning/. Acesso em: mar. 2023.

FALCÃO, D. Dois Foguetes para o Programa Espacial Brasileiro: VS-43 e VS-50. **Tecnodefesa**, 2018. Disponível em: https://tecnodefesa.com.br/dois-foguetes-para-o-programa-espacial-brasileiro-vs-43-e-vs-50/. Acesso em: set. 2021.

FERREIRA, M. J. B. **Dinâmica da Inovação e Mudanças Estruturais**: Um Estudo de Caso da Indústria Aeronáutica Mundial e a Inserção Brasileira. Tese (Doutorado em Teoria Econômica) – IE/UNICAMP, Campinas, 2009.

FERREIRA, M. J. B. Plataforma Aeronáutica Militar. *In*: ABDI; IPEA. **Mapeamento da Base Industrial de Defesa**. Brasília: ABDI; IPEA, 2016.

FERREIRA, M. J. B.; CALIARI, T. Brazilian Aeronautical Industry: An Approach to Public Policies, IV Encontro Nacional de Economia Industrial e Inovação. **Blucher Engineering Proceedings**, v. 6, p. 19-36, 2019.

FONSECA, P. V. R. Embraer: um caso de sucesso com o apoio do BNDES. **Revista do BNDES**, n. 37, jun. 2012.

FRANCELINO, J. A.; URBINA, L. M. S.; FURTADO, A. T.; CHAGAS JUNIOR, M. F. How Public Policies have shaped the Technological Progress in the Brazilian Aeronautics Industry: Embraer Case. **Science and Public Policy**, 2019.

GIESTEIRA, L. F; CALIARI, T.; MATOS, P. O. Base Industrial e Sistema Setorial de Defesa: elementos conceituais e proposta de mensuração. **Relatório de Pesquisa Anatomia da BID**. Brasília: IPEA/CEPAL, 2022.

GIESTEIRA, L. F.; MATOS, P. O.; BORNE, T. A defesa nacional e os programas estratégicos de defesa no PPA 2016-2019. **Texto para discussão (TD) 2672**. Brasília: IPEA, 2021. Disponível em: https://repositorio.ipea.gov.br/handle/11058/10790?-mode=simple. Acesso em: jan. 2022.

GOLDSTEIN, A. EMBRAER: From national champion to global player. **CEPAL Review**, n. 77, p. 97-115, August 2002.

GOMES, S. B. V. A indústria aeronáutica no Brasil: evolução recente e perspectivas. *In*: **BNDES 60 Anos**: Perspectivas Setoriais. Rio de Janeiro: BNDES, 2012. Disponível em: http://www.bndes.gov.br/SiteBNDES/bndes/bndes_pt/Galerias/

Convivencia/Publicacoes/Consulta_Expressa/Tipo/BNDES_Setorial/201210_4.html. Acesso em: fev. 2021.

GROWTH ANALYSIS. Nurturing spillover from the Industrial Partnership between Sweden and Brazil – a case study of the Gripen project. Swedish Agency for Growth Analysis. **Report**, 2017.

HIRSCHMAN, A. O. **Development Projects Observed.** [*S. l.*]: Brookings Institution Press, 1967.

IPEA; ABDI. **Mapeamento da Base Industrial de Defesa**. Brasília: IPEA/ABDI, 2016. Disponível em: https://www.ipea.gov.br/portal/images/stories/PDFs/livros/livros/160706_livro_mapeamento_defesa.pdf. Acesso em: set. 2021.

LANDONI, M.; OGILVIE, D. T. (2019) Convergence of innovation policies in the European aerospace industry (1960–2000). **Technological Forecasting and Social Change**, v. 147, p. 174-184, June 2018.

LÓPEZ, A.; PASCUINI, P. D.; ALVAREZ, V. **Integración local y derrames tecnológicos en el sector espacial argentino**: situación y potencialidades. Documentos de Trabajo del CCE N° 8, mayo, Consejo para el Cambio Estructural - Ministerio de Desarrollo Productivo de la Nación, 2021.

MATOS, P. O. Geopolítica e programa espacial brasileiro: da busca pela autonomia ao Acordo de Salvaguardas Tecnológicas. **Revista Brasileira de Estudos Estratégicos**, v. 13, p. 129-145, 2021. Disponível em: http://www.rest.uff.br/index.php/rest/article/view/243/pdf. Acesso em: set. 2021.

MATOS, P. O. Sistemas espaciais voltados para a Defesa. *In*: IPEA; ABDI (org.). **Mapeamento da Base Industrial de Defesa**. Brasília: IPEA/ABDI, 2016. p. 509-509.

MAZZUCATO, M. **Mission-Oriented Innovation Policy**: Challenges and Opportunities. WP 2017-1. London: [*s. n.*], 2017. Disponível em: https://www.ucl.ac.uk/bartlett/public-purpose/sites/public-purpose/files/moip-challenges-and--opportunities-working-paper-2017-1.pdf. Acesso em: abr. 2021.

MAZZUCATO, M. **The Entrepreneurial State**: Debunking Public vs. Private Sector Myths. [*S. l.*]: Penguin, 2018.

MAZZUCATO, M.; PENNA, C. **The Brazilian Innovation System**: A Mission--Oriented Policy Proposal. Brasília: [*s. n.*], 2016.

MELO, M. C. S.; FREITAS, L. H. M. Uma tentativa de mensurar o retorno do investimento público no setor espacial brasileiro. **Caderno de Finanças Públicas**, Brasília, v. 21, n. 2, p. 1-33, 2021. Disponível em: https://publicacoes.tesouro.gov.br/index.php/cadernos/article/download/138/130/#:~:text=Nesse%20sentido%2C%20o%20objetivo%20desse,o%20sat%C3%A9lite%20CBERS%2D4A%3B%20o. Acesso em: fev. 2023.

MIRANDA, Z. **O vôo da Embraer**: a competitividade brasileira na indústria de alta tecnologia. São Paulo: Papagaio, 2007.

MONTE-CARDOSO, A. **A Embraer e a questão nacional**. Tese (Doutorado em Teoria Econômica) – IE-UNICAMP, Campinas, 2018.

MORAES, L. C. G. Nas Asas do Capital: Embraer, financeirização e implicações sobre os trabalhadores. **Cad. CRH** [on-line], v. 30, n. 79, p. 13-31, 2017.

MORAIS, F. **Montenegro** – As aventuras do marechal que fez uma revolução nos céus do Brasil. São Paulo: Editora Planeta do Brasil, 2006.

MOWERY, D. C.; ROSENBERG, N. **Paths of Innovation**: Technological Change in 20th-Century America. [*S. l.*]: Cambridge University Press, 2012.

NELSON, R. R. The Moon and the Ghetto revisited. **Science and Public Policy**, v. 38, n. 9, p. 681-690, 2011.

NOGUEIRA, S. Governo brasileiro anuncia seleção de 4 empresas para exploração comercial de Alcântara. **Folha de São Paulo**, 28 abr. 2021. Disponível em: https://mensageirosideral.blogfolha.uol.com.br/2021/04/28/governo-brasileiro-anuncia-selecao-de-4-empresas-para-exploracao-comercial-de-alca%E2%80%A6. Acesso em: set. 2021.

OBSERVA MUNDO. Base de Alcântara: entenda os pontos polêmicos do acordo com os EUA. **Carta Capital**, 15 jun. 2019. Disponível em: https://www.cartacapital.com.br/blogs/observamundo/base-de-alcantara-entenda-os-pontos-polemicos-do-acordo-com-os-eua/. Acesso em: set. 2021.

PEDONE, L.; SILVA, L. P. P.; GUIMARÃES, V. V. S. Avaliação de Políticas Públicas para Defesa: Uma análise dos principais programas governamentais para o setor aeroespacial brasileiro entre 2012-2018. **Revista Brasileira de Estudos Estratégicos**, v. 10, n. 20, 2019.

RIBEIRO, R. C. **Aliança tecnológica com a China na área espacial**: os 30 anos do programa CBERS (1988-2018). Tese (Doutorado em Relações Internacionais) – UNB, Brasília, 2019.

ROBINSON, D. K. R.; MAZZUCATO, M. The evolution of mission-oriented policies: Exploring changing market creating policies in the US and European space sector. **Research Policy**, v. 48, p. 936-948, 2019.

SARTI, F.; FERREIRA, M. J. B. Evolução da indústria aeronáutica brasileira entre as décadas de 1930 e 1980: Estrutura de mercado e capacitação tecnológica. **Revista da UNIFA**, v. 25, p. 101-110, 2012.

SERRADOR NETO, J. O contencioso comercial Embraer-Bombardier. *In*: BENJAMIN, D. A. (org.). **O Sistema de Solução de Controvérsias da OMC**: uma perspectiva brasileira. Brasília: Fundação Alexandre de Gusmão, 2013.

SILVA, P. F. **A política industrial de defesa no Brasil (1999-2014)**: intersetorialidade e dinâmica de seus principais atores. Tese (Doutorado em Relações Internacionais), IRI-USP, São Paulo, 2015.

SILVA, P. F. Programas de equipamento das Forças Armadas e transferência de tecnologia: os casos H-XBR e AH-X, no período 2008-2016. **Política Hoje**, v. 26, p. 107-128, 2017.

SILVA, P. F.; TEIXEIRA JUNIOR, A. W. M. The relationship between defence policy, defence budget and force structure in contemporary Brazil. **Brasiliana**: Journal for Brazilian Studies, v. 10, n. 2, 2022.

SOETE, L.; ARUNDEL, A. **An Integrated Approach to European Innovation and Technology Diffusion Policy**: A Maastricht Memorandum. Commission of the European Communities, SPRINT Programme. Luxembourg, 1993.

STOCKHOLM INTERNATIONAL PEACE RESEARCH INSTITUTE – SIPRI. SIPRI Arms Industry Database. Oxford. Disponível em: https://www.sipri.org/databases/armsindustry. Acesso em: fev. 2021.

SU, Y. S.; HUNG, L. C. Spontaneous vs. policy-driven: The origin and evolution of the biotechnology cluster. **Technological Forecasting and Social Change**, v. 76, n. 5, p. 608-619, 2009.

TERACINE, E. B. Os Benefícios Sócio-Econômicos das Atividades Espaciais no Brasil. **Parcerias Estratégicas**, n. 7, out. 1999.

TSAI, F. S. *et al.* The co-evolution of business incubation and national innovation systems in Taiwan. **Technological Forecasting and Social Change**, v. 76, n. 5, p. 629-643, 2009.

VASCONCELOS, Y. Amazônia no espaço: Satélite de observação da Terra totalmente construído no Brasil é colocado em órbita. **Pesquisa FAPESP**, 4 mar. 2021. Disponível em: https://revistapesquisa.fapesp.br/amazonia-no-espaco/. Acesso em: set. 2021.

VELOSO, E. M. (org.). A política espacial brasileira. **Cadernos de altos estudos**, n. 7. Brasília: Câmara dos Deputados, Edições Câmara, 2009.

YIN, R. K. **Case Study Research**: Design and Methods. [*S. l.*]: Sage Publications, 1994.

9

TRANSFORMAÇÕES GEOPOLÍTICAS E A PARTICIPAÇÃO DO BRASIL NO COMÉRCIO INTERNACIONAL DE ARMAS

Hélio Caetano Farias (ECEME)
Guilherme R. Garcia Marques (FGV)

"The arms trade is a ubiquitous aspect of international relations".
(Keith Krause, 1992)[418]

9.1 Introdução

As transformações geopolíticas no sistema internacional das últimas décadas têm ampliado a relevância das pesquisas em Economia de Defesa, especialmente aquelas que abordam os gastos militares, a estrutura produtiva e o comércio internacional de armas. Após um período de relativo declínio nos gastos globais em defesa durante os anos 1990, em associação direta ao fim da Guerra Fria e ao contexto de globalização econômica, observa-se desde o início dos anos 2000 um progressivo aumento nos mesmos gastos, assim como um fortalecimento das políticas de defesa dos Estados, com base no desenvolvimento de capacidades nacionais produtivas.

A Economia de Defesa, enquanto disciplina acadêmica, tem uma origem relativamente recente. Os primeiros trabalhos mais sistematizados buscavam aplicar os pressupostos e as teorias da economia neoclássica às questões de defesa e segurança internacional. Com foco nas decisões sobre o uso eficiente dos recursos orçamentários, a defesa passou a ser

[418] "O comércio de armas é um aspecto onipresente das relações internacionais" (KRAUSE, 1992, p. 1, tradução livre). O livro de Keith Krause (*Arms and the state: patterns of military production and trade*, 1992) realiza uma das mais abrangentes análises estruturais sobre a produção e comercialização de armas. De acordo com o autor, o comércio de armas tem sido usado na história como um meio para alcançar os objetivos políticos, econômicos e militares dos Estados. Krause também argumenta que o estudo da temática requer a compreensão conjunta de três importantes dimensões das relações internacionais: a riqueza, o poder e a guerra.

considerada como bem público puro[419] ou um tipo de seguro frente aos riscos dos conflitos e guerras. Apesar dos avanços, tais contribuições logo demonstraram limitações. As particularidades da defesa dificultam um tratamento a partir de marcos analíticos que se baseiam nos princípios da escassez, da livre entrada no mercado, da concorrência perfeita e da autorregulação do mercado.

A defesa representa um elemento basilar do Estado moderno, sendo definida como um conjunto de medidas e ações, com ênfase no âmbito militar, que visam garantir a soberania nacional diante de ameaças externas. Nesse sentido, a organização econômica, para atender as demandas militares, apresenta atributos próprios. Primeiramente, os Estados nacionais desempenham um papel predominante como compradores, conferindo ao setor de defesa uma característica de monopsônio. Em segundo lugar, surge uma peculiaridade relacionada à oferta, onde um número reduzido de empresas detém capacidades de produzir e prestar assistência na área, estabelecendo, desse modo, situações de oligopólio ou até mesmo de monopólio no que tange à estrutura de mercado. Em seguida, destaca-se que os produtos e serviços relacionados à indústria de defesa implicam em custos substanciais para aquisição e manutenção; eles dependem de investimentos significativos em ciência e tecnologia; de configurações de instituições específicas; e, invariavelmente, resultam de programas e projetos de longo prazo. Além disso, o comércio internacional no setor de defesa está centrado nas relações entre Estados, sendo regulado por tratados ou obrigações internacionais bastante específicas.

Os trabalhos recentes de Economia de Defesa buscaram essa abordagem integrada, aproximando-a das contribuições de outras áreas de conhecimento, como a Geopolítica, a História ou as Relações Internacionais[420], ou mesmo dos pressupostos estabelecidos pela Nova Teoria de Comércio

---

[419] De modo geral, na economia neoclássica, um bem é caracterizado pela sua utilidade, ou seja, algo que satisfaz as necessidades humanas em um contexto histórico e geográfico específico. A noção de bem público puro denota sua característica não excludente e não rival. Por ser uma prerrogativa do Estado, a defesa seria um exemplo de bem público que impacta a todos. Para uma análise sobre a evolução da Economia de Defesa como disciplina, consultar HARTLEY, K. **The Economics of Defense Policy**: a New Perspective. Routledge, 2011.

[420] Para o tema, consultar as contribuições de SANTOS, T. Economia de Defesa como uma categoria geral de análise nas Ciências Econômicas. **Revista da Escola de Guerra Naval**, v. 24, n. 3, p. 542-564, 2018; e MESA, A. **Sobre La Naturaleza y Alcance de la Economía de la Defensa**. Documento de Opinión. Instituto Español de Estudios Estratégicos, 2012.

Internacional formalizada por Paul Krugman[421]. Com efeito, considera-se que as estruturas de poder e o comportamento dos atores, sejam eles públicos ou privados, do setor de defesa reproduzem padrões de relacionamento que se distanciam dos mercados de bens e serviços convencionais. Centrado nas decisões de natureza geopolítica e nas demandas estratégicas do Estado, a defesa pressupõe a compreensão de processos políticos complexos, mobilizados, em instância, pela sombra da guerra[422].

Na questão sobre comércio, um dos grandes desafios da literatura de Economia de Defesa ainda consiste em combinar análises embasadas nas teorias de comércio internacional, juntamente com seus modelos e evidências empíricas, às análises geopolíticas e de política internacional, que exercem forte influência nas decisões sobre a alocação de recursos no âmbito da defesa.

O objetivo central deste capítulo, portanto, consiste em apresentar uma breve avaliação da participação brasileira no comércio internacional de armas. Para tal, os aportes provenientes da Economia de Defesa e da Geopolítica servem de base para o levantamento e a análise de séries temporais, permitindo chegar a algumas constatações acerca do histórico, das características atuais e das tendências futuras.

O capítulo está dividido em cinco partes, sendo a primeira esta Introdução. A seção 2 apresenta as principais referências em termos de base de dados e critérios de análise que nortearam a análise exploratória de dados desenvolvida neste capítulo. A seção 3 resume as principais implicações geopolíticas associadas ao fim da Guerra Fria, em suas profundas repercussões sobre a dinâmica econômica, comercial e produtiva da defesa em escala global. Já a seção 4 explora a dinâmica das transações e do comércio internacional de armas convencionais sob a perspectiva brasileira, contextualizando-os a partir de diferentes recortes temporais e à luz dos intensos processos de transformação geopolítica que marcaram a virada da década de 1980 para 1990. Por fim, a seção 5 conclui o capítulo, sintetizando as principais evidências encontradas e apresentando possibilidades para se pensar o futuro da Base Industrial de Defesa (BID) nacional.

---

421 Uma fundamental contribuição de Krugman para a Nova Teoria de Comércio Internacional foi a incorporação de aspectos como economias de escala, competição imperfeita, preferências dos consumidores e custos de transporte. Por estruturar as bases para uma nova abordagem teórica capaz de proporcionar análises modernas acerca do comércio internacional e sua associação com o desenvolvimento econômico, Krugman foi agraciado com o Prêmio Nobel de Economia de 2008. Para uma visão mais abrangente, ver KRUGMAN, P.; OBSTFELD, M.; MELITZ, M. **Economia Internacional**. 10. ed. São Paulo: Pearson Education do Brasil, 2015.

422 Para uma compreensão de que as organizações militares não funcionam como empresas privadas, tampouco os militares e as burocracias civis atuam sob as mesmas regras e normas da economia de mercado, consultar: KEUPP, M. M. **Defense Economics**: an Institutional Perspective. Springer, 2021.

9.2 O comércio internacional de armas: base de dados e critérios de análise

Compreender a dinâmica comercial internacional de armas pressupõe, inevitavelmente, a realização de uma rigorosa análise exploratória dos dados relacionados às transações dessa classe de produtos no decorrer do tempo. Tais dados, quando organizados de forma sequencial e cronológica, denominam-se 'séries temporais'.

Nesse sentido, uma amplamente reconhecida e bem estruturada fonte de informações são as bases de dados organizadas pelo *Stockholm International Peace Research Institute* (SIPRI, na sigla em inglês), *think tank* independente fundado em 1966, com sede em Estocolmo, Suécia, voltado para o fornecimento de dados, análises e recomendações para formuladores de políticas públicas, pesquisadores, mídia e demais públicos interessados nos temas relativos à defesa e à segurança internacional[423]. Agregando dados referentes ao fornecimento das principais armas e componentes militares por meio de vendas, ajudas, doações ou licenças de fabricação, suas séries temporais abarcam um total de 259 atores nacionais e internacionais, com destaque para países, organizações multilaterais e forças rebeldes, desde 1950 — ainda que a disponibilidade de informações no tempo possa variar enormemente de caso a caso. A Quadro 9.1, a seguir, sintetiza as principais categorias de armas convencionais analisadas, em suas especificações e particularidades.

Quadro 9.1 – SIPRI: Categorias de armas convencionais

Categorias	Descrição
Aeronaves	Aeronaves de asa fixa e helicópteros, incluindo aeronaves não tripuladas com peso mínimo de 20 kg. As exceções são: aeronaves ultraleves; planadores motorizados e não motorizados; e drones de alvo aéreo.
Sistemas de Defesa Aérea	Sistemas de mísseis superfície-ar baseados em terra; canhões antiaéreos com calibre superior a 40 mm ou com canos múltiplos com calibre combinado de pelo menos 70 mm. Inclui sistemas autopropelidos em chassis blindados ou não blindados.
Blindados	Veículos com proteção integral de blindagem, incluindo: tanques; destruidores de tanques; carros blindados; veículos blindados de transporte de pessoal; veículos blindados de apoio; e veículos de combate de infantaria. As exceções são: veículos com proteção de blindagem leve.

423 SIPRI. About SIPRI. Disponível em: https://www.sipri.org/about. Acesso em: 29 jun. 2023.

Categorias	Descrição
Artilharia	Canhões navais, fixos, autopropulsados e rebocados; obuses; e lançadores múltiplos de foguetes e morteiros, de calibre igual ou superior a 100 mm.
Motores	Motores para: aeronaves militares (combate, transporte e apoio logístico, inclusive helicópteros); navios de combate (embarcações de ataque rápido, corvetas, fragatas, destroieres, cruzadores, porta-aviões e submarinos); e veículos blindados (geralmente motores com mais de 200 cavalos de potência).
Mísseis	Mísseis e torpedos motorizados e guiados e bombas e projéteis não motorizados, mas guiados. Inclui sistemas de defesa aérea portáteis e mísseis antitanque guiados portáteis. As exceções são: foguetes não guiados; munições aéreas de queda livre; foguetes antissubmarino; e drones de alvo aéreo.
Armas navais	Lançadores (inclusive múltiplos) de foguetes e morteiros para uso contra submarinos, com calibre igual ou superior a 100 mm.
Satélites	Satélites de reconhecimento.
Sensores	Sistemas de vigilância ativa (radares) e passiva (eletro-ópticos) baseados em terra, aeronaves e navios, com alcance de pelo menos 25 km; radares de controle de fogo; sistemas de sonar acoplados em navios e helicópteros para a guerra antissubmarino e antinavio. As exceções são: radares de navegação e meteorológicos e radares exclusivos de alcance.
Navios	Navios com arqueação padrão igual ou superior a 100 toneladas; navios armados com artilharia de calibre 100 mm ou mais, torpedos ou mísseis guiados; navios abaixo de 100 toneladas cuja velocidade máxima (em km/h) multiplicado pela tonelagem total seja igual ou superior a 3.500. As exceções são: a maioria dos navios de pesquisa, rebocadores e alguns navios de transporte.
Outros	Torres para veículos blindados equipados com canhão de calibre mínimo de 12,7 mm ou mísseis antitanque guiados; torres para navios equipados com canhão de calibre mínimo de 57 mm; torres para navios equipados com vários canhões com calibre combinado de pelo menos 57 mm; sistemas de reabastecimento aéreo como os usados em aeronaves-tanque.

Fonte: SIPRI[424]

Do ponto de vista metodológico, é importante esclarecer que as séries temporais do SIPRI não avaliam o valor financeiro das transferências em si, mas sim uma estimativa baseada nos custos de produção unitários de

[424] SIPRI. Sources and methods. Disponível em: https://www.sipri.org/databases/armstransfers/sources-and-methods. Acesso em: 29 jun. 2023.

um conjunto básico de armas. De acordo com o próprio SIPRI, armas cujo custo de produção não é conhecido são comparadas a armas equivalentes em tamanho, características de desempenho, especificidades ou ano de produção. Para o caso de armas usadas, estas recebem um valor equivalente a 40% de uma nova, enquanto armas significativamente reformadas ou modificadas pelo fornecedor recebem valor equivalente a 66% de uma nova. Armas produzidas por meio de acordos de cooperação no qual não se verifica claramente o país fornecedor da entrega final ou quando não é possível identificar o fornecedor/destinatário da transferência com razoável grau de certeza, passam a ser registradas, respectivamente, como "múltiplos" e "desconhecidos". Por fim, empréstimos ou arrendamentos apenas são incluídos no caso de contratos superiores a três meses.

As bases de dados são alimentadas por diversas fontes abertas, tais como publicações governamentais, registros da Organização das Nações Unidas (ONU), informações disponibilizadas na mídia, trabalhos acadêmicos publicados, informes industriais, entre outros canais especializados relevantes, ficando o SIPRI responsável por dirimir potenciais conflitos e inexatidões entre elas. Assim, municiadas por esse conjunto de informações, as séries temporais são estruturadas em um sistema próprio de unidades comuns denominado 'Valores Indicativos de Tendência' (TIVs, na sigla em inglês), podendo ser utilizadas para representar as transferências de recursos militares entre países, bem como viabilizar comparações consistentes ao longo do tempo.

Nesse sentido, uma análise exploratória em torno das bases de dados disponibilizadas pelo SIPRI torna possível cobrir um amplo espectro de transações internacionais de armas, classificadas por países e categorias. O fato de essas bases de dados abarcarem classes de produtos essencialmente distintas contribui, em larga medida, para que delas, em conjunto, extraia-se um melhor entendimento acerca da evolução das tendências comerciais gerais e mesmo da capacidade produtiva das Bases Industriais de Defesa (BID) nacionais.

9.3 Implicações do fim da Guerra Fria sobre a dinâmica econômica da defesa

O amplo contexto de transformações geopolíticas que paulatinamente se materializou no percurso da década de 1980, e que direta ou indiretamente se associou ao fim da Guerra Fria, em 1989, produziu um inegável impacto sobre a dinâmica econômica associada à defesa nos anos subsequentes. Assim, logo após alcançar um pico em torno do patamar de US$ 1,5 trilhão, os gastos militares globais iniciaram, a partir da virada da década de 1980 para 1990, uma fase de expressivo declínio, aprofundando-se substancialmente a partir da dissolução da União Soviética (URSS), em 1991 — com uma notável queda de 19,7% em relação ao ano anterior e recuos de 3,6% ao ano até 1998[425].

Gráfico 9.1 – Evolução global dos gastos militares

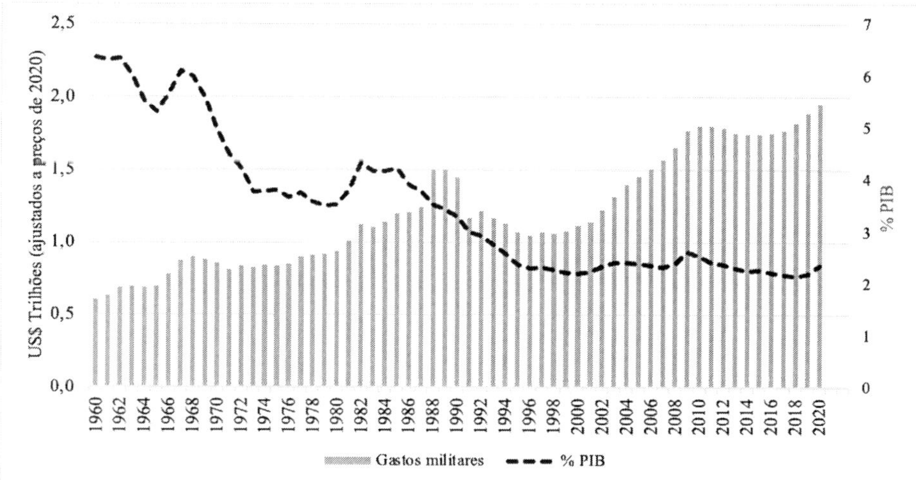

Fonte: elaboração própria com base nos dados do SIPRI[426]

É em meio a essa nova realidade global marcada pelo desagravamento das tensões ora vigentes e por profundas alterações estruturais nos processos tecnológicos, na regularidade das aquisições de sistemas de armas e nos padrões de investimento militar que os principais programas de fabricação e desenvolvimento bélico se mostraram irreversivelmente afetados, acarretando o desmantelamento de importantes linhas de produção mesmo em países reconhecidos como expoentes produtores de armas[427].

[425] É somente a partir de 1999 que este declínio dos gastos militares encontra um ponto de inflexão, iniciando uma nova tendência ascendente. Cabe ressaltar, contudo, que essa nova tendência não se manifestou no nível dos gastos militares como porcentagem do PIB global, conservando relativa estabilidade em torno do patamar de 2,3% até 2020.

[426] SIPRI. **Arms Transfers Database**. Disponível em: https://www.sipri.org/databases. Acesso em: 29 jun. 2023.

[427] Para uma análise aprofundada acerca desse fenômeno e seus efeitos sobre as indústrias de defesa, ver NEUMAN, S. G. Defense Industries and Global Dependency. **Orbis**, v. 50, n. 3, p. 429-451, 2006.

Gráfico 9.2 – Transações globais de armas convencionais

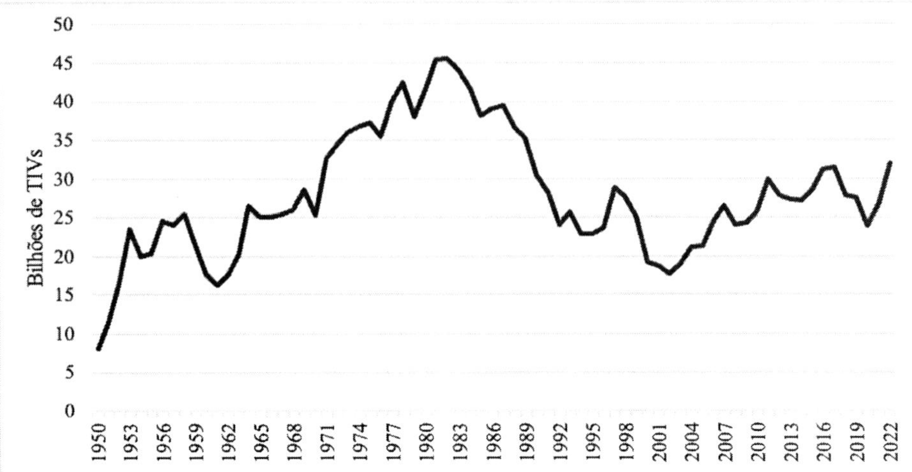

Fonte: elaboração própria com base nos dados do SIPRI

Essa complexa conjuntura produziu severas consequências para as indústrias de defesa, independentemente da realidade nacional em que estivessem baseadas. Destacam-se, nesse sentido, o amplo processo de reestruturação empresarial caracterizado por fusões, incorporações, fechamentos de fábricas, diversificação de escopo produtivo e até mesmo o abandono de atividades tradicionalmente ligadas à defesa, contribuindo, assim, para uma expressiva elevação dos padrões de competição e concentração econômica setorial. Nos Estados Unidos, por exemplo, a indústria de defesa ficaria restrita, ao final desse processo, a cinco grandes companhias — Boeing, Lockheed Martin, Northrop Grumman, Raytheon e General Dynamics —, ao passo que no âmbito da indústria britânica, a BAE Systems consolidou-se como o grande caso de sucesso, com diversos outros países perpassando consolidações análogas[428].

No que pese à abrangência e à intensidade dessas alterações conjunturais e produtivas e seu impacto sobre o volume global absoluto de transações e transferências de armas, é importante chamar atenção para a

[428] Uma rica análise em torno desse processo se encontra em SILVA FILHO, E. B.; MORAES, R. F. **Defesa Nacional para o século XXI**: Política internacional, estratégia e tecnologia militar. Brasília: IPEA, 2012. Para uma avaliação mais específica sobre as indústrias de defesas, incluindo a brasileira, ver ANDRADE, I. O.; FRANCO, L. G. A. Desnacionalização da indústria de defesa no Brasil: Implicações em aspectos de autonomia científico-tecnológica e soluções a partir da experiência internacional. **Texto para discussão IPEA**, v. 2178, p. 1-42, 2016.

relativa estabilidade no nível dos principais países exportadores de armas convencionais nos períodos 1950-1989 e 1989-2022, tal como se evidencia na Tabela 9.1, a seguir.

Tabela 9.1 – Principais exportadores de armas convencionais classificados por fatias de mercado

#	1950-2022	1950-1980
1.	União Soviética (36,6%)	Estados Unidos (38,1%)
2.	Estados Unidos (34,1%)	União Soviética/Rússia (20,8%)
3.	Reino Unido (8,7%)	França (7,4%)
4.	França (6,2%)	Alemanha (6,5%)
5.	Alemanha (2,9%)	Reino Unido (5,0%)
6.	Checoslováquia (2,5%)	China (4,1%)
7.	China (2,2%)	Itália (2,2%)
8.	Itália (1,5%)	Holanda (2,0%)
9.	Suíça (0,8%)	Israel (1,8%)
10.	Holanda (0,8%)	Espanha (1,6%)
Total	96,3%	89,6%

Fonte: SIPRI

Já no caso específico da realidade brasileira, o país caiu do 16º lugar para a 26ª posição dentre os maiores exportadores de armas convencionais, ainda que conservando sua fatia de 0,2% do mercado global em ambos os períodos. Nesse sentido, o pós-Guerra Fria ficou especialmente caracterizado pelo que se denominou de fase de declínio e crise da BID brasileira, encerrando, assim, o virtuoso intervalo de crescimento cujo auge veio a coincidir mais precisamente com a eclosão da Guerra Irã-Iraque, entre setembro de 1980 e agosto de 1988 — conflito que, em grande medida, contribuiu para estimular e sustentar os elevados níveis de exportação de produtos militares brasileiros observados naquela década[429].

Essa realidade de declínio e crise se materializou mais especificamente no fato de que, dos três maiores conglomerados nacionais do setor industrial militar, somente um se manteve bem-sucedido ao final dos anos

[429] Para uma discussão mais aprofundada sobre as implicações da globalização e do comércio internacional sobre o desenvolvimento da Base Industrial de Defesa brasileira, ver MARQUES, G. R. G. Cadeias Globais de Valor e Base Industrial de Defesa: Evidências para uma agenda de produtividade e competitividade. **Revista da Escola de Guerra Naval**, v. 28, n. 2, p. 1-28, 2022.

1990, sem, contudo, ter deixado de escapar de intensas dificuldades financeiras e necessidades de reestruturação: a Embraer[430]. A Avibras Indústria Aeroespacial, voltada para a produção de foguetes e mísseis, embora ainda se encontre em operação, vivencia, atualmente, sua terceira recuperação judicial. Já a Engesa, com destacada atuação na produção de veículos blindados até meados da década de 1980, teve sua falência decretada no ano de 1993.

9.4 Transações e comércio internacional de armas convencionais sob a perspectiva brasileira

Embora a análise agregada das transações globais disponibilizada pelo SIPRI apresente farto volume de dados desde os primórdios dos anos 1950, a série temporal referente às exportações brasileiras se inicia de forma mais consistente apenas a partir de 1974. O Gráfico 9.3, a seguir, delineia a evolução dessas transações, nos níveis de importação e exportação, desde 1950 até 2022.

Gráfico 9.3 – Brasil: Transações comerciais convencionais de armas (1950-2022)

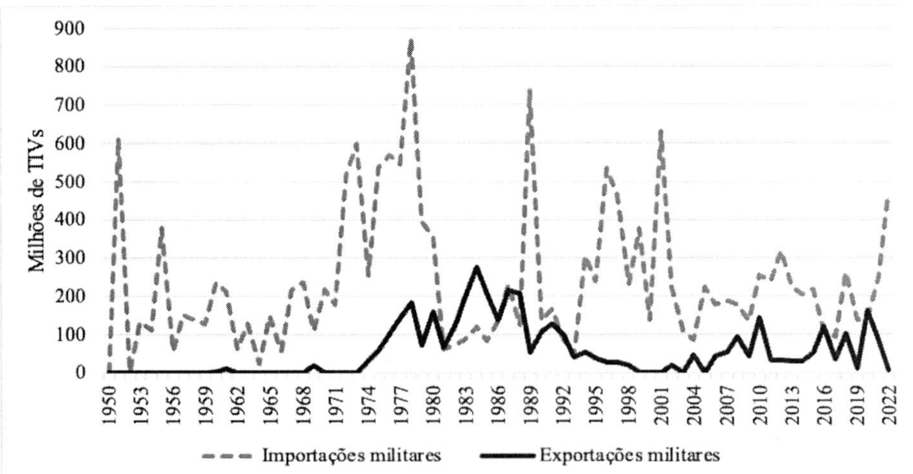

Fonte: elaboração própria com base nos dados do SIPRI

[430] Para um melhor entendimento acerca da evolução do setor aeronáutico na pauta de exportações militares brasileiras a partir da década de 1970, bem como das políticas públicas no âmbito do estabelecimento de parcerias internacionais e de transferência de tecnologias que contribuíram para sua promoção, ver TOFFANO, L.; MARQUES, G.; MARINHO, R. Parcerias estratégicas internacionais, defesa e desenvolvimento: implicações comerciais e tecnológicas dos projetos Xavante e AMX. *In*: XI ENCONTRO NACIONAL DA ASSOCIAÇÃO BRASILEIRA DE ESTUDOS DE DEFESA (ENABED), 2021, Niterói, RJ. **Anais** [...]. Niterói, RJ: Associação Brasileira de Estudos de Defesa, 2021.

A análise cobrindo o período de sete décadas evidencia que o Brasil, de fato, mostra-se um país historicamente dependente da capacidade militar associada às importações, com média anual de 239 milhões de TIVs, representando 0,9% das transações globais de armas convencionais. Seus níveis de exportação, por outro lado, mostraram-se relativamente menos expressivos, com média anual de 54 milhões de TIVs, representando 0,2% do total de transações realizadas globalmente.

É possível identificar, contudo, um breve e marcante período no qual essas tendências se inverteram de forma consistente: os anos entre 1981 e 1988, compondo o que se denominou de "era de ouro" da Base Industrial de Defesa brasileira, coincidindo com a vigência da Guerra Irã-Iraque. Esse conflito contribuiu significativamente para alavancar as exportações de armas convencionais brasileiras para uma média anual de 179 milhões de TIVs — correspondendo a 0,4% das transações globais —, frente a uma média de 114 milhões de TIVs referente aos fluxos de importação — 0,3% das transações globais. A despeito da ocorrência de mais alguns anos nos quais o Brasil pontualmente logrou apresentar saldo comercial, como em 1992, 2016 e 2020, vale ressaltar que em nenhum deles esse resultado se sustentou para além desses respectivos anos isolados.

A Tabela 9.2, a seguir, apresenta os valores médios anuais referentes às importações e exportações de armas convencionais brasileiras em três distintos períodos: 1950-1980; 1981-1988, cobrindo, assim, o supracitado recorte temporal tão distintamente marcado por superávits comerciais; e 1989-2022, contemplando todo o período pós-Guerra Fria, em seus substanciais impactos para a dinâmica e a estrutura das indústrias de defesa ao redor do mundo. A comparação reforça a relevância do conflito entre o Irã, do aiatolá Khomeini, e o Iraque, de Saddam Hussein, para a Base Industrial de Defesa brasileira, com a penetração de suas exportações superando, em larga medida, o desempenho alcançado nos demais períodos analisados: um valor 616% maior que o observado entre 1950 e 1980 e 251% maior que o obtido entre 1989 e 2022. Paralelamente, as importações realizadas pelo Brasil se revelaram significativamente menores no período de vigência da Guerra Irã-Iraque quando comparado aos outros dois outros períodos assinalados.

Tabela 9.2 – Transações brasileiras de armas convencionais por período (em milhões de TIVs)

	Importações militares	Exportações militares	% Importações globais	% Exportações globais
Média 1950-1980	264	25	1,0	0,1
Média 1981-1988	114	179	0,3	0,4
Média 1989-2022	245	51	1,0	0,2

Fonte: elaboração própria com base nos dados do SIPRI

9.4.1 As exportações brasileiras de armas convencionais: principais mercados e categorias de produtos transacionadas

Considerando a série temporal completa (1950-2022), é possível verificar que os países que historicamente mais demandaram armas convencionais brasileiras foram, em sequência: Iraque (601 milhões de TIVs); Líbia (404 milhões de TIVs); França (321 milhões de TIVs); Reino Unido (259 milhões de TIVs); Colômbia (250 milhões de TIVs); Chile (214 milhões de TIVs); Indonésia (130 milhões de TIVs); Equador (122 milhões de TIVs); Afeganistão (114 milhões de TIVs); e Nigéria (107 milhões de TIVs). Somados, esses 10 países concentraram 64% do total de exportações militares realizadas pelo Brasil no decorrer desse intervalo de tempo.

A fase referente aos anos 1950-1980 traz como principais mercados consumidores: Líbia (360 milhões de TIVs); Iraque (136 milhões de TIVs); Chile (113 milhões de TIVs); Paraguai (42 milhões de TIVs); Bolívia (27 milhões de TIVs); Coréia do Sul (22 milhões de TIVs); Uruguai (20 milhões de TIVs); França (16 milhões de TIVs); e Catar e Togo (ambos com 14 milhões de TIVs). A conjunção desses 10 países representa 97% de todas as exportações brasileiras ao longo desse período, evidenciando, assim, o expressivo nível de concentração observado no âmbito desse mercado.

Já a análise referente ao período 1981-1988 destaca a participação dos seguintes países: Iraque (465 milhões de TIVs); França (119 milhões de TIVs); Colômbia (106 milhões de TIVs); Chipre (99 milhões de TIVs); Argentina (80 milhões de TIVs); Egito (77 milhões de TIVs); Venezuela (70 milhões de TIVs); Zimbábue (65 milhões de TIVs); Paraguai (55 milhões de TIVs); e Reino Unido (50 milhões de TIVs). Juntos, esses 10 países totalizaram 82,6% das exportações de armas convencionais brasileiras.

Uma avaliação comparada baseada nesses recortes temporais permite identificar que 36,5% de todo o volume de exportações de armas convencionais historicamente realizadas pelo Brasil se concentraram neste curto período de 1981 a 1988. O mesmo pode ser dito acerca de 77,3% de todas as suas exportações destinadas ao Iraque, país que, mesmo passadas três décadas do encerramento de seu conflito com o Irã, segue despontando como o maior importador histórico de armas convencionais brasileiras (vide série temporal de 1950-2022).

Passando para a análise referente aos anos de 1989 a 2022, abarcando, portanto, a conturbada fase de reestruturação da produção industrial militar global associada ao pós-Guerra Fria, tem-se a participação dos seguintes países, em ordem decrescente quanto a suas respectivas fatias de importação: Reino Unido (211 milhões de TIVs); França (188 milhões de TIVs); Colômbia (143 milhões de TIVs); Indonésia (131 milhões de TIVs); Afeganistão (114 milhões de TIVs); Nigéria (107 milhões de TIVs); Chile (102 milhões de TIVs); Equador (97 milhões de TIVs); Arábia Saudita (79 milhões de TIVs); e, empatados ao final, Grécia e Irã (cada qual com 48 milhões de TIVs). O somatório destes países correspondeu a 73,3% dos fluxos totais de exportação originados no Brasil.

Por fim, visando compreender as tendências mais recentes, procede-se com uma análise adicional referente à década de 2011-2020. Nesse sentido, destacam-se: Indonésia (131 milhões de TIVs); Afeganistão (114 milhões de TIVs); França (92 milhões de TIVs); Chile (44 milhões de TIVs); Líbano (33 milhões de TIVs); Angola (26 milhões de TIVs); Filipinas (26 milhões de TIVs); Paquistão (25 milhões de TIVs); Índia (20 milhões de TIVs); e Equador (18 milhões de TIVs), equivalente a 85,6% do total de exportações brasileiras de armas convencionais neste período.

A Tabela 9.3, a seguir, sintetiza o conjunto dessas informações nos distintos períodos assinalados, com o respectivo percentual correspondente à fatia de importação especificado entre colchetes para cada um dos casos nacionais listados. A última linha traz o somatório desses percentuais. Em suma, a análise desta síntese permite identificar uma razoável diversificação a nível de mercado regional, com a constante presença de países da América do Sul, com especial ênfase para a Colômbia, Chile e Equador; do Sudeste Asiático, com notável prevalência da Indonésia; do Oriente Médio, destacando-se principalmente o Afeganistão; e da Europa, figurando os casos majoritários da França e Reino Unido.

Tabela 9.3 – Dez maiores importadores de armas convencionais brasileiras por período especificado (milhões de TIVs)

#	1950-2022	1950-1980	1981-1988	1989-2022	2011-2020
1.	Iraque (601 TIVs) [15,3%]	Líbia (360 TIVs) [45,7%]	Iraque (465 TIVs) [32,4%]	Reino Unido (211 TIVs) [12,2%]	Indonésia (131 TIVs) [21,2%]
2.	Líbia (404 TIVs) [10,3%]	Iraque (136 TIVs) [17,3%]	França (119 TIVs) [8,3%]	França (188 TIVs) [10,9%]	Afeganistão (114 TIVs) [18,4%]
3.	França (321 TIVs) [8,1%]	Chile (113 TIVs) [14,4%]	Colômbia (106 TIVs) [7,4%]	Colômbia (143 TIVs) [8,3%]	França (92 TIVs) [14,9%]
4.	Reino Unido (259 TIVs) [6,6%]	Paraguai (42 TIVs) [5,3%]	Chipre (99 TIVs) [6,9%]	Indonésia (131 TIVs) [7,6%]	Chile (44 TIVs) [7,1%]
5.	Colômbia (250 TIVs) [6,3%]	Bolívia (27 TIVs) [3,4%]	Argentina (80 TIVs) [5,6%]	Afeganistão (114 TIVs) [6,6%]	Líbano (33 TIVs) [5,3%]
6.	Chile (214 TIVs) [5,4%]	Coréia do Sul (22 TIVs) [2,8%]	Egito (77 TIVs) [5,4%]	Nigéria (107 TIVs) [6,2%]	Angola (26 TIVs) [4,2%]
7.	Indonésia (130 TIVs) [3,3%]	Uruguai (20 TIVs) [2,5%]	Venezuela (70 TIVs) [4,9%]	Chile (102 TIVs) [5,9%]	Filipinas (26 TIVs) [4,2%]
8.	Equador (122 TIVs) [3,1%]	França (16 TIVs) [2,0%]	Zimbábue (65 TIVs) [4,5%]	Equador (97 TIVs) [5,6%]	Paquistão (25 TIVs) [4,0%]
9.	Afeganistão (114 TIVs) [2,9%]	Catar (14 TIVs) [1,8%]	Paraguai (55 TIVs) [3,8%]	Arábia Saudita (79 TIVs) [4,6%]	Índia (20 TIVs) [3,2%]
10.	Nigéria (107 TIVs) [2,7%]	Togo (14 TIVs) [1,8%]	Reino Unido (50 TIVs) [3,5%]	Grécia/Irã (48 TIVs) [2,8%]	Equador (18 TIVs) [2,9%]
Total	*64%*	*97%*	*82,6%*	*70,5%*	*85,6%*

Fonte: elaboração própria com base nos dados do SIPRI

A Tabela 9.4, por sua vez, compila as informações referentes à distribuição das exportações brasileiras por categorias de armas convencionais, seguindo as classificações e especificações estabelecidas pelo próprio SIPRI (vide Quadro 9.1).

Tabela 9.4 – Brasil: Distribuição de exportações por categorias de produtos convencionais (milhões de TIVs

Período	Aeronaves	Blindados	Artilharia	Mísseis	Sensores	Navios
1950-2022	2.242 TIVs (56,8%)	1.384 TIVs (35,1%)	261 TIVs (6,6%)	22 TIVs (0,6%)	6 TIVs (0,2%)	31 TIVs (0,8%)
1950-1980	179 TIVs (22,8%)	606 TIVs (77,2%)	0 TIVs (0,0%)	0 TIVs (0,0%)	0 TIVs (0,0%)	0 TIVs (0,0%)
1981-1988	647 TIVs (45,2%)	706 TIVs (49,3%)	70 TIVs (4,9%)	0 TIVs (0,0%)	0 TIVs (0,0%)	10 TIVs (0,7%)
1989-2022	1.416 TIVs (81,9%)	72 TIVs (4,2%)	191 TIVs (11,1%)	22 TIVs (1,3%)	6 TIVs (0,3%)	21 TIVs (1,2%)
2011-2020	507 TIVs (81,9%)	13 TIVs (2,1%)	72 TIVs (11,6%)	27 TIVs (4,4%)	0 TIVs (0,0%)	0 TIVs (0,0%)

Fonte: elaboração própria com base nos dados do SIPRI

Observa-se que as exportações de aeronaves militares e veículos blindados totalizaram expressivos 91,9% do total de exportações brasileiras entre 1950 e 2022 — com pesos de 56,8% e 35,1%, respectivamente. A terceira categoria com maior relevância foi a de artilharia, com 6,6%, cabendo, por fim, aos navios (0,8%), mísseis (0,6%) e sensores (0,2%) o valor residual total de 1,6%.

A despeito da proeminência alcançada pela categoria de aeronaves, vale assinalar que foram os veículos blindados que despontaram e se consolidaram na liderança da pauta de exportações brasileiras até a primeira metade dos anos 1980 — concentrando, no período entre 1950 e1980, um patamar correspondente a 77,2% do total de exportações militares realizadas até então, relegado à categoria de aeronaves à segunda posição, com 22,8%. É somente a partir de 1986 que a produção de aeronaves ascenderia à liderança da pauta de exportações de armas convencionais, iniciando, assim, sua longeva e hegemônica proeminência frente às demais categorias (vide Gráfico 9.4, abaixo).

Gráfico 9.4 – Brasil: Exportações de aeronaves militares e veículos blindados

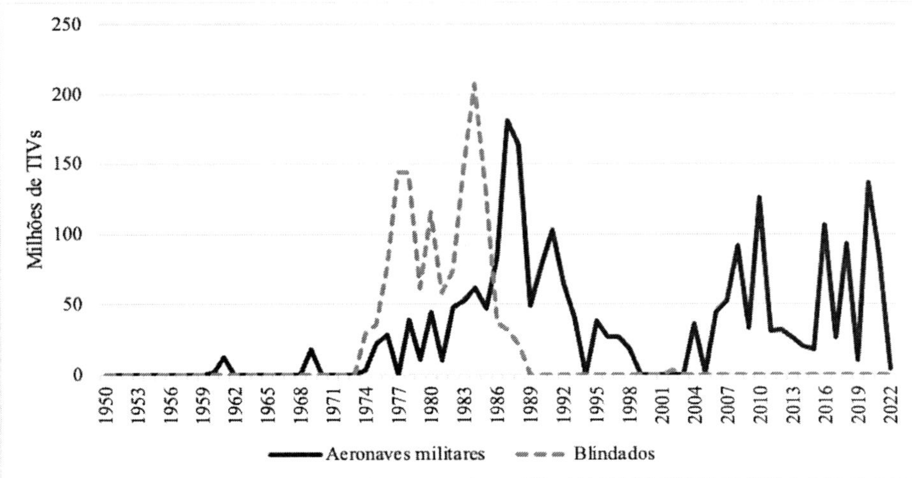

Fonte: elaboração própria com base nos dados do SIPRI

Por fim, considerando o período 1989-2022, atesta-se que as aeronaves corresponderam a 81,9% do total das exportações brasileiras, seguidas à longa margem pelos produtos de artilharia, com 11,1%, e pelos veículos blindados, com 4,2%. Paralelamente, a despeito de toda a expressividade apreendida no passado, a categoria de blindados seguiu perdendo relevância diante das tendências mais recentes, alcançando, na década de 2011-2020, o residual patamar de 2,1% do total de exportações realizadas, frente aos 81,9% da categoria de aeronaves, os 11,6% dos produtos de artilharia e os 4,4% de mísseis.

9.4.2 As importações brasileiras de armas convencionais: principais fornecedores e categorias de produtos transacionadas

No que se refere aos fluxos de importações destinados ao Brasil, os países que despontaram como os maiores fornecedores de armas convencionais ao longo de toda a extensão da série temporal, apreendendo os anos de 1950 a 2022, foram: Estados Unidos (5.520 bilhões de TIVs); Reino Unido (4.209 bilhões de TIVs); França (2.830 bilhões de TIVs); Alemanha (1.529 bilhões de TIVs); Itália (1.012 bilhões de TIVs); Canadá (479 milhões de TIVs); Suécia (399 milhões de TIVs); Israel (327 milhões de TIVs); Holanda (271 milhões de TIVs); e Suíça (190 milhões de TIVs). Em conjunto, estes países concentraram 94,2% de todas as importações realizadas pelo Brasil, com os Estados Unidos, Reino Unido, França e Itália representando 84,7% dos fluxos totais.

A análise comparativa entre os distintos períodos analisados (Tabela 9.5, a seguir) evidencia o elevado nível de concentração em torno dos dois principais fornecedores, Estados Unidos e Reino Unido, até os primórdios da década de 1980: juntos, ambos os países alcançaram 77,1% de toda a demanda brasileira de armas convencionais, com percentuais correspondentes a 43% e 34,1%, respectivamente. Os demais países a integrarem a lista de 10 maiores fornecedores entre 1950 e 1980 foram: Itália (387 milhões de TIVs); França (380 milhões de TIVs); Canadá (329 milhões de TIVs); Holanda (270 milhões de TIVs); Alemanha (186 milhões de TIVs); Japão (152 milhões de TIVs); Suíça (97 milhões de TIVs); e Austrália (30 milhões de TIVs). O total dessas vendas representou 99,4% dos fluxos totais apreendidos nesse período.

Ao longo do recorte temporal de 1981-1988, caracterizado pelo já mencionado expressivo superávit na balança comercial brasileira de armas convencionais, nove países foram responsáveis por atender a totalidade de sua demanda por armas convencionais: França (405 milhões de TIVs), liderando a lista ao responder por 44,4% dos fluxos; Estados Unidos (223 milhões de TIVs); Itália (144 milhões de TIVs); Suécia (44 milhões de TIVs); Canadá (39 milhões de TIVs); Reino Unido (23 milhões de TIVs); Suíça (20 milhões de TIVs); Israel (8 milhões de TIVs); e Alemanha (6 milhões de TIVs).

Se os períodos anteriores a 1989 evidenciam um altíssimo grau de concentração quanto aos dois maiores fornecedores de armas convencionais — a citar, Estados Unidos e Reino Unido, entre 1950 e 1980, e França e Estados Unidos, entre 1981 e 1988, beirando, respectivamente, 80% e 70% da pauta de importações brasileiras —, o pós-1989 ficaria especialmente marcado pelo relativo declínio nos níveis de concentração até então observados no âmbito das primeiras colocações do ranqueamento, ainda que sem maiores alterações quanto aos principais países fornecedores em si.

Nesse sentido, destacam-se, em ordem decrescente: França (2.045 bilhões de TIVs), Estados Unidos (1.473 bilhões de TIVs) e Reino Unido (1.388 bilhões de TIVs), somando 58,7% das vendas de armas convencionais direcionadas ao Brasil; Alemanha (1.337 bilhões de TIVs), que até 1988 figurava como um fornecedor menos expressivo, saltando agora para a quarta posição e estreitando significativamente a distância em relação aos Estados Unidos e Reino Unido; Itália (481 milhões de TIVs), Suécia (329 milhões de TIVs), Israel (319 milhões de TIVs), Espanha (189 milhões de TIVs), Rússia (186 milhões de TIVs) e Bélgica (138 milhões de TIVs). Somados, estes 10 países representaram 94,3% de todas as importações realizadas pelo Brasil entre 1989 e 2022.

Finalmente, visando compreender as tendências mais recentes no que tange à demanda brasileira por armas convencionais, procedemos com a análise referente à década de 2011-2020. Destacam-se, em ordem decrescente, os seguintes países fornecedores: Estados Unidos (491 milhões de TIVs); França (352 milhões de TIVs); Alemanha (346 milhões de TIVs); Reino Unido (278 milhões de TIVs); Itália (194 milhões de TIVs); Israel (181 milhões de TIVs); Rússia (100 milhões de TIVs); Suécia (45 milhões de TIVs); Espanha (36 milhões de TIVs); e Suíça (22 milhões de TIVs). Conjugados, esses fluxos comerciais representaram 97,5% do total das importações direcionadas ao Brasil.

A tabulação apresentada na Tabela 9.5, a seguir, permite contemplar a importante participação exercida por países europeus no atendimento à demanda brasileira por armas convencionais em todos os recortes temporais assinalados, com especial destaque para os casos do Reino Unido, França e Alemanha. Fora do ambiente europeu, é indispensável mencionar a prevalência dos Estados Unidos como maior fornecedor histórico do Brasil, posição absolutamente compatível com o seu longevo predomínio no que tange ao comércio internacional de armas — suas exportações representaram 45,4% de todas as transferências globais de armas convencionais realizadas em 2022, por exemplo. Por fim, fecham a lista Israel e Canadá, ainda que em posições de menor relevância relativa.

Tabela 9.5 – Dez maiores fornecedores de produtos militares convencionais para o Brasil por período especificado (milhões de TIVs)

#	1950-2022	1950-1980	1981-1988	1989-2022	2011-2020
1.	Estados Unidos (5.520 TIVs) [29,9%]	Estados Unidos (3.524 TIVs) [43,0%]	França (405 TIVs) [44,4%]	França (2.045 TIVs) [24,5%]	Estados Unidos (491 TIVs) [23,4%]
2.	Reino Unido (4.209 TIVs) [24,1%]	Reino Unido (2.798 TIVs) [34,1%]	Estados Unidos (223 TIVs) [24,5%]	Estados Unidos (1.473 TIVs) [17,6%]	França (352 TIVs) [16,8%]

#	1950-2022	1950-1980	1981-1988	1989-2022	2011-2020
3.	França (2.830 TIVs) [16,2%]	Itália (387 TIVs) [4,7%]	Itália (144 TIVs) [15,8%]	Reino Unido (1.388 TIVs) [16,6%]	Alemanha (346 TIVs) [16,5%]
4.	Alemanha (1.529 TIVs) [8,8%]	França (380 TIVs) [4,6%]	Suécia (44 TIVs) [4,8%]	Alemanha (1.337 TIVs) [16,0%]	Reino Unido (278 TIVs) [13,3%]
5.	Itália (1.012 TIVs) [5,8%]	Canadá (329 TIVs) [4,0%]	Canadá (39 TIVs) [4,3%]	Itália (481 TIVs) [5,8%]	Itália (194 TIVs) [9,3%]
6.	Canadá (479 TIVs) [2,7%]	Holanda (270 TIVs) [3,3%]	Reino Unido (23 TIVs) [2,5%]	Suécia (329 TIVs) [3,9%]	Israel (181 TIVs) [8,6%]
7.	Suécia (399 TIVs) [2,3%]	Alemanha (186 TIVs) [2,3%]	Suíça (20 TIVs) [2,2%]	Israel (319 TIVs) [3,8%]	Rússia (100 TIVs) [4,8%]
8.	Israel (327 TIVs) [1,9%]	Japão (152 TIVs) [1,9%]	Israel (8 TIVs) [0,9%]	Espanha (189 TIVs) [2,3%]	Suécia (45 TIVs) [2,1%]
9.	Holanda (271 TIVs) [1,6%]	Suíça (97 TIVs) [1,2%]	Alemanha (6 TIVs) [0,7%]	Rússia (186 TIVs) [2,2%]	Espanha (36 TIVs) [1,7%]
10.	Suíça (190 TIVs) [1,1%]	Austrália (30 TIVs) [0,4%]	---	Bélgica (138 TIVs) [1,7%]	Suíça (22 TIVs) [1,0%]
Total	*94,20%*	*99,40%*	*100%*	*94,30%*	*97,50%*

Fonte: elaboração própria com base nos dados do SIPRI

Já a Tabela 9.6, a seguir, abarca a evolução destes fluxos de importação agrupados por categorias de produto. Nesse sentido, a análise da série temporal completa destaca a histórica participação das transações de navios e aviões militares, contemplando, em conjunto, 75,2% do total de importações realizadas pelo Brasil, com pesos de 39,7% e 35,5%, respectivamente. Em seguida, com relativo grau de equilíbrio a nível de relevância, tem-se as categorias de sensores (7,1%), veículos blindados (6,2%), mísseis (4,9%) e motores (3,2%). Completam a lista os produtos de artilharia (1,4%), sistemas de defesa aérea (1,1%), outros (0,6%) e armas navais (0,5%).

Desagregando a análise em torno de recortes temporais mais restritos, verifica-se que a predominância alcançada pelas categorias de navios e aeronaves militares se faz evidente tanto no período de 1950-1980 quanto no de 1989-2022: no primeiro, essas categorias somaram 87,5% do total de importações, com pesos de 48,8% e 38,7%, respectivamente, seguidas, a longa distância, pelas categorias de blindados (4,1%), sensores (2,5%), mísseis (1,9%), artilharia (1,4%), motores (1,3%), sistemas de defesa aérea (0,8%) e armas navais (0,5%); no segundo, navios e aeronaves militares representaram 64,9% do total de importações brasileiras, com pesos de 35,1% e 29,8%, respectivamente, sendo seguidas pelas categorias de sensores (9,1%), veículos blindados (8,9%), mísseis (8,3%), motores (4,4%), artilharia e sistemas de defesa aérea (ambos com 1,5%), outros (0,7%) e armas navais (0,6%).

O intervalo correspondente aos anos 1981-1988, por sua vez, apresentou alterações mais substanciais em relação aos demais períodos analisados: as aeronaves corresponderam a 54,4% das importações totais, seguida por sensores (29,9%), motores (8,9%), outros (4,4%), mísseis (1,5%) e, por fim, navios (0,9%). E finalmente, visando apreender as tendências mais recentes, a análise da década 2011-2020 aponta para a expressiva predominância alcançada pelas aeronaves militares nos últimos anos, representando 36,4% do total de importações destinadas ao Brasil, seguida pelas categorias de veículos blindados (19,6%), navios (14,4%), sensores (8,4%), mísseis (7,0%), sistemas de defesa aérea (5,9%), motores, (4,2%), artilharia (2,2%); e outros (2,0%).

Tabela 9.6 – Brasil: Distribuição de importações por categorias de produtos convencionais (milhões de TIVs)

Período	Aeronaves	Sistemas de Defesa Aérea	Blindados	Artilharia	Motores	Mísseis	Armas navais	Sensores	Navios	Outros
1950-2022	6.165 TIVs (35,3%)	191 TIVs (1,1%)	1.081 TIVs (6,2%)	244 TIVs (1,4%)	557 TIVs (3,2%)	863 TIVs (4,9%)	91 TIVs (0,5%)	1.242 TIVs (7,1%)	6.939 TIVs (39,7%)	97 TIVs (0,6%)
1950-1980	3.176 TIVs (38,7%)	68 TIVs (0,8%)	337 TIVs (4,1%)	118 TIVs (1,4%)	107 TIVs (1,3%)	152 TIVs (1,9%)	41 TIVs (0,5%)	206 TIVs (2,5%)	4.000 TIVs (48,8%)	---
1981-1988	497 TIVs (54,4%)	---	---	---	81 TIVs (8,9%)	14 TIVs (1,5%)	---	273 TIVs (29,9%)	8 TIVs (0,9%)	40 TIVs (4,4%)
1989-2022	2.492 TIVs (29,8%)	123 TIVs (1,5%)	744 TIVs (8,9%)	126 TIVs (1,5%)	369 TIVs (4,4%)	697 TIVs (8,3%)	50 TIVs (0,6%)	763 TIVs (9,1%)	2.931 TIVs (35,1%)	57 TIVs (0,7%)
2011-2020	759 TIVs (36,4%)	123 TIVs (5,9%)	409 TIVs (19,6%)	46 TIVs (2,2%)	87 TIVs (4,2%)	146 TIVs (7,0%)	---	175 TIVs (8,4%)	301 TIVs (14,4%)	42 TIVs (2,0%)

Fonte: elaboração própria com base nos dados do SIPRI

9.5 Conclusões

À guisa de conclusão, a análise exploratória aqui empreendida, baseada nos dados de transações de armas convencionais disponibilizadas pelo SIPRI para o caso brasileiro, permite apreender importantes evidências acerca das características tanto de sua produção militar, em sua respectiva inserção internacional, quanto no nível das suas próprias demandas internas, contempladas pelo fornecimento estrangeiro.

Nesse sentido, pode-se observar que:

i. O Brasil é um país que, historicamente, mostra-se mais dependente dos vetores de importação do que é capaz de garantir níveis expressivos de competitividade em suas exportações de armas convencionais;

ii. A eclosão e o término do conflito Irã-Iraque (1980-1988) produziram alterações substanciais na dinâmica comercial militar brasileira, com a sua vigência contribuindo diretamente para alimentar a fase denominada como "a era de ouro" de sua Base Industrial de Defesa, especialmente em vista da forte demanda iraquiana naquele período. A esse contexto, soma-se, ainda, o intenso processo de transformações econômicas e geopolíticas deflagradas a partir do encerramento da Guerra Fria, em seus profundos impactos sobre a estrutura produtiva do setor industrial militar global;

iii. Desde 1986, a categoria de aeronaves consolidou-se na liderança da pauta brasileira de exportações de armas convencionais, alcançando, desde a década de 1990, a casa dos 80% dos fluxos totais — seguida, ainda que de longe, pela categoria de artilharia, com pouco mais de 10%;

iv. É importante enfatizar que a década de 1990 ficaria marcada pelo acelerado declínio das exportações de armas convencionais brasileiras, saindo de 127 milhões de TIVs, em 1991, para zero entre 1999 e 2001, repetindo ainda esse resultado no ano de 2003. Somente a partir de 2006 torna-se possível apreender uma recuperação substancial e sustentada no âmbito dessas exportações, com as aeronaves militares alcançando índices majoritários em sua composição — média de 85,5% no período entre 2006 e 2022.

v. A análise acerca dos destinos preferenciais dessas exportações revela a constante presença por parte de países da América do Sul, em especial Colômbia, Chile e Equador; Sudeste Asiático, com destaque para a Indonésia; Oriente Médio, com ênfase para o Afeganistão, Arábia Saudita, Irã e Líbano; África, com forte predomínio histórico da Líbia e, mais recentemente, da Nigéria e Angola; e Europa, com a França e Reino Unido despontando como os principais mercados consumidores;

vi. Já no âmbito do fluxo de importações brasileiras, os países que mais se sobressaíram no fornecimento de armas convencionais foram: Estados Unidos, Reino Unido, França, Alemanha e Itália. Em conjunto, esses países totalizaram aproximadamente 85% de todas as importações já realizadas pelo Brasil desde os anos 1950;

vii. Dentre as categorias de armas convencionais com maior destaque na pauta de importações brasileiras, destacam-se os navios e as aeronaves militares, seguidas, em menor nível, por sensores, veículos blindados, mísseis e motores. Artilharia, sistemas de defesa aérea, armas navais e outros fecham a lista, com valores residuais;

viii. Considerando a década mais recente de 2011-2020, é possível observar uma expressiva perda de relevância por parte da categoria de navios em favor da emergência dos veículos blindados. Sensores, mísseis e sistemas de defesa aérea dão seguimento, com esta última apresentando notável crescimento relativo ao longo da última década. Artilharia e outros fecham a lista, com valores residuais.

Enfim, salienta-se que o desafio de impulsionar as exportações de armas convencionais brasileiras inevitavelmente encontrará duros obstáculos nos elevados níveis de concentração atualmente vigentes nos mercados de defesa, independentemente da categoria de produto a ser contemplada. A experiência internacional, por outro lado, sugere importantes caminhos para se guiar frente a esta complexa realidade. Sublinha-se, com efeito, a importância da formulação de uma estratégia que combine o reconhecimento dos fundamentos de Economia de Defesa com um posicionamento geopolítico claro quanto aos interesses nacionais prioritários e à inserção internacional[431].

Com base no exposto, conclui-se que a participação brasileira no comércio internacional de armas demanda o estabelecimento de acordos de cooperação em torno de alianças estratégicas, incluindo aí os objeti-

[431] Para uma análise sobre alguns dos principais desafios geopolíticos do Brasil, tendo como referência a base industrial de defesa, consultar: FARIAS, H. C. Aspectos Geopolíticos da Guerra do Futuro e desafios brasileiros. *In*: FRANCO AZEVEDO, C.; RAMOS, C. **Estudos de defesa**: Inovação, estratégia e desenvolvimento industrial. Rio de Janeiro: Editora da FGV, 2022.

vos de incorporação de tecnologias sensíveis, parcerias de coprodução, desenvolvimento e subcontratação; o foco nas tecnologias de uso dual; a ênfase em competências específicas, altamente especializadas e de maior potencial de competitividade; a busca por posições de nicho; a orientação para os mercados externos como forma de viabilizar economias de escala; e por último, mas não menos importante, o imprescindível suporte governamental, tanto pela via das aquisições de equipamentos destinados às Forças Armadas quanto no apoio à comercialização e ao financiamento desse setor, em pleno benefício do desenvolvimento da Base Industrial de Defesa brasileira.

Conceitos

Comércio Internacional: é a troca de bens, serviços e recursos entre países ou regiões geográficas distintas. Envolve a compra e venda de produtos além das fronteiras nacionais, visando aproveitar-se de vantagens comparativas, como recursos naturais, habilidades de produção e custos de mão de obra diferenciados. O comércio internacional impulsiona o crescimento econômico, promove ganhos de escala e especialização produtiva e aumenta a diversidade de produtos disponíveis no mercado global.

Armas convencionais: referem-se a instrumentos militares não nucleares utilizados para fins de defesa, segurança e combate. Essas armas podem incluir uma ampla variedade de equipamentos, como armas de fogo, veículos terrestres, aéreos e navais, munições e outros equipamentos militares tradicionais. Ao contrário de armas nucleares, as armas convencionais não envolvem reações nucleares para gerar explosões, embora ainda detenham potencial de causar danos substanciais em conflitos armados. De acordo com a conceituação estabelecida pelo SIPRI (*Stockholm International Peace Research Institute*), as principais armas convencionais podem ser classificadas em: Aeronaves, Sistemas de Defesa Aérea, Blindados, Artilharia, Motores, Mísseis, Armas navais, Satélites, Sensores e Navios.

TIV: Sistema próprio de unidades comuns denominado 'Valores Indicativos de Tendência' (ou TIVs, na sigla em inglês). Utilizadas nas séries temporais do SIPRI (*Stockholm International Peace Research Institute*), permitem mensurar a realização de transferências de recursos militares entre distintos países, bem como viabilizar comparações consistentes ao longo do tempo.

Questões

Q.9.1 O que são armas convencionais?

Q.9.2. O que é TIV? Por que ele é um importante indicador para a análise do comercio internacional de armas?

Q.9.3. Quais as principais implicações do fim da Guerra Fria no comércio internacional de armas?

Q.9.4. Qual a participação brasileira no comércio internacional de armas convencionais?

REFERÊNCIAS

ANDRADE, I. O.; FRANCO, L. G. A. Desnacionalização da indústria de defesa no Brasil: Implicações em aspectos de autonomia científico-tecnológica e soluções a partir da experiência internacional. **Texto para discussão IPEA**, v. 2178, p. 1-42, 2016.

FARIAS, H. C. Aspectos Geopolíticos da Guerra do Futuro e desafios brasileiros. *In*: FRANCO AZEVEDO, C.; RAMOS, C. **Estudos de defesa**: Inovação, estratégia e desenvolvimento industrial. Rio de Janeiro: Editora da FGV, 2022.

KRUGMAN, P.; OBSTFELD, M.; MELITZ, M. **Economia Internacional**. 10. ed. São Paulo: Pearson Education do Brasil, 2015.

MARQUES, G. R. G. Cadeias Globais de Valor e Base Industrial de Defesa: Evidências para uma agenda de produtividade e competitividade. **Revista da Escola de Guerra Naval**, v. 28, n. 2, p. 1-28, 2022.

MESA, A. Sobre La Naturaleza y Alcance de la Economía de la Defensa. **Documento de Opinión**. Instituto Español de Estudios Estratégicos, 2012.

NEUMAN, S. G. Defense Industries and Global Dependency. **Orbis**, v. 50, n. 3, p. 429-451, 2006.

SANTOS, T. Economia de Defesa como uma categoria geral de análise nas Ciências Econômicas. **Revista da Escola de Guerra Naval**, v. 24, n. 3, p. 542-564, 2018.

SILVA FILHO, E. B.; MORAES, R. F. **Defesa Nacional para o século XXI**: Política internacional, estratégia e tecnologia militar. Brasília: IPEA, 2012.

SIPRI. About SIPRI. Disponível em: https://www.sipri.org/about. Acesso em: 29 jun. 2023.

SIPRI. Arms Transfers Database. Disponível em: https://www.sipri.org/databases. Acesso em: 29 jun. 2023.

SIPRI. Sources and methods. Disponível em: https://www.sipri.org/databases/armstransfers/sources-and-methods. Acesso em: 29 jun. 2023.

TOFFANO, L.; MARQUES, G.; MARINHO, R. Parcerias estratégicas internacionais, defesa e desenvolvimento: implicações comerciais e tecnológicas dos projetos Xavante e AMX. *In*: XI ENCONTRO NACIONAL DA ASSOCIAÇÃO BRASILEIRA DE ESTUDOS DE DEFESA (ENABED), 2021, Niterói, RJ. **Anais** [...]. Niterói, RJ: Associação Brasileira de Estudos de Defesa, 2021.

10

OS DETERMINANTES DOS GASTOS MILITARES NO BRASIL

Ariela Diniz Leske (UFCG)
Rafael de Morais Lima

"Os recursos demandados pela defesa exigem uma transformação de consciências, para que se constitua uma estratégia de defesa para o Brasil".
(BRASIL, 2012, Estratégia Nacional de Defesa)

10.1 Introdução

O volume de recursos destinados ao financiamento das atividades militares tem sido tratado como um dos principais indicadores da importância da área de defesa para determinado país. Assim, os gastos militares também costumam ser utilizados para fins de comparações internacionais como indicador sobre a força militar. Seguindo a tradição Keynesiana, a literatura sobre gastos militares tem focado sua atenção no impacto dos gastos militares sobre o crescimento econômico e a tecnologia. Entretanto, antes de analisar qualquer influência sobre os fatores econômicos, os próprios gastos são determinados por diversos fatores, os quais muitas vezes são mencionados, mas não dimensionados.

Porém, como são determinados esses gastos? Essa é apenas uma questão financeira? Ou depende também de fatores políticos e sociais? Dificilmente será possível conceder uma resposta exata a essas questões. O volume de recursos empregado na área de defesa parece variar de acordo com uma grande diversidade de fatores, que podem ir além do envolvimento em conflitos armados[432]. Assim, o objetivo desta pesquisa é identificar quais os fatores que, probabilisticamente, afetam a determinação dos gastos militares

[432] HARTLEY, K.; SANDLER, T. (ed.). **Handbook of Defence Economics**. Amsterdam: Elsevier, 1995. v. 1. SMIT, M. NATO Initiatives to improve Life Cycle Costing. **NATO-RTO Working Paper**. TNO Defence, Security and Safety, 2010.

no Brasil. Para atingir esse objetivo, será realizada revisão bibliográfica dos trabalhos empíricos sobre o tema, focando os fatores considerados mais significativos, os quais serão testados a partir do modelo proposto por Smith, Droff e Malizard[433].

Sendo a defesa um bem público, o papel do governo pode ser visto como um ator de destaque, de forma que suas ações e políticas podem constituir em melhor desempenho na área de defesa — ou não. Nesse sentido, a identificação dos fatores que afetam os gastos militares pode-se constituir em interessante incremento à análise macroeconômica ao indicar os fatores com possível relevância para as políticas públicas na área. A identificação das variáveis permite que elas possam ser conscientemente geridas de forma a reduzir os impactos negativos e amplificar as influências positivas[434].

Além da revisão sobre os principais fatores que influenciariam os gastos militares identificados por diversos autores, o que será feito na seção seguinte, pretende-se aqui identificar os fatores relevantes para o volume dos gastos militares no Brasil através de uma abordagem quantitativa que permitirá mensurar aqueles de maior impacto.

HEYE, T. **Os Determinantes Políticos dos Gastos Militares no Pós-Guerra Fria**. 2005. Tese (Doutorado em Ciência Política) – Instituto Universitário de Pesquisas do Rio de Janeiro, IUPERJ, 2005.

SANDLER, T.; HARTLEY, K. (ed.). **Handbook of Defense Economics**: Defense in a Globalized World. Amsterdam: Elsevier, 2007. v. 1.

COLLIER, P.; HOEFFLER, A. Unintended Consequences: Does Aid Promote Arms Races? **Oxford Bulletin of Economics and Statistics**, v. 69, n. 1, p. 1-27, 2007.

BATTAGLINO, J. M. The Determinants of Arms Spending in South America. **Journal of Politics in Latin America**, v. 5, n. 2, p. 71-103, 2013.

ALBALATE, D.; BEL, G.; ELIAS, G. Institutional Determinants of Military Spending. **Journal of Comparative Economics**, v. 40, p. 279-290, 2012.

DUNNE, J. P.; PERLO-FREEMAN, S. The Demand for Military Spending in Developing Countries: A Dynamic Panel Analysis. **Defense and Peace Economics**, v. 14, p. 461-474, 2003a.

DUNNE, J. P.; PERLO-FREEMAN, S. The Demand for Military Spending in Developing Countries. **International Review of Applied Economics**, v. 17, p. 23-48, 2003b.

KOLLIA, C.; PALEOLOGOU, S.-M. Domestic Political and External Security Determinants of the Demand for Greek Military Expenditure. **Defence and Peace Economics**, v. 14, n. 6, p. 437-445, 2003.

Nos trabalhos de Dunne e Perlo-Freeman (2003) e Kollias e Paleologou (2003), o PIB não apresentou influência significativa.

[433] SMITH, R. Military expenditure and capitalism. **Cambridge Journal of Economics**, v. 2, n. 3, p. 287-292, 1977.

SMITH, R. Military expenditure and investment in OECD countries: revisited. **Journal of Comparative Economics**, n. 4, p. 19-32, 1980.

DROFF, J.; MALIZARD, J. Determinants of Defense Spending: The Role of Strategic Factors in France. **Defence and Peace Economics**, 2021.

[434] DUNNE, J.; MOHAMMED, N. A. Military Spending in Sub-Saharan Africa: Some Evidence for 1967–85. **Journal of Peace Research**, v. 32, n. 3, p. 331-343, 1995.

SOLARIN, S. A. Determinants of military expenditure and the role of globalisation in a cross-country analysis. **Defence and Peace Economics**, v. 29, n. 7, p. 853-870. https://doi.org/10.1080/10242694.2017.1309259..

10.2 Os Fatores determinantes dos gastos militares

Nos estudos sobre economia de defesa, diversos autores têm buscado identificar quais são fatores que influenciam significativamente os gastos militares[435]. Entre as variáveis explicativas mais comuns é possível listar as variáveis socioeconômicas, mais particularmente, o Produto Interno Bruto (PIB) ou a renda per capta e o tamanho da população (p), as variáveis sobre ameaças e corrida armamentista, geralmente mensuradas pelo envolvimento em guerras e pelos gastos de militares dos países vizinhos, e as variáveis institucionais, que incluem a participação civil/militar, regras de votação, sistema democrático e liberdade.

O Produto Interno Bruto (PIB) é a variável mais popular nos estudos consultados. De acordo com Sandler e Hartley[436], o aumento da renda do país teria impacto positivo sobre os gastos militares. Sendo a defesa um bem normal, quanto maior o crescimento da renda de um país, maior seu consumo[437]. Com maior disponibilidade de recursos e a uma maior percepção de necessidade de segurança, a população e os governos ficam mais propensos a investir na área defesa. Essa hipótese foi confirmada também em outros estudos[438].

---

435 SMITH, R. Military expenditure and capitalism. Cambridge Journal of Economics, v. 2, n. 3, p. 287-292, 1977.
SMITH, R. Military expenditure and investment in OECD countries: revisited. **Journal of Comparative Economics**, n. 4, p. 19-32, 1980.;
HARTLEY, K.; SANDLER, T. (ed.). **Handbook of Defence Economics**. Amsterdam: Elsevier, 1995. v. 1.
SANDLER, T.; HARTLEY, K. (ed.). **Handbook of Defense Economics**: Defense in a Globalized World. 1st edition. Amsterdam; Elssevier, v. 2, 2007.

436 HARTLEY, K.; SANDLER, T. (ed.). **Handbook of Defence Economics**. Amsterdam: Elsevier, v. 1, 1995.

437 HEYE, T. **Os Determinantes Políticos dos Gastos Militares no Pós-Guerra Fria**. 2005. Tese (Doutorado em Ciência Política) – Instituto Universitário de Pesquisas do Rio de Janeiro, IUPERJ, 2005.

438 MOHAMMED, N. A. L. What determines military allocations in Africa: Theoretical and empirical investigations. **Defence and Peace Economics**, v. 7, n. 3, p. 203-231, 1996.
GOLDSMITH, B. Democracy and the Defense Burden: Do democracies spend less on the military? **Paper read at Annual Meeting of the American Political Science Association**, Philadelphia, 2003.
HEYE, T. **Os Determinantes Políticos dos Gastos Militares no Pós-Guerra Fria**. 2005. Tese (Doutorado em Ciência Política) – Instituto Universitário de Pesquisas do Rio de Janeiro, IUPERJ, 2005.
YILDIRIM, J.; SEZGIN, S. Democracy and military expenditure: a cross-country evidence. **Transition Studies Review**, v. 12, p. 93-100, 2005.
YILDIRIM, J.; OCAL, N.; KESKIN, H. Military Expenditures, Economic Growth and Spatial Spillovers: A Global Perspective. **International Conference on Applied Economics**, Turkey, 2011.
COLLIER, P.; HOEFFLER, A. Unintended Consequences: Does Aid Promote Arms Races? **Oxford Bulletin of Economics and Statistics**, v. 69, n. 1, p. 1-27, 2007.
DUNNE, J. P.; PERLO-FREEMAN, S.; SMITH, R. P. The demand for military expenditure in developing countries: hostility versus capability. **Defense and Peace Economics**, v. 19, p. 293-302, 2008.
ALBALATE, D.; BEL, G.; ELIAS, G. Institutional Determinants of Military Spending. **Journal of Comparative Economics**, v. 40, p. 279-290, 2012.

A relação entre o tamanho da população e nível dos gastos militares pode ser vista como positiva, se for considerado que quanto maior uma população, maior seu custo de defesa. Ou pode ser inversa, de forma que aumentos no tamanho populacional reduziriam os gastos militares. Dunne e Perlo-Freeman sugerem que grandes populações teriam maiores demandas sociais e seu tamanho já seria considerado um indicador de capacidade de segurança, influenciando assim negativamente os dispêndios militares[439]. O argumento é reforçado por Brauner ao afirmar que países com maiores contingentes populacionais tendem a confiar na disponibilidade de mão de obra, enquanto países menores investiriam mais em tecnologia[440]. As evidências empíricas encontradas por diversos autores, indicam que a população tem sim um efeito significante e negativo, ou seja, aumentos no tamanho da população, tendem a influenciar em um menor nível de gastos militares[441]. Ao analisar os dados para 61 países, o efeito negativo também é observado em relação às relações civis-militares, de forma que avanços nessas relações podem induzir à redução dos gastos[442].

O nível dos gastos militares depende também dos gastos de demanda (gastos desejáveis) e da viabilidade dos gastos. Enquanto o primeiro depende da avaliação estratégica da demanda, o segundo dependeria da disponibi-

WANG, T. P.; SHYU, S. H. P.; CHOU, H. C. The impact of defense expenditure on economic productivity in OECD countries. **Economic Modelling**, v. 29, n. 6, p. 2104-2114, 2012.
SOLARIN, S. A. Determinants of military expenditure and the role of globalisation in a cross-country analysis. **Defence and Peace Economics**, v. 29, n. 7, p. 853-870. https://doi.org/10.1080/10242694.2017.1309259.
DROFF, J.; MALIZARD, J. Determinants of Defense Spending: The Role of Strategic Factors in France. **Defence and Peace Economics**, 2021.

439 DUNNE, J. P.; PERLO-FREEMAN, S. The Demand for Military Spending in Developing Countries: A Dynamic Panel Analysis. **Defense and Peace Economics**, v. 14, p. 461-474, 2003a.
DUNNE, J. P.; PERLO-FREEMAN, S. The Demand for Military Spending in Developing Countries. **International Review of Applied Economics**, v. 17, p. 23-48, 2003b.

440 BRAUNER, J. Military spending and democracy. **Defence and Peace Economics**, v. 26, n. 4, p. 409-423, 2015.

441 DUNNE, J. P.; PERLO-FREEMAN, S. The Demand for Military Spending in Developing Countries: A Dynamic Panel Analysis. **Defense and Peace Economics**, v. 14, p. 461-474, 2003a.
DUNNE, J. P.; PERLO-FREEMAN, S. The Demand for Military Spending in Developing Countries. **International Review of Applied Economics**, v. 17, p. 23-48, 2003b.
WANG, T. P.; SHYU, S. H. P.; CHOU, H. C. The impact of defense expenditure on economic productivity in OECD countries. **Economic Modelling**, v. 29, n. 6, p. 2104-2114, 2012.
SOLARIN, S. A. Determinants of military expenditure and the role of globalisation in a cross-country analysis. **Defence and Peace Economics**, v. 29, n. 7, p. 853-870. https://doi.org/10.1080/10242694.2017.1309259.
COLLIER, P.; HOEFFLER, A. Unintended Consequences: Does Aid Promote Arms Races? **Oxford Bulletin of Economics and Statistics**, v. 69, n. 1, p. 1-27, 2007.
DUNNE, J. P.; PERLO-FREEMAN, S.; SMITH, R. P. The demand for military expenditure in developing countries: hostility versus capability. **Defense and Peace Economics**, v. 19, p. 293-302, 2008.
DROFF, J.; MALIZARD, J. Determinants of Defense Spending: The Role of Strategic Factors in France. **Defence and Peace Economics**, 2021.

442 HEYE, T. **Os Determinantes Políticos dos Gastos Militares no Pós-Guerra Fria**. 2005. Tese (Doutorado em Ciência Política) – Instituto Universitário de Pesquisas do Rio de Janeiro, IUPERJ, 2005.

lidade de recursos econômicos e do nível de interesse político. Com isso, mesmo que haja recursos econômicos disponíveis, o nível de empenho dependerá ainda do empenho político[443]. Outra análise aponta que a influência política sobre o orçamento de defesa é constante, e por isso supõe que os gastos militares irão refletir tanto as pressões da estrutura do sistema internacional, como as pressões da estrutura doméstica dos Estados[444]. Nos Estados Unidos, por exemplo, foi encontrada correlação significativa entre a demanda por GMs e período eleitoral, de forma que em período de eleições a demanda por esses gastos foram maiores, no período de 1967 a 2018[445]. No caso da Alemanha, não foi encontrado nenhum impacto significativo. Acredita-se que isso ocorre porque os partidos proeminentes partilham características comuns de política de defesa[446].

Nesse sentido, muitos autores têm buscado analisar a relação entre o tipo de governo e o nível dos gastos militares. Seguindo as proposições teóricas de Kant[447], tem sido adotada a hipótese de que democracias gastam menos em despesas militares do que as autocracias. Esses resultados têm sido suportados por diferentes pesquisas, o que implica na adoção de diferentes grupos de países, em diferentes períodos de tempo e com diferentes modelos quantitativos. A relação significativa e negativa entre democracia e gastos militares foi encontrada em vários trabalhos[448]. Com isso, as evi-

[443] BATTAGLINO, J. M. The Determinants of Arms Spending in South America. **Journal of Politics in Latin America**, v. 5, n. 2, p. 71-103, 2013.

[444] HEYE, T. **Os Determinantes Políticos dos Gastos Militares no Pós-Guerra Fria**. 2005. Tese (Doutorado em Ciência Política) – Instituto Universitário de Pesquisas do Rio de Janeiro, IUPERJ, 2005.

[445] YALTA, A. T.; TÜZÜN, F. Time Varying Determinants of US Demand for Defense Spending in the post-Cold War Era. **Defence and Peace Economics**, v. 32, n. 7, p. 829-846, 2021.

[446] KAUDER, B.; POTRAFKE, N. The Growth in Military Expenditure in Germany 1951–2011: Did Parties Matter? **Defence and Peace Economics**, v. 27, n. 4, p. 503-519, 2016.

[447] KANT, I. [1795]. Perpetual Peace. *In*: NISBET, H. B.; REISS, H. (ed.). **Kant's Political Writings**. 2. ed. Cambridge: Cambridge University Press, 1991. p. 93-130.

[448] OHAMMED, N. A. L. What determines military allocations in Africa: Theoretical and empirical investigations. **Defence and Peace Economics**, v. 7, n. 3, p. 203-231, 1996.
GOLDSMITH, B. Democracy and the Defense Burden: Do democracies spend less on the military? **Paper read at Annual Meeting of the American Political Science Association**, Philadelphia, 2003.
HEYE, T. **Os Determinantes Políticos dos Gastos Militares no Pós-Guerra Fria**. 2005. Tese (Doutorado em Ciência Política) – Instituto Universitário de Pesquisas do Rio de Janeiro, IUPERJ, 2005.
YILDIRIM, J.; SEZGIN, S. Democracy and military expenditure: a cross-country evidence. **Transition Studies Review**, v. 12, p. 93-100, 2005.
YILDIRIM, J.; OCAL, N.; KESKIN, H. Military Expenditures, Economic Growth and Spatial Spillovers: A Global Perspective. **International Conference on Applied Economics**, Turkey, 2011.
COLLIER, P.; HOEFFLER, A. Unintended Consequences: Does Aid Promote Arms Races? **Oxford Bulletin of Economics and Statistics**, v. 69, n. 1, p. 1-27, 2007.
DUNNE, J. P.; PERLO-FREEMAN, S.; SMITH, R. P. The demand for military expenditure in developing countries: hostility versus capability. **Defense and Peace Economics**, v. 19, p. 293-302, 2008.

dências empíricas apontam que quanto mais democrático um país, menos ele irá investir na área militar. Um país sob ditadura pode gastar 40% mais do que um país democrático[449]. Os diferentes comportamentos dos gastos militares poderiam ainda ser explicados pelas caraterísticas das democracias, considerando aquelas presidenciais e parlamentares[450].

Outro fator apontado como relevante para aumentar a demanda por gastos militares são as ameaças. Essas ameaças podem ser percebidas devido às intenções declaradas ou mesmo pela ocorrência de corridas armamentistas, por isso muitos autores costumam analisar a evolução dos gastos dos países vizinhos. Ao se armar um país, pode acabar criando alguma incerteza sobre suas intenções, estimulando a insegurança nos vizinhos[451], conforme analisou Normal Angell em relação ao período pré-1ª Guerra Mundial, por exemplo. Assim, quanto mais seus vizinhos investem em defesa, mais um país deveria investir também, com o intuito de manter um bom nível de defesa[452].

As alianças entre os países aliados, como a Organização do Tratado do Atlântico Norte (OTAN), costumam ser defendidas como uma forma de se compartilhar custos e assim reduzi-los individualmente. No caso da

---

ALBALATE, D.; BEL, G.; ELIAS, G. Institutional Determinants of Military Spending. **Journal of Comparative Economics**, v. 40, p. 279-290, 2012.
WANG, T. P.; SHYU, S. H. P.; CHOU, H. C. The impact of defense expenditure on economic productivity in OECD countries. **Economic Modelling**, v. 29, n. 6, p. 2104-2114, 2012.
SOLARIN, S. A. Determinants of military expenditure and the role of globalisation in a cross-country analysis. **Defence and Peace Economics**, v. 29, n. 7, p. 853-870. https://doi.org/10.1080/10242694.2017.1309259.
DROFF, J.; MALIZARD, J. Determinants of Defense Spending: The Role of Strategic Factors in France. **Defence and Peace Economics**, 2021.
HEYE, T. **Os Determinantes Políticos dos Gastos Militares no Pós-Guerra Fria**. 2005. Tese (Doutorado em Ciência Política) – Instituto Universitário de Pesquisas do Rio de Janeiro, IUPERJ, 2005.
GOLDSMITH, B. Democracy and the Defense Burden: Do democracies spend less on the military? **Paper read at Annual Meeting of the American Political Science Association**, Philadelphia, 2003.
FORDHAM, B.; WALKER, T. Kantian liberalism, regime type and military resource allocation. **International Studies Quarterly**, v. 49, n. 1, p. 141-157, 2005.
LEBOVIC, J. Spending priorities and democratic rule in Latin America. **Journal of Peace Research**, v. 45, n. 4, p. 427-452, 2001.

449 BRAUNER, J. Military spending and democracy. **Defence and Peace Economics**, v. 26, n. 4, p. 409-423, 2015.

450 ALBALATE, D.; BEL, G.; ELIAS, G. Institutional Determinants of Military Spending. **Journal of Comparative Economics**, v. 40, p. 279-290, 2012.
Os autores analisaram ainda o comportamento dos gastos militares em relação ao tipo de democracia. As democracias presidenciais são aquelas onde o governante é eleito pela população e os poderes do executivo e legislativo são separados. Enquanto isso, nas democracias parlamentares os governantes são eleitos pelo legislativo e não há clara divisão entre os poderes. Os resultados indicam que as democracias presidenciais gastam mais com defesa do que os sistemas parlamentares.

451 HARTLEY, K.; SANDLER, T. (ed.). **Handbook of Defense Economics**. Amsterdam: Elsevier, v. 1, 1995.

452 COLLIER, P.; HOEFFLER, A. Unintended Consequences: Does Aid Promote Arms Races? **Oxford Bulletin of Economics and Statistics**, v. 69, n. 1, p. 1-27, 2007.

China, por exemplo, cada vez que um aliado eleva seu dispêndio militar em 10%, essa despesa na China é reduzida 14%[453]. Contudo alguns aspectos enfraquecem a eficiência desse tipo de aliança, uma vez que nem sempre a divisão é igualitária, e países ricos tendem a gastar mais, enquanto outros podem ir apenas como 'caronas'. Com isso, é possível que os gastos fiquem em nível subótimo[454]. Adicionalmente, os aliados também precisam lidar com as especificidades operacionais e culturais de cada país, o que por sua vez requer que projetos tenham que ser adaptados, acarretando em um possível aumento de custos. Pesquisas apontam que o desenvolvimento de alianças entre os países mostrou-se associar-se a maiores de níveis de gastos. Segundo os autores, isso pode estar relacionado a uma maior pressão para manutenção ou elevação dos gastos individuais[455]. Esse é o caso da França, por exemplo[456]. Adicionalmente, uma pesquisa demonstrou que os benefícios não estariam correlacionados aos custos desde 2005[457].

Um estudo examinou os fatores que influenciaram os gastos militares em 98 países, durante e depois da Guerra Fria[458]. Como variáveis explicativas foram utilizados o PIB, a população, variáveis estratégicas e gastos militares em outros países. Os resultados sugerem que o PIB não teve influência significativa, ao contrário da população e das variáveis estratégicas. Adicionalmente, não foram encontradas mudanças estruturais significativas entre os períodos analisados.

Diante da pesquisa aqui realizada, não foi possível encontrar estudos relativos ao caso brasileiro, e apenas alguns poucos para o caso da América Latina. Quanto à variável democracia, foi constatado que a ascensão da democracia resultou em clara redução dos gastos militares[459].

---

[453] WANG, T. P.; SHYU, S. H. P.; CHOU, H. C. The impact of defense expenditure on economic productivity in OECD countries. **Economic Modelling**, v. 29, n. 6, p. 2104-2114, 2012.

[454] DUNNE, J. P. The Defense Industrial Base. *In*: HARTLEY, K.; SANDLER, T. (ed.). **Handbook of Defense Economics**. Amsterdam: Elsevier, v. 1, 1995.

[455] ALBALATE, D.; BEL, G.; ELIAS, G. Institutional Determinants of Military Spending. **Journal of Comparative Economics**, v. 40, p. 279-290, 2012.

[456] DROFF, J.; MALIZARD, J. Determinants of Defense Spending: The Role of Strategic Factors in France. **Defence and Peace Economics**, 2021.

[457] SANDELER, T.; SHIMIZU, H. NATO Burden Sharing 1999-2010: An Altered Alliance. **Foreign Policy Analysis**, v. 10, n. 1, p. 43-60, 2014.

[458] DUNNE, J. P.; PERLO-FREEMAN, S. The Demand for Military Spending in Developing Countries: A Dynamic Panel Analysis. **Defense and Peace Economics**, v. 14, p. 461-474, 2003a.
DUNNE, J. P.; PERLO-FREEMAN, S. The Demand for Military Spending in Developing Countries. **International Review of Applied Economics**, v. 17, p. 23-48, 2003b.

[459] LEBOVIC, J. Spending priorities and democratic rule in Latin America. **Journal of Peace Research**, v. 45, n. 4, p. 427-452, 2001.

Mesmo tendo em conta que a revisão aqui realizada pode não abarcar todos os trabalhos realizados sobre o tema, buscar-se-á utilizar as varáveis adotadas em muitos desses trabalhos. Para tanto, essa utilização será limitada à sua aderência ao caso específico do Brasil e à disponibilidade de dados. A seção seguinte aborda essa delimitação e estima o modelo elaborado para o caso brasileiro.

10.3 Determinantes dos gastos militares no Brasil

Na seção anterior, é possível identificar uma quantidade considerável de fatores que podem influenciar os gastos militares. Para fins do presente trabalho, serão considerados os fatores que se mostram mais populares, tais como: tamanho da população, PIB, democracia, Ministro da Defesa, e ameaças.

O nível e a composição dos gastos militares são frequentemente tratados como segredos de Estado, mesmo Estados com sistemas políticos e parlamentares abertos possuem porções consideráveis que não são de livre acesso pelo público[460]. O próprio SIPRI faz um índice que mostra o nível de facilidade das informações disponibilizadas pelos países, no qual os Estados Unidos, por exemplo, aparecem entre aqueles com baixo índice de transparência. O *Stockholm International Peace Research Institute* (SIPRI) é a base de dados mais citada pela maioria dos estudos da área, tendo em vista o fato de ser uma base de acesso livre, por converter as séries para dólar e adotar um método uniforme para a coleta de dados nos diferentes países, fato que facilita a comparação. Além deste, dados também são disponibilizados pelo *Military Balance* e pelo *IHS JANE's*.

10.4 Metodologia

Para as variáveis gastos militares (GM), crescimento do PIB, crescimento populacional (Pop) e ameaças (AM), fora utilizada a base aberta do Banco Mundial. Com o intuito de se trabalhar com taxas, optou-se por utilizar a variação em *log* natural da população. Para a variável "democracia", será utilizado o índice do *Varieties of Democracy (V-Dem) Project*. Ainda, para o cálculo de "Ameaças", utilizou-se uma média dos gastos militares dos países que fazem fronteira com o Brasil.

---

[460] BRZOSKA, M. World Military Expenditures. *In*: **Handbook of Defense Economics**. Amsterdam: Elsevier, 1995. v. 1, p. 45-67.

Ao se aplicar um teste de estacionariedade tanto na variável dependente quanto nas independentes, verificou-se um mix d I(1) e I(0), com destaque para a estacionariedade apenas em primeiro nível para a variável dependente. Dessa maneira, análise econômica desta série será conduzida utilizando o método que combina o ARDL (*Auto Regressive Dependent Lagged*), conhecido em português como modelo autorrregressivo com defasagens distribuídas, com o teste de limites para a verificação de cointegração[461]. O procedimento envolve o uso de variáveis defasadas em um modelo MQO (ARDL) e a aplicação de um teste de limites nas variáveis, considerando a possibilidade de que a variação dos erros seja estatisticamente estacionária.

Ao lidar com uma variável dependente I (1), o modelo ARDL permite a análise com regressores de diferentes ordens de integração, seja I (0) ou I (1). Esse processo tem a capacidade de prover uma análise de curto e longo prazo, possibilitada pelo processo de cointegração e resulta em insumos valiosos para uma interpretação mais abrangente do fenômeno em estudo. É importante ressaltar que, em comparação com a técnica de Johansen (VECM), o ARDL fornece um único vetor de cointegração[462].

O ARDL, enquanto um modelo MQO com defasagens distribuídas, inicialmente fornece a relação estatística e os parâmetros de curto prazo. A verificação de cointegração depende do teste de limites e da re-parametrização da equação única do ARDL. O teste de limites utiliza valores críticos para a estatística F. O limite inferior parte do pressuposto de que todas as variáveis são I (0), negando a existência de uma relação de longo prazo. O limite superior assume que as variáveis são I (1), indicando a presença da relação de longo prazo. A verificação da cointegração dependerá do valor crítico da estatística F, considerando um intervalo de confiança de 5%.

Após a confirmação da cointegração e da relação de longo prazo, é necessário empregar um Modelo de Correção de Erros para analisar a dinâmica da velocidade de ajuste entre as variáveis do curto para o longo prazo. Esse modelo facilita a re-parametrização da equação de curto prazo, revelando como as variáveis reagem no processo de cointegração. O vetor de cointegração deve ser negativo e estatisticamente significativo, indicando que, a cada período, a distância entre o curto e longo prazo tende a diminuir.

[461] PESARAN, M. H.; SHIN, Y.; SMITH, R. J. Bounds testing approaches to the analysis of level relationships. **Journal of Applied Econometrics**, v. 16, n. 3, p. 289-326, 2001.

[462] EMEKA, N.; KELVIN, A. Autoregressive Distributed Lag (ARDL) cointegration technique: application and interpretation. **Journal of Statistical and Econometric Methods**, v. 5, n. 3, p. 63-91, 2016.

10.5 Resultados sobre os fatores que determinam os gastos militares no Brasil

Seguindo os resultados encontrados na bibliografia citada, foi estimado o seguinte modelo:

$$Y = \alpha + \beta Pib + \beta Pop + \beta MIN + \beta AM - \beta Dem + \epsilon$$

Após a realização dos testes, identificou-se que, no curto prazo, os determinantes que podem ter algum impacto sobre a variação dos gastos militares são: a) o tamanho da População; b) as ameaças; e c) o grau da democracia. Conforme os resultados descritos na equação a seguir, o aumento de 1% na taxa populacional, pode levar a um aumento de 0,46% nos gastos militares no Brasil. Já o fato de ser um país democrático tem um impacto mais modesto de apenas de 0,02%, para cada aumento de 1% no índice de democracia. Um ponto de inflexão e a relação entre os gastos militares brasileiros e os gastos militares dos países limítrofes: o aumento de 1% da média dos gastos militares dos vizinhos, pode levar a uma diminuição de 0,26% nos gastos militares brasileiros.

$$gm_t = \alpha + 0{,}00PIB_t + 0{,}46\boldsymbol{POP_t} + 0Min_t - 0{,}26\boldsymbol{AM_t} + 0{,}02\boldsymbol{Dem_t} + \epsilon$$

No curto prazo, o modelo apresenta um bom nível explicativo (R^2 de 0,82 e um índice Durbin Watson de 1,86).

Utilizando-se de um intervalo de confiança 10%, o teste de limite F (3,07) sugere a existência de uma relação estatística de longo prazo entre os gastos militares, as ameaças e a taxa de crescimento real da população, conforme o modelo a seguir:

$$gm_t = \alpha + 0{,}00PIB_t + 1{,}02\boldsymbol{POP_t} + 0Min_t - 0{,}58\boldsymbol{AM_t} + 0Dem_t + \epsilon$$

Conforme o modelo apresentado, no longo prazo, o aumento de 1% na taxa de crescimento real da população, pode levar a um aumento de 1,02 % dos gastos militares/PIB. Já o aumento de 1% na média dos gastos militares dos países vizinhos, poderia levar a uma diminuição de 0,58% dos gastos militares brasileiros. O PIB parece não ter qual impacto sobre os gastos militares, seja no curto ou no longo prazo.

Apesar da robustez dos modelos, optou-se por realizar um teste de Causalidade-Granger para a aferição do nível de relacionamento entre as variáveis. Uma vez que o teste deve ser feito em nível, utilizou-se a primeira diferença das variáveis não I (0). A aplicação do teste apontou que existe Causalidade-Granger entre os Gastos Militares e a Democracia, e em relação à Taxa de crescimento da população. Isso significa que os gastos militares podem interferir no índice de democracia, assim como o índice de democracia pode interferir nos gastos militares. Uma possível justificativa é o fato de que, durante os períodos de paz política, os governos democráticos brasileiros realizaram movimentos de compensação com as forças armadas, aportando mais orçamento e mantendo determinados privilégios. Um exemplo de tal situação foi a Medida Provisória nº 2.215-10 de agosto de 2001, que dispunha sobre a reestruturação do soldo (salário dos militares)[463] e a criação da PND e da END seguida de investimentos estratégicos nos governos Lula e Dilma.

Já a variação da taxa populacional pode não ter causado a variação dos gastos militares, porém existe uma possível relação estatística dos gastos militares no crescimento populacional. Tal movimento pode ocorrer devido ao fato de as forças armadas desempenharem papéis além de suas funções, nas áreas de saúde, emprego, segurança pública e ocupação de território de baixa densidade demográfica. Tomando o o período de análise como base, 1967 a 2022, as forças armadas foram empregadas em diversas campanhas e mobilizações de saúde, como a Campanha Nacional de Vacinação, na qual entre 14 e 16 de junho de 1980, mais de 20 milhões de crianças foram vacinadas contra a Poliomielite e o recente emprego das forças armadas na campanha de vacinação contra a Covid-19.

10.6 Considerações finais

Ao ter como objetivo buscar identificar quais fatores tendem a influenciar a variação dos gastos militares no Brasil, o presente capítulo buscou nos trabalhos empíricos conhecidos até aqui as referências para construção de modelo que permitisse uma análise mais robusta. Por isso, optou-se pelo modelo ARDL e dados do Banco Mundial.

O modelo foi estimado a partir de cinco variáveis: PIB, população, Comando do ministério da Defesa, ameaças e democracia. Porém apenas a população e as ameaças mostram alguma relação com os GMs. A revisão rea-

[463] BRASIL. Medida Provisória nº 2.215-10, de agosto de 2001. **Diário Oficial da União**, Edição Extra, 1 set. 2001. p. 1, col. 2.

lizada indicava que o tamanho da população poderia ter impactos negativos ou positivos. No caso do Brasil, no curto prazo, esse resultado foi positivo, sugerindo que aumentos no tamanho da população do país tendem a influenciar no aumento desses gastos. Isso pode ocorrer devido ao fato de uma maior população demandar maior segurança no país. Esse resultado contraria os diversos testes realizados para outros países, onde se observou haver uma relação negativa, onde uma maior população demandaria menos gastos com defesa[464]. No longo prazo, verificou-se que os gastos militares também influenciaram o aumento populacional brasileiro, o que pode ser justificado pelo contínuo emprego das forças armadas em funções diferentes de sua atividade-fim, como saúde, segurança pública e ocupação de zonas de baixa densidade populacional.

Ainda no curto prazo, verifica-se que o aumento do índice de democracia pode ter uma relação estatística positiva com o aumento dos gastos militares no Brasil. Uma possível justificativa é a existência de uma "compensação" com as forças armadas por parte de governos mais participativos.

Os resultados relacionados às ameaças também contrariam aqueles encontrados por outros autores em trabalhos anteriores[465]. A estimação aqui realizada observou que os GMs do Brasil podem reduzir quando seus vizinhos elevam os seus próprios gastos. Assim, ao invés de se sentir ameaçado quando um país vizinho aumenta os gastos em defesa, o Brasil se sentiria mais seguro? Essa questão merece mais atenção e deverá ser aprofundada em trabalhos específicos sobre o tema.

De acordo com a bibliografia revisada, o PIB era o indicador mais unânime em termos de impacto. Contudo, no presente capítulo, não foi identificada qualquer relação. Isso significa que, entre 1967 e 2022, a tra-

---

[464] DUNNE, J. P.; PERLO-FREEMAN, S. The Demand for Military Spending in Developing Countries: A Dynamic Panel Analysis. **Defense and Peace Economics**, v. 14, p. 461-474, 2003a.
DUNNE, J. P.; PERLO-FREEMAN, S. The Demand for Military Spending in Developing Countries. **International Review of Applied Economics**, v. 17, p. 23-48, 2003b.
DUNNE, J. P.; PERLO-FREEMAN, S.; SMITH, R. P. The demand for military expenditure in developing countries: hostility versus capability. **Defense and Peace Economics**, v. 19, p. 293-302, 2008.
DROFF, J.; MALIZARD, J. Determinants of Defense Spending: The Role of Strategic Factors in France. **Defence and Peace Economics**, 2021.
HEYE, T. **Os Determinantes Políticos dos Gastos Militares no Pós-Guerra Fria**. 2005. Tese (Doutorado em Ciência Política) – Instituto Universitário de Pesquisas do Rio de Janeiro, IUPERJ, 2005.
WANG, T. P.; SHYU, S. H. P.; CHOU, H. C. The impact of defense expenditure on economic productivity in OECD countries. **Economic Modelling**, v. 29, n. 6, p. 2104-2114, 2012.
SOLARIN, S. A. Determinants of military expenditure and the role of globalisation in a cross-country analysis. **Defence and Peace Economics**, v. 29, n. 7, p. 853-870. https://doi.org/10.1080/10242694.2017.1309259.

[465] COLLIER, P.; HOEFFLER, A. Unintended Consequences: Does Aid Promote Arms Races? **Oxford Bulletin of Economics and Statistics**, v. 69, n. 1, p. 1-27, 2007.
HARTLEY, K.; SANDLER, T. (ed.). **Handbook of Defense Economics**. Amsterdam: Elsevier, v. 1, 1995.

jetória da economia do país, seja em crescimento ou em crise, não teve qualquer impacto sobre esses gastos. Esse resultado tem como implicação certo distanciamento entre a defesa e a economia nacional.

A variável "Ministério da Defesa" também não apresentou qualquer relação com a variável dependente (GMs). Ou seja, os GMs mantiveram sua trajetória, não sendo possível afirmar que o fato de o Ministério da Defesa ser comandado por civil ou por um militar tenha tido algum impacto sobre os GMs. Isso contradiz os corriqueiros argumentos sobre um possível "desmanche na área da defesa"após o fim da ditadura.

Assim, parece que a determinação dos gastos militares no Brasil parece seguir variáveis que não foram identificadas no modelo como a relação entre as Forças Armadas e a política nacional ou ainda inexistência de conflitos ou mesmo ameaças bélicas no seu entorno. Esses e outros fatores deverão ser objeto de estudos futuros.

Conceitos

Renda per capita: é o valor médio da renda recebida por cada pessoa em uma determinada região durante um período específico, geralmente um ano. É calculada dividindo-se o PIB pelo número total de habitantes de uma região.

Tamanho da população: refere-se ao número total de habitantes em uma determinada área geográfica, como um país, estado ou cidade. Pode influenciar os gastos militares devido ao seu impacto no custo de defesa e nas demandas sociais.

Democracia: é um sistema de governo no qual o poder é exercido pelo povo, geralmente por meio de representantes eleitos. Caracteriza-se pela proteção dos direitos individuais, liberdade de expressão e participação dos cidadãos no processo político.

Ameaças percebidas: são potenciais fontes de perigo ou riscos para a segurança de um país, que podem surgir de intenções declaradas de outros países, corridas armamentistas ou instabilidade política em regiões vizinhas.

Alianças entre países aliados: são acordos formais ou informais entre países com interesses comuns em questões de segurança e defesa. Essas alianças podem envolver compartilhamento de informações, cooperação militar e defesa mútua em caso de ataque.

Longo prazo e curto prazo: no contexto econômico, o longo prazo refere-se a um período de tempo em que todos os fatores de produção podem ser variáveis, permitindo que a economia ajuste-se completamente a mudanças. O curto prazo, por outro lado, é um período em que pelo menos um fator de produção é considerado fixo, limitando a capacidade de ajuste da economia. Esses conceitos são frequentemente utilizados na análise de séries temporais e modelos econométricos para entender as dinâmicas de curto e longo prazo dos fenômenos econômicos, como os efeitos dos determinantes dos gastos militares.

Questões

Q.10.1. Quais são os principais fatores que influenciam os gastos militares no Brasil, de acordo com a pesquisa realizada?

Q.10.2. Quais fatores socioeconômicos são comumente considerados ao analisar os gastos militares, conforme destacado no texto, e como esses fatores podem influenciar esses gastos?

Q.10.3. Qual é a relação entre democracia e gastos militares, de acordo com o texto, e como essa relação pode ser interpretada em termos de políticas governamentais?

REFERÊNCIAS

ALBALATE, D.; BEL, G.; ELIAS, G. Institutional Determinants of Military Spending. **Journal of Comparative Economics**, v. 40, p. 279-290, 2012.

BATTAGLINO, J. M. The Determinants of Arms Spending in South America. **Journal of Politics in Latin America**, v. 5, n. 2, p. 71-103, 2013.

BRAUNER, J. Military spending and democracy. **Defence and Peace Economics**, v. 26, n. 4, p. 409-423, 2015.

BRZOSKA, M. World Military Expenditures. *In*: **Handbook of Defense Economics**. Amsterdam: Elsevier, 1995. v. 1, p. 45-67.

COLLIER, P.; HOEFFLER, A. Unintended Consequences: Does Aid Promote Arms Races? **Oxford Bulletin of Economics and Statistics**, v. 69, n. 1, p. 1-27, 2007.

DROFF, J.; MALIZARD, J. Determinants of Defense Spending: The Role of Strategic Factors in France. **Defence and Peace Economics**, 2021.

DUNNE, J. P. The Defense Industrial Base. *In*: HARTLEY, K.; SANDLER, T. (ed.). **Handbook of Defense Economics**. Amsterdam: Elsevier, 1995. v. 1.

DUNNE, J.; MOHAMMED, N. A. Military Spending in Sub-Saharan Africa: Some Evidence for 1967–85. **Journal of Peace Research**, v. 32, n. 3, p. 331-343, 1995.

DUNNE, J. P.; PERLO-FREEMAN, S. The Demand for Military Spending in Developing Countries: A Dynamic Panel Analysis. **Defense and Peace Economics**, v. 14, p. 461-474, 2003a.

DUNNE, J. P.; PERLO-FREEMAN, S. The Demand for Military Spending in Developing Countries. **International Review of Applied Economics**, v. 17, p. 23-48, 2003b.

DUNNE, J. P.; PERLO-FREEMAN, S.; SMITH, R. P. The demand for military expenditure in developing countries: hostility versus capability. **Defense and Peace Economics**, v. 19, p. 293-302, 2008.

EMEKA, N.; KELVIN, A. Autoregressive Distributed Lag (ARDL) cointegration technique: application and interpretation. **Journal of Statistical and Econometric Methods**, v. 5, n. 3, p. 63-91, 2016.

FORDHAM, B.; WALKER, T. Kantian liberalism, regime type and military resource allocation. **International Studies Quarterly**, v. 49, n. 1, p. 141-157, 2005.

GOLDSMITH, B. Democracy and the Defense Burden: Do democracies spend less on the military? **Paper read at Annual Meeting of the American Political Science Association**, Philadelphia, 2003.

HARTLEY, K.; SANDLER, T. (ed.). **Handbook of Defense Economics**. Amsterdam: Elsevier, v. 1, 1995.

HEYE, T. **Os Determinantes Políticos dos Gastos Militares no Pós-Guerra Fria**. 2005. Tese (Doutorado em Ciência Política) – Instituto Universitário de Pesquisas do Rio de Janeiro, IUPERJ, 2005.

KAUDER, B.; POTRAFKE, N. The Growth in Military Expenditure in Germany 1951–2011: Did Parties Matter? **Defence and Peace Economics**, v. 27, n. 4, p. 503-519, 2016.

KOLLIA, C.; PALEOLOGOU, S.-M. Domestic Political and External Security Determinants of the Demand for Greek Military Expenditure. **Defence and Peace Economics**, v. 14, n. 6, p. 437-445, 2003.

LEBOVIC, J. Spending priorities and democratic rule in Latin America. **Journal of Peace Research**, v. 45, n. 4, p. 427-452, 2001.

MOHAMMED, N. A. L. What determines military allocations in Africa: Theoretical and empirical investigations. **Defence and Peace Economics**, v. 7, n. 3, p. 203-231, 1996.

PESARAN, M. H.; SHIN, Y.; SMITH, R. J. Bounds testing approaches to the analysis of level relationships. **Journal of Applied Econometrics**, v. 16, n. 3, p. 289-326, 2001.

SANDLER, T.; HARTLEY, K. (ed.). **Handbook of Defense Economics**: Defense in a Globalized World. 1st edition. Amsterdam: Elssevier, 2007. v. 2.

SANDLER, T.; SHIMIZU, H. NATO Burden Sharing 1999-2010: An Altered Alliance. **Foreign Policy Analysis**, v. 10, n. 1, p. 43-60, 2014.

SMIT, M. NATO Initiatives to improve Life Cycle Costing. **NATO-RTO Working Paper**. TNO Defence, Security and Safety, 2010.

SMITH, R. Military expenditure and capitalism. **Cambridge Journal of Economics**, v. 2, n. 3, p. 287-292, 1977.

SMITH, R. Military expenditure and investment in OECD countries: revisited. **Journal of Comparative Economics**, n. 4, p. 19-32, 1980.

SOLARIN, S. A. Determinants of military expenditure and the role of globalisation in a cross-country analysis. **Defence and Peace Economics**, v. 29, n. 7, p. 853-870. https://doi.org/10.1080/10242694.2017.1309259.

WANG, T. P.; SHYU, S. H. P.; CHOU, H. C. The impact of defense expenditure on economic productivity in OECD countries. **Economic Modelling**, v. 29, n. 6, p. 2104-2114, 2012.

YALTA, A. T.; TÜZÜN, F. Time Varying Determinants of US Demand for Defense Spending in the post-Cold War Era. **Defence and Peace Economics**, v. 32, n. 7, p. 829-846, 2021.

YILDIRIM, J.; OCAL, N.; KESKIN, H. Military Expenditures, Economic Growth and Spatial Spillovers: A Global Perspective. **International Conference on Applied Economics**, Turkey, 2011.

YILDIRIM, J.; SEZGIN, S. Democracy and military expenditure: a cross-country evidence. **Transition Studies Review**, v. 12, p. 93-100, 2005.

RESPOSTAS ÀS QUESTÕES APRESENTADAS AO FINAL DOS CAPÍTULOS

Capítulo 2

R.2.1. A abordagem neoclássica, no geral, pressupõe o estado como um agente econômico racional que toma suas decisões referentes aos gastos, comparando seus custos de oportunidade e seus benefícios em termos de melhora do bem-estar social. Tal abordagem considera ainda que, por ser um bem público puro, existiria uma dificuldade na cobrança de um valor pelo uso da defesa, fazendo com que sua oferta tendesse a ser feita pelo Estado e sua cobrança realizada de maneira compulsória. Já a abordagem Keynesiana justifica a necessidade de políticas fiscais com o objetivo de elevação da demanda agregada (DA) e, consequentemente, de geração de crescimento econômico. Além do impacto direto sobre a DA, destaca-se ainda a existência do que ficou conhecido por "efeitos multiplicadores". Seguindo a ideia dos multiplicadores, os gastos em defesa, além de impactarem diretamente na DA, tenderiam também a gerar renda aos militares e, consequentemente, elevação do consumo.

R.2.2. **Operações e Manutenção** estão relacionadas ao pagamento e ao suporte operacional dos militares integrantes das Forças Armadas. Já **Aquisições** são referentes às compras de equipamentos domésticos ou importados, bem como aos investimentos em Pesquisa e Desenvolvimento.

R.2.3. Demanda por bens e serviços finais e intermediários; geração de emprego e renda; e desenvolvimento da indústria, tecnologia e inovação. Pode-se citar ainda: formação de capital humano; e segurança e garantia de um ambiente propício para o desenvolvimento das atividades econômicas.

Capítulo 3

R.3.1. Por comercializar sistemas e plataformas de combate de alta tecnologia e valor agregado, com capacidade de ampliar o poder militar e político dos estados compradores, trata-se de um mercado liderado pelas potências centrais, fortemente controlado, concentrado e restritivo ao acesso de novos entrantes, em especial países emergentes.

R.3.2. Pois representam faces do mesmo problema, o dever do estado em prover a segurança nacional. Isso requer a alocação de recursos orçamentários em um ambiente de escassez. interlocução entre os principais atores e agentes do campo político, econômico e estratégico e de defesa.

R.3.3. A sofisticação da ciência e suas aplicações requer pesadas infraestruturas de pesquisas, com custosos laboratórios e pessoal altamente especializado, gerando demandas por continuados e crescentes investimentos e estímulos.

Capítulo 4

R.4.1. Keynes recomendou que a população aumentasse suas poupanças, e também as horas trabalhadas. Ainda foi confiscada parte da poupança para investimento produtivo, sendo no pós-guerra revertido em saques pela população, elevando a demanda no período de retomada da economia.

R.4.2. O keynesianismo militar adota como pressuposto uma das sugeridas por Keynes, a qual se refere ao impacto dos gastos públicos sobre o crescimento econômico, sem aprofundar nos demais aspectos teóricos discutidos por Keynes e, principalmente, aqueles relacionados aos períodos de guerra. Sobre a relação entre economia e guerra, Keynes demonstra que questões econômicas são influenciadas pela ocorrência de guerra, vice-versa. Assim, os impactos da guerra sobre a economia poderiam ser trabalhados a partir dos agregados macroeconômicos. De forma semelhante, os impactos da economia sobre a guerra tendem a variar de acordo com a disponibilidade de recursos disponíveis na economia.

R.4.3. Os dados são unanimes quanto aos resultados. Em alguma medida, os trabalhos analisados consideram que um aumento nos gastos militares consiste em um aumento das compras e dos gastos governamentais, o que representa também um aumento nas despesas totais da economia. Assim sendo, por meio desses gastos, o governo estaria estimulando a demanda da economia, gerando emprego e renda, o que impactaria de maneira positiva no crescimento econômico. Contudo, não analisam outros mecanismos pelos quais isso foi feito ou mesmo as circunstancias sob as quais ocorreram.

Capítulo 5

R.5.1. A relevância das mudanças climáticas nesse contexto se deve à sua interface com potencial agravamento dos riscos e das pressões existentes em determinado contexto local, aumentando a vulnerabilidade a choques e diminuindo a resiliência dos sistemas produtivos e sociais. Além disso, evidências mostram que as mudanças climáticas podem afetar, inclusive, a dinâmica do conflito, incluindo sua duração, sua gravidade e sua probabilidade de terminar rapidamente. Há, ainda, caminhos causais indiretos que ligam mudança climática à violência, como impacto sobre: agricultura e preços de alimentos, economia, migração, desastres e instituições

R.5.2. No início dos anos 1990, o debate sobre a estrutura de segurança se expande em favor da não continuidade da concepção tradicional centrada na perspectiva militar e da incorporação de desafios de segurança não tradicionais, sugerindo a ampliação do escopo da área. Apesar deste lento passo, ainda há ignorância ou mesmo resistência à incorporação de alguns temas nas agendas nacionais ou regionais de segurança e defesa, tais como meio ambiente, clima e desastres naturais.

R.5.3. Na América Latina e no Caribe (ALC), já se sabe que as mudanças climáticas acelerarão os conflitos sociais e produtivos, inclusive impactando demandas por defesa e segurança. Considerando o perfil e a desigualdade dos países da região, furacões, secas, enchentes e incêndios florestais, por exemplo, podem contribuir para esgotar a base de recursos físicos e as capacidades produtivas das localidades e nações. Dessa maneira, oaumento da frequência dos desastres naturais na região, a maior intensidade das chuvas e das secas e a degradação da terra podem gerar efeitos diretos e indiretos sobre a produção e os serviços, impactando negativamente a dinâmica socioeconômica e incorrendo em severas pressões ambientais e climáticas na ALC.

Capítulo 6

R.6.1. A ideia central de um modelo de análise custo-benefício para a defesa nacional é a de que esta não tem preço de mercado, embora seu custo de produção seja positivo e mensurável. Sua oferta requer financiamento pelo Estado, o que acarreta custo de oportunidade para o setor civil da economia. A análise, portanto, dependerá do custo marginal da defesa em relação aos desdobramentos econômicos e sociais (benefícios) que os gastos militares podem gerar. É muito difícil estimar empiricamente tal modelo teórico, uma vez que custos e benefícios da defesa podem ser implícitos, e poucas variáveis econômicas refletem adequadamente cada um desses custos e benefícios. Os modelos econométricos para essas variáveis são, na melhor das hipóteses, apenas sugestivos. Considera-se que não há indicadores inequívocos e mensuráveis para a aferição dos resultados da defesa nacional, diferentemente do que ocorre com avaliações do setor privado. Os custos da defesa são bem conhecidos em cada país, mas o seu *output* é desconhecido: os valores das capacidades de defesa e de benefícios como a paz e a dissuasão são possivelmente mais não-econômicos que econômicos.

R.6.2. O Brasil tem se situado entre os 15 países com os maiores gastos militares em valores absolutos, com, aproximadamente 1% do total global, em patamares próximos à Israel (1,1%), Canadá (1,1%), Austrália (1,4%) e Itália (1,5%). Esses países apresentam características estruturais e conjunturais bastante distintas, como extensos territórios (Canadá, Brasil, Austrália) ou áreas geográficas menores (Israel, Itália); ambiente geopolítico marcado pela instabilidade atual (Israel) ou histórica (Itália) ou cenários com reduzidos conflitos interestatais e/ou herança colonial (Canadá, Brasil, Austrália). Além destas, outras disparidades de diversas naturezas, inclusive econômicas e sociais, demonstram que as variáveis determinantes dos gastos militares nesses países tendem a ser diferentes ou a apresentarem coeficientes de impacto díspares. Em termos regionais, o Brasil lidera o ranking dos gastos militares na América do Sul com, aproximadamente, a metade do orçamento militar total da região, condizente com o protagonismo econômico do país na América do Sul. Em seguida, estão a Colômbia com 20%, o Chile com 10% e a Argentina com 6%, conforme os dados do SIPRI para o ano de 2020. Em relação ao gasto militar como percentual do PIB, o Brasil situa-se abaixo média regional (1,7% do PIB), com um orçamento de defesa equivalente a 1,4% do PIB, patamar no qual vem mantendo estabilidade ao longo das duas últimas décadas.

R.6.3. Uma das principais características da estrutura orçamentária da defesa brasileira é a de que a maior parte dos recursos se destina ao pagamento de pessoal e um volume reduzido é alocado para investimentos. Em termos percentuais, os gastos com pessoal incorporam a maior parte do orçamento, aproximadamente 80% ao longo do período de 2000 a 2020. Nesse período, os investimentos atingiram seu nível máximo no ano de 2010 (9,8%), seguido pelo ano de 2012 (8,6%), com recuo nos anos seguintes, o que está relacionado ao fato de que investimentos são despesas discricionárias e, portanto, flutuam a partir da variação do orçamento total do MD que, por sua vez, apresenta volatilidade relacionada à taxa de variação do PIB e da arrecadação fiscal. A instabilidade na taxa de investimentos do MD é apontada como um dos fatores limitadores para a consolidação da BID brasileira. Outro dado relevante sobre a estrutura orçamentária da defesa é o de que a maior parte das despesas de pessoal é realizada com o pagamento de inativos (mais de 60%). Mesmo com as reformas realizadas na década de 90, não foram observadas alterações significativas nessa estrutura, que é peculiar mesmo quando comparada à de outros ministérios do Brasil. Alguns aspectos usualmente empregados para explicar a dimensão dos gastos com pessoal do Ministério da Defesa são a extensão territorial do país e o tamanho da população brasileira, uma vez que haveria uma relação proporcional entre território, população e efetivos militares. Porém, considerando países com extensões territoriais e despesas de defesa próximas às do Brasil, como a Austrália e o Canadá, verifica-se que o país apresenta um efetivo militar bastante superior ao desses países. Porém, os efetivos estariam em volume proporcional se considerado o tamanho das populações. O que de fato diferencia a estrutura orçamentária da defesa brasileira da de outros países grandes em território e em população é a taxa de militares da *reserva* em relação à população total.

Capítulo 7

R.7.1. Programas estratégicos de defesa são iniciativas desenvolvidas pelas Forças Armadas de um país para adquirir ou desenvolver sistemas e tecnologias de defesa. Esses programas são de extrema importância, não apenas por seu papel fundamental no fornecimento de equipamentos de defesa essenciais para a garantia da soberania nacional, mas também por sua dimensão estratégica adicional como instrumentos de política industrial e de inovação. Nesse sentido, os programas estratégicos impulsionam a Base Industrial de Defesa (BID) tanto a partir do lado da oferta quanto a partir do lado da demanda. Do lado da oferta, ampliam o acesso a conhecimento, a infraestruturas tecnológicas e a formação de redes; do lado da demanda, colocam desafios de desenvolvimento e oportunidades de inserção na cadeia global de valor. Essas ações podem funcionar de modo sistêmico, levando à acumulação das capacidades tecnológicas da BID, permitindo inovações e o desenvolvimento de vantagens competitivas no cenário empresarial.

R.7.2. Relacionado ao domínio, por parte de uma organização, dos recursos tecnológicos necessários para gerar e gerenciar a mudança tecnológica, o processo de acumulação de capacidades tecnológicas ocorre de maneira progressiva e cumulativa. À medida em que a que a organização aprende a partir da sua experiência, essa passa sucessivamente por vários níveis de capacitação tecnológica. Quando sustentada ao longo do tempo, essa acumulação pode permitir que organizações de países de industrialização tardia diminuam sua defasagem as de países avançados e cheguem próximos à fronteira tecnológica. Essa mudança é o cerne da questão estratégica associada à tecnologia, pois dela depende a capacidade de uma nação assegurar independência em termos de sua própria defesa e segurança.

R.7.3. A análise das capacidades tecnológicas é importante porque permite avaliar a eficácia desses programas em contribuir para a capacitação tecnológica e a promoção da inovação no país. Isso desempenha um papel fundamental na determinação da eficácia desses entre a concepção e a implementação desses programas, permitindo a identificação de pontos fortes e fracos, desafios e potencial crescimento. Essa análise também possibilita a avaliação abrangente do papel dos programas estratégicos de defesa na evolução tecnológica e no fortalecimento das capacidades tecnológicas que são essenciais para a preservação da soberania nacional.

Capítulo 8

R.8.1. Ambas as políticas requerem uma forte atuação do Estado por meio da formulação de políticas direcionadas à objetivos específicos. No entanto, a intensidade e o papel do Estado evoluem ao longo do tempo de acordo com os diferentes estágios de capacitação alcançados. A MOIP Tipo I é mais centralizada, restrita a poucos atores e focada em uma política industrial estruturada de cima para baixo. Por sua vez, a MOIP Tipo II avança para um modelo mais inclusivo e cooperativo entre os diferentes agentes públicos e privados, no qual as decisões são descentralizadas e em rede, e que funcionam mutuamente de cima para baixo (*top-down*) e de baixo para cima (*bottom-up*).

R.8.2. A coordenação do arranjo institucional do setor espacial, que inicialmente já estava dividida entre duas instituições que apresentavam baixo nível de integração entre si, no caso o DCTA e o INPE, passou a englobar novos atores, a AEB, o MD e a empresa Visiona, que passaram a atuar de maneira sobreposta e, muitas vezes divergente. Essa fragmentação da governança do setor espacial contribuiu de maneira decisiva para o abandono da missão inicial de atingir a autonomia tecnológica por meio de um contínuo processo de construção de capacitações.

R.8.3. A privatização da Embraer promoveu uma mudança na relação do Estado com o setor aeronáutico, relação essa que foi se tornando cada vez mais complexa e abrangente. A política governamental continuou direcionada para a construção de uma empresa competitiva em âmbito internacional e para isso a missão passou a objetivar tanto a capacitação tecnológica, como a viabilidade econômica da empresa. Ademais, a governança da política industrial para o setor aeronáutico brasileiro passou a ser realizada de forma cooperativa entre o Estado e a Embraer, mas sempre priorizando a construção de novas competências por parte da empresa líder.

R.8.4. Apesar de bem-sucedido, o projeto CBERS impactou negativamente na política de inovação orientada a missão, pois não estava inserido na MECB, que objetivava capacitação na produção de pequenos satélites e dos seus veículos lançadores. Mesmo assim, o CBERS passou a mobilizou a maior parte dos recursos técnicos, empresariais e financeiros do setor espacial brasileiro, sem alcançar a completa capacitação no desenvolvimento de satélites, dado que a parceria com a China estava assentada na divisão de tarefas e não no desenvolvimento conjunto de todo o satélite.

Capítulo 9

R.9.1. As armas são instrumentos de combate e se dividem em algumas categorias. No Brasil, as Forças Armadas consideram a existência de quatro tipo de armas: as convencionais, as de destruição de massa, as de energia direcionada e as não-letais. As convencionais têm um uso geralmente comum entre as diferentes Forças Armadas do mundo. De acordo com a conceituação estabelecida pelo SIPRI (*Stockholm International Peace Research Institute*), as principais armas convencionais podem ser classificadas em: Aeronaves, Sistemas de Defesa Aérea, Blindados, Artilharia, Motores, Mísseis, Armas navais, Satélites, Sensores e Navios.

R.9.2. TIV (*Trend Indicator Value*) é um indicador desenvolvido a partir de uma metodologia própria do SIPRI (*Stockholm International Peace Research Institute*). As séries temporais do SIPRI avaliam não o valor financeiro das transferências de armas, mas sim uma estimativa baseada em seus respectivos custos de produção. Dadas as significativas deficiências na disponibilização de dados básicos confiáveis e sistematizados de transações comerciais militares, muito em vista de sua natureza particularmente sigilosa, as estimativas do SIPRI assumem um importante papel em termos de mensurar as transferências de recursos militares entre países, bem como viabilizar comparações ao longo do tempo.

R.9.3. O fim da Guerra Fria impactou profundamente a dinâmica econômica associada à defesa, manifestando-se no expressivo declínio dos gastos militares globais, especialmente no período entre 1991 e 1998. Além da redução nos níveis de tensão geopolítica, com o desmantelamento da União Soviética e a consolidação da hegemonia americana, observou-se um notável avanço nos processos tecnológicos e na interdependência das cadeias produtivas globais. Ademais, o setor de defesa foi severamente impactado pelo processo de reestruturação empresarial caracterizado por fusões, incorporações, fechamentos de fábricas, diversificação de escopo produtivo e até mesmo o abandono de atividades tradicionalmente ligadas à defesa, contribuindo, assim, para uma expressiva elevação dos padrões de competição e concentração econômica setorial, mesmo em países com avançadas estruturas produtivas, como os Estados Unidos e Inglaterra. O Brasil não escaparia desta dura realidade, tendo também experimentado processo semelhante de concentração, reestruturação e mesmo extinção de empresas ligadas ao setor da defesa.

R.9.4. O Brasil é um país que, historicamente, se mostra mais dependente da importação do que é capaz de garantir níveis expressivos de competitividade em suas exportações de armas convencionais. Sua participação representa menos do que 1% do total das exportações e importações realizadas globalmente. Desde 1986, a categoria de aeronaves consolidou-se na liderança da pauta brasileira de exportações de armas convencionais, alcançando, desde a década de 1990, a casa dos 80% dos fluxos totais – seguida, ainda que de longe, pela categoria de artilharia, com pouco mais de 10%. A análise acerca dos destinos preferenciais destas exportações revela a constante presença de países da América do Sul, em especial Colômbia, Chile e Equador; Sudeste Asiático, com destaque para a Indonésia; Oriente Médio, com ênfase para o Afeganistão, Arábia Saudita, Irã e Líbano; África, com forte predomínio histórico da Líbia e, mais recentemente, da Nigéria e Angola; e Europa, com a França e Reino Unido despontando como os principais mercados consumidores. Já no âmbito do fluxo de importações brasileiras, os países que mais se sobressaíram no fornecimento de armas convencionais foram: Estados Unidos, Reino Unido, França, Alemanha e Itália.

Capítulo 10

R.10.1. De acordo com a pesquisa, os principais fatores que influenciam os gastos militares no Brasil são: **Tamanho da População**: No curto prazo, um aumento na taxa populacional está positivamente associado ao aumento dos gastos militares. Isso sugere que uma maior população demanda maior segurança no país, o que pode levar a um aumento nos gastos militares;

Ameaças Percebidas: A presença de ameaças percebidas está relacionada aos gastos militares. No entanto, de forma contrária ao esperado, o aumento nos gastos militares dos países vizinhos está negativamente relacionado aos gastos militares brasileiros no curto prazo. **Grau de Democracia:** Existe uma relação estatística positiva entre o índice de democracia e os gastos militares no Brasil. Isso sugere que governos mais democráticos podem estar mais propensos a investir em gastos militares como forma de compensação ou manutenção de privilégios para as forças armadas.

R.10.2. Os fatores socioeconômicos comumente considerados ao analisar os gastos militares são o Produto Interno Bruto (PIB), a renda per capita e o tamanho da população. Esses fatores podem influenciar os gastos militares de várias maneiras. Por exemplo, um aumento no PIB pode levar a uma maior disponibilidade de recursos para investir em defesa, enquanto um aumento na renda per capita pode refletir uma maior percepção de necessidade de segurança, levando a um aumento nos gastos militares. Quanto ao tamanho da população, há debates sobre se um maior tamanho populacional leva a maiores ou menores gastos militares, com argumentos de que tanto o aumento quanto a redução nos gastos podem ser observados, dependendo de diferentes contextos e análises.

R.10.3. O texto destaca uma relação significativa e negativa entre democracia e gastos militares, sugerindo que países mais democráticos tendem a gastar menos em despesas militares do que países autocráticos. Essa relação pode ser interpretada como uma indicação das políticas governamentais e prioridades em diferentes sistemas políticos. Em uma democracia, onde há maior transparência, debate público e prestação de contas, os governos podem ser mais cautelosos ao alocar recursos para a área militar, priorizando investimentos em outras áreas, como educação e saúde. Por outro lado, em regimes autocráticos, onde há menos supervisão e debate público, os líderes podem estar mais propensos a investir em gastos militares para manter o controle e a segurança interna.

SOBRE OS AUTORES

Thauan Santos (EGN) - organizador

Possui pós-doutorado pelo *Center for the Blue Economy, Middlebury Institute of International Studies* (CBE/MIIS), na Califórnia (EUA), e pelo *Dipartimento di Scienze Economiche, Università di Bologna* (DSE/UniBo), em Bologna (Itália). Professor adjunto de Economia de Defesa e Indústria de Defesa da Escola de Guerra Naval (PPGEM/EGN). Economista pelo Instituto de Economia da Universidade Federal do Rio de Janeiro (IE/UFRJ). Participou de eventos, pesquisas e projetos na área de economia de defesa financiados por instituições como FINEP (Financiadora de Estudos e Projetos) e IPEA (Instituto de Economia Aplicada) e CAPES (Coordenação de Aperfeiçoamento de Pessoal de Nível Superior). Pesquisa economia de defesa, BID, economia azul, governança do oceano e desenvolvimento sustentável.

Orcid: 0000-0002-4001-4322

Ariela Diniz Leske (UFCG) - organizadora

Possui graduação (2007) e mestrado (2009) em Economia pela Universidade Federal da Paraíba (UFPB) e doutorado em Economia da Indústria e da Tecnologia pela Universidade Federal do Rio de Janeiro (2013). Atuou como professora no Instituto de Economia da Universidade Federal do Rio de Janeiro (UFRJ), na Escola de Comando e Estado-Maior do Exército (ECEME), na Escola Superior de Guerra (ESG) e na Universidade Federal de Campina Grande (UFCG). Pesquisa Economia de Defesa desde 2010, integrando e coordenando projetos financiados por instituições como a FINEP (Financiadora de Estudos e Projetos), IPEA (Instituto de Economia Aplicada), CNPq (Conselho Nacional de Desenvolvimento Científico e Tecnológico), CAPES (Coordenação de Aperfeiçoamento de Pessoal de Nível Superior) e FAPERJ (Fundação de Amparo à Pesquisa do Rio de Janeiro).

Orcid: 0000-0002-4995-3940

Erika Almeida Ribeiro (EN)

Professora adjunta de Economia na Escola Naval. Mestra e doutora em Economia pela Universidade Federal de Juiz de Fora, tendo sua dissertação e tese premiadas, respectivamente, pelo Banco do Nordeste e pelo Conselho Federal de Economia. Pesquisadora do Grupo Economia do

Mar e do Pró-Defesa IV. Pesquisa economia regional, economia da defesa e economia do mar, com ênfase em análises que utilizam econometria espacial. Orcid: Professora adjunta de Economia na Escola Naval. Mestra e doutora em Economia pela Universidade Federal de Juiz de Fora, tendo sua dissertação e tese premiadas, respectivamente, pelo Banco do Nordeste e pelo Conselho Federal de Economia. Pesquisadora do Grupo Economia do Mar e do Pró-Defesa IV. Pesquisa economia regional, economia da defesa e economia do mar, com ênfase em análises que utilizam econometria espacial.

Orcid: 0000-0003-3490-0800

Gilberto Correa (ITA)

Gilberto Mohr Correa é doutor em Ciências e Tecnologias Espaciais pelo Instituto Tecnológico de Aeronáutica (ITA) e servidor civil da Força Aérea Brasileira (FAB), ocupando o cargo de Tecnologista em Ciência e Tecnologia, especialidade Enganharia Mecânica, no Instituto de Fomento e Coordenação Industrial (IFI), uma organização do Departamento de Ciência e Tecnologia Aeroespacial (DCTA). Trabalha há 10 anos como especialista em offsets e transferência de tecnologia em projetos da FAB. É professor permanente no Programa de Pós-Graduação em Propriedade Intelectual e Transferência de Tecnologia (Profnit) no ITA.

Orcid: 0000-0002-1119-7377

Guilherme Ramon Garcia Marques (FGV)

Professor, pesquisador e consultor na Fundação Getúlio Vargas (FGV), atuando nas áreas da economia de defesa, desenvolvimento e políticas públicas. Possui doutorado em Ciências Militares pelo Programa de Pós-Graduação em Ciências Militares (PPGCM) do Instituto Meira Mattos (IMM) da Escola de Comando de Estado-Maior do Exército (ECEME), na linha de pesquisa de "Gestão de Defesa: Políticas Públicas, Economia e Indústria".

Orcid: 0000-0002-6840-4998

Hélio Caetano Farias (ECEME)

Professor Adjunto e Coordenador do Programa de Pós-Graduação em Ciências Militares (PPGCM) do Instituto Meira Mattos (IMM) da Escola de Comando de Estado-Maior do Exército (ECEME), sendo responsável por lecionar as disciplinas de Economia de Defesa e de Geopolítica. Tem uma agenda de pesquisa com foco nas Estratégias Nacionais de Defesa, na

Política Industrial de Defesa e na Dimensão Geopolítica da Base Industrial de Defesa. É também coordenador do grupo de pesquisa "Geopolítica, Defesa e Desenvolvimento", registrado no CNPq. Possui doutorado em Economia Política Internacional pela Universidade Federal do Rio de Janeiro (UFRJ).

Orcid: 0000-0002-7717-9323

Josiane de Araújo Francelino (INPE)

Josiane de Araújo Francelino é doutora em Ciências pelo Instituto Tecnológico de Aeronáutica (ITA), programa de Engenharia Aeronáutica e Mecânica, tendo pesquisado sobre a avaliação da capacitação tecnológica de empresas do setor aeronáutico brasileiro que participaram de programas de defesa. Tem experiência como economista da Força Aérea Brasileira (FAB) na área de precificação de produtos de defesa. Foi Pesquisadora do Programa de Capacitação Institucional do Instituto Nacional de Pesquisas Espaciais (INPE), para o Núcleo de Inovação Tecnológica. Suas pesquisas se concentram no mapeamento das capacidades tecnológicas, avaliação dos impactos tecnológicos de programas públicos e dinâmica de inovação da indústria aeroespacial.

Orcid: 0000-0003-0552-587X

Karla Vanessa Batista da Silva Leite (UFCG)

Professora associada da Unidade de Economia e Fianças da Universidade Federal de Campina Grande. Doutora em Economia pela Universidade Federal do Rio de Janeiro. Mestre em Economia do Trabalho pela Universidade Federal da Paraíba. Atualmente, leciona disciplinas na área de Macroeconomia Heterodoxa e Economia Monetária.

Orcid: 0000-0001-5945-2368

Ligia M S Urbina (ITA)

Ligia Maria Soto Urbina é PhD em Economia Agrícola pela University of Tennessee -Knoxville (UTK) dos Estados Unidos (EUA). É professora emérita do Instituto Tecnológico de Aeronáutica (ITA) e atualmente colabora como membro da Área de Gestão Tecnológica do Programa de PósGraduação em Ciências e Tecnologias Espaciais (PG-CTE) do ITA. Contribuiu no artigo com a orientação da pesquisa e com as discussões teórico-metodológicas e de resultados.

Orcid: 0000-0001-9720-0495

Marcos José Barbieri Ferreira (UNICAMP)

Doutor, mestre e bacharel pelo Instituto de Economia da Universidade Estadual de Campinas (IE-UNICAMP). Professor de Economia da UNICAMP, atuando nas áreas de atuando nas áreas de Concorrência e Competitividade, Política Industrial e Economia Brasileira. Especialista em Indústria Aeroespacial e de Defesa. Desde 2004, vem trabalhado como consultor de diversos órgãos governamentais, organizações internacionais e associações industriais. Coordenador do projeto Pró-Defesa IV (CAPES/ Ministério da Defesa) com a temática de "Economia da Defesa". Membro titular da Ordem do Mérito Militar do Exército Brasileiro no grau de Cavaleiro, Colaborador Emérito do Exército Brasileiro e Membro Honorário da Força Aérea Brasileira.

Orcid: 0000-0001-5792-2231

Patrice Franko (Colby College, EUA)

Grossman Professor de Economia e Estudos Globais no *Colby College*, em Waterville, Maine (EUA), onde ensina economia internacional, política econômica latino-americana e microeconomia, e dirigiu recentemente o *Goldfarb Center of Public Affairs*. Foi bolsista *Fulbright* no Brasil, *Pew Faculty Fellow* em Assuntos Internacionais e *American Association for the Advancement of Science Fellow* em Assuntos de Segurança Internacional. Leccionou no EMIL, o programa de mestrado executivo em logística da Georgia Tech, e foi consultora do Gabinete de Assuntos Interamericanos do Departamento de Defesa (DoD), do Centro de Estudos de Defesa Hemisférica (WJPC), e do Gabinete de Assuntos Internacionais da Academia Nacional de Ciências (OIA).

Orcid: 0009-0005-9202-1777

Patrícia de Oliveira Matos (UNIFA)

Doutora em Ciências Aeroespaciais pela Universidade da Força Aérea e Doutoranda em Economia Política Internacional pela Universidade Federal do Rio de Janeiro. Mestre pelo Programa de Pós-graduação em Economia Aplicada da Universidade de São Paulo, Campus ESALQ/USP. Professora do Programa de Pós-graduação em Ciências Aeroespaciais da Universidade da Força Aérea. Pesquisadora do Programa Pró-Defesa IV e do Programa de Pesquisa Acadêmica em Defesa Nacional (Procad-Defesa), atuando nas seguintes áreas: Economia de Defesa; Base Industrial de Defesa; Indústria Aeroespacial; projetos estratégicos e setor aeroespacial.

Orcid: 0000-0002-0385-3143

Peterson Ferreira da Silva (ESD)

Doutor pelo Instituto de Relações Internacionais da Universidade de São Paulo (IRI-USP). Mestre pelo Programa de Pós-Graduação em Relações Internacionais San Tiago Dantas (UNESP, UNICAMP e PUC-São Paulo). Especialista em Gestão Pública pela Fundação Escola de Sociologia e Política de São Paulo. Foi pesquisador voluntário do Instituto Pandiá Calógeras (2015-2016) e pesquisador associado do Centro de Estudos Estratégicos do Exército (2016 e 2018). Desde 2018, é professor da Carreira do Magistério Superior Federal da Escola Superior de Defesa (ESD). Desde 2020, é Coordenador do Núcleo de Capacitação em Economia de Defesa e Desenvolvimento de Força (NCAD) da ESD. Desde 2022, é professor do Programa de Pós-graduação em Ciências Aeroespaciais da Universidade da Força Aérea (UNIFA).

Orcid: 0000-0002-3305-3921

Rafael de Morais Lima

É mestre em Segurança Internacional e Defesa pela Escola Superior de Guerra (ESG) e bacharel em Relações Internacionais pela Universidade de Brasília (UnB, 2018). É analista de projetos responsável por Economia de Defesa. É membro do Grupo de Pesquisas em Segurança Internacional da Universidade de Brasília. Foi bolsista CAPES pelo Pró-Defesa por meio do projeto "A Economia de Defesa no Brasil: gastos militares e suas interfaces com a indústria e inovação". Atuou profissionalmente como analista de Relações Internacionais na FIESP e como estagiário nos Ministérios da Justiça e Relações Exteriores. Também teve a oportunidade de realizar uma pesquisa de campo para o PNUD.

Orcid: 0000-0003-4656-8980

Thiago Caliari (ITA)

Doutor em Economia pelo Centro de Desenvolvimento e Planejamento Regional da Universidade Federal de Minas Gerais (Cedeplar/UFMG) com estágio de pós-doutorado na Roma Tre University. Professor associado do Instituto Tecnológico de Aeronáutica (ITA). Tem experiência na área de Economia Industrial, Ciência, Tecnologia e Inovação, atuando como pesquisador e consultor nos seguintes temas: sistemas de inovação, indústria de defesa e indústria aeroespacial, competitividade e políticas industriais. Realiza consultorias e pesquisas em políticas e análises industriais e de

C,TI, tendo atuado conjuntamente com variados órgãos como BID, IPEA, ECLAC, ONU, SENAI, ABDI, MDIC, MCTIC, CGEE, IEA-USP, BDMG, FIEMG, Sebrae, entre outros.

Orcid: 0000-0002-6972-0319

William de Sousa Moreira (EGN)

Doutor em Ciências Navais pela Escola de Guerra Naval (EGN), no Sistema de Ensino Naval e doutor em Ciência Política pela Universidade Federal Fluminense (UFF). Capitão de Mar e Guerra (RM1), integra o corpo docente da EGN e é o assessor de ciência tecnologia e Inovação da ICT-EGN. Foi professor visitante do Kings College London, no Defence Studies Department da School of Security Studies (2021-2023). Foi Coordenador de Programas Profissionais da Área de Ciência Política e Relações internacionais da CAPES (MEC). Foi o coordenador associado da EGN junto ao Projeto "Economia de Defesa no Brasil", no âmbito da parceria CAPES-MD para o programa Pró-Defesa IV.

Orcid: 0000-0003-0281-6436